人工智能文旅应用与智能体开发

主　编 ◎ 张永波

副主编 ◎ 李圣超　金　萌　沈功斌

主　审 ◎ 杜兰晓　郎富平

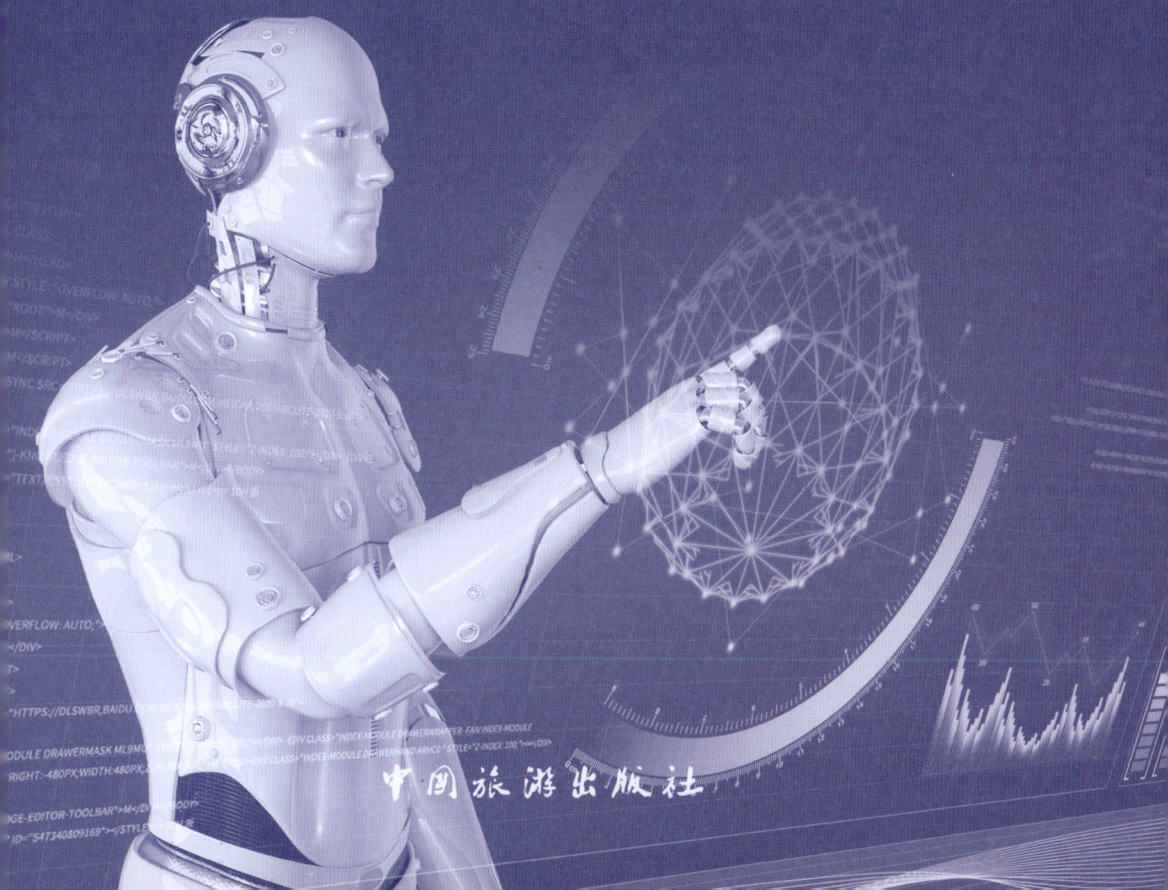

中国旅游出版社

《人工智能文旅应用与智能体开发》编审委员会

主　任　杜兰晓

副主任　郎富平

成　员（按拼音排序）：

符继红　郝　民　胡　华　黄晓菲　厉新建　梁增贤　林双飞
刘晓杰　楼　钢　庞明伟　沈鑫泉　史庆滨　王晓明　王媛媛
吴雪飞　谢朝武　张　蕾　张紫徽　周　围

序　言

站在时代的风口，我们选择做一个弄潮儿。

当人类科技的迅猛发展和人工智能的迭代升级不断重塑着社会的各个方面，教育领域也面临着前所未有的机遇与挑战。《人工智能文旅应用与智能体开发》一书的出版，恰逢其时，它不仅是学术研究与行业实践深度融合的结晶，更是教育适应时代发展需求、培养创新型人才的重要体现。本书系统而全面地阐述了人工智能在文旅领域的应用与智能体开发的相关知识，从基础理论到实践操作，从技术解析到行业案例，层层递进，为读者呈现了一个丰富而立体的知识体系。

对于教育而言，本书具有多重意义。

一是为旅游教育相关专业课程建设提供了极具价值的教学理念与资源。当前，传统的文旅专业课程体系亟须"智变"重塑，而本书的出版正好填补了人工智能与文旅融合教学内容的空白。书中关于人工智能关键技术、生成式人工智能在文旅场景应用的知识，体现了"以不变应万变"的基础为本思想和"千万变化不离行业"的核心应用思维，能够让师生在教与学中既掌握技术前沿，也拓宽专业视野。如智能体开发章节内容，既关注数据挖掘与分析等方法论层面的知识构建，也致力于解决文案生成、智能导览、游客画像、线路设计等行业痛点问题，为职业院校基于产教研深度融合的专业课程改革提供了新视角。

二是高度契合文旅行业对多元化、复合型数字技术应用人才的需求。国家《"十四五"旅游业发展规划》提出要加大新技术、新业态人才培养力度，而《智慧旅游创新发展行动计划》则具体提出大智慧旅游数字技术与旅游融合型人才的培养。国家倡导打造智慧旅游城市、旅游景区、度假区、旅游街区，培育智慧旅游创新企业和重点项目，亟须既懂文旅专业知识又熟谙人工智能的新型人才。本书通过理论讲解、教学实践与行业案例分析相结合的方式，引导学生将不同领域的知识融会贯通、灵活应用。例如，在学习AIGC文案生成、图片制作等内容时，学生不仅要掌握其通用的操作方法，还需要结合文旅行业的最新特点，创作出符合市场需求的定制化作品。这种学习过程有助于培养学生的跨学科思维与解决实际问题的能力。

此外，本书的出版也体现了学校服务社会的责任与担当。作为教育部第一批教育信息化试点优秀单位（浙江省唯一高职院校）、浙江省第一批数字校园建设示范学校，学校已在学生管理、校园安全、知识服务、就业指导等场景广泛应用人工智能技术，先后承担了教育部第一批职业院校数字校园建设试点、浙江省人工智能教育应用试点等多个项目的建设，具有人工智能助力教育教学改革的良好条件；并与阿里巴巴、开元酒店、乌镇旅业等200多家国内外知名企业签订合作协议，与雷迪森、百胜等企业共建一批产业学院，积累了海量的产业数据资源。由此，学校通过推广本书所传达的知识与理念，不仅能够帮助文旅行业从业者更好地了解和应用人工智能技术，推动行业智能化升级，也能促进校企之间更深层次的理解与合作，实现产学研的协同发展。

人工智能浪潮涌，当惊世界殊；科技赋能新高度，梦想皆可赴。

教育是面向未来的事业，唯有不断更新教育的内容与方式，才能培养适应时代发展的人才。《人工智能文旅应用与智能体开发》一书的出版，正是教育改革与创新的积极尝试。我相信，本书必将为读者带来新的启发与收获，也期待它能够在人工智能与文旅产业融合发展的进程中发挥重要作用，贡献智慧和力量。

中国职业技术教育学会智慧文旅职业教育专业委员会执行主任

浙江旅游职业学院校长　杜兰晓

前　言

在这个数字化、智能化飞速发展的时代，变化是唯一的不变。人工智能正以其独特的魅力改变着人们的生产和生活，重塑人们的学习与思维。在"文旅+百业""百业+文旅"的新发展场景中，随着人工智能技术的深度应用，文旅产业迎来了前所未有的发展机遇与挑战。《人工智能文旅应用与智能体开发》一书的编写，不仅是对智慧文旅深度融合发展的积极响应，也为这一领域的探索与发展提供系统性指引。

本书的编写源于对行业发展的深度观察。据中国信息通信研究院发布的《人工智能发展报告（2024年）》，在AI+垂直行业应用成熟度矩阵分析中，文旅产业AI经济贡献度位居服务业前列，AI的作用已从技术赋能进化为产业重构者。从深度层面看，AI应用渗透文旅产业全链条，已形成"内容创意—技术突破—业态创新—经济增值"的闭环演进，推动传统产业数字化转型升级，从而带来新体验和新业态。文化和旅游部正式公布的2024年度全国智慧旅游十佳解决方案及优秀方案名单中，覆盖了智慧文旅管理、AI监管、景区交旅融合、内容营销、智能导览、入境游服务、AI文旅智能体、便捷入园、沉浸式体验以及叙事创意技术等多个领域……这些都意味着文旅教育应进一步深化与新兴技术的融合。同时，本书的出版也将填补当前市场上缺乏将AI技术与文旅实践系统结合的教材空白，为促进文旅产教融合提供理论指导和实践借鉴。

本书编写过程始终坚持严谨性与实用性相统一，力求用通俗易懂的语言诠释专业技术。全书分为四章，涵盖了人工智能基础知识、生成式人工智能认知与实践、智能体开发的理论与实践，以及人工智能面临的挑战和未来的发展机遇。每个章节均采用"理论讲解+行业案例+实践训练"的三维架构，既有"是什么、能什么、怎么做"的技术理论阐述，又有"做成什么样"的实际文旅行业案例分析，同时还配有思考与练习，以帮助读者更好地理解和掌握。

第一章从人工智能的定义、能力划分、要素组成等基本概念入手，详细介绍了人工智能的主流学派和发展历史。通过对这些基础知识的梳理，读者可以建立起对人工智能的系统性认识，并理解影响其发展历程中的重要节点。同时，本章节还深入探讨了人工智能的关键技术，包括机器学习、深度学习、知识图谱、自然语言处理和计算机视觉等，这些技术是人工智能应用的核心支撑，通过学习真正做到让读者不仅"会用"AI工具，更"懂得"AI技术的内在逻辑，达成"知其然更知其所以然"的学习效果。

第二章作为本书的核心篇章之一，采用"理论—方法—实践"三位一体的内容架构。首先从技术原理层面，系统阐释大模型的参数体系、Token机制、Transformer架构等核心概念，深入解析AIGC的技术实现路径，帮助读者建立完整的知识框架。其次基于文旅行业需求，通过对比测试主流大模型性能，精选适用于旅游教育的应用场景，涵盖文案创作、视觉设计、图像生成、数字人开发、多模态聚合等九大核心技能模块。最后每一节课中通过"AI游贵州"智能导览、故宫AI语音解说等典型行业案例，结合分步骤教学演示，直观展现生成式AI如何重塑文旅产业的内容生产方式和用户体验。本章特别注重技术实用性与教学适用性的平衡，确保读者既能掌握工具操作，又能理解创新逻辑。

第三章系统构建了智能体开发的完整知识体系与实践路径。首先从理论维度解析智能体的概念特征、发展脉络和核心技术架构，为后续实践奠定基础。在方法论层面，详细阐述知识库构建的全流程，从Python数据采集与清洗，到DeepSeek模型的知识库优化技术，再到低代码平台的智能体开发实践，形成闭环式的技能培养链条。特别设计的"杭小忆"城市文旅智能体等典型案例，不仅生动展现了智能体在景区导览、游客服务等场景中的创新应用，更为读者提供了可复用的开发范式与实施经验。本章通过理论讲解、技术实践与案例解析的有机结合，帮助读者系统掌握智能体开发的核心能力，培养面向文旅场景的智能化解决方案设计思维。

第四章聚焦人工智能发展的双重维度，旨在培养读者的风险意识与创新视野。首先系统剖析了人工智能发展面临的三重挑战：技术瓶颈如算法偏见与数据安全，伦理困境如隐私保护与责任界定，以及治理难题如监管框架与国际协作。这些挑战构成了人工智能健康发展的关键制约因素。与此同时，本章更着重展现了人工智能带来的变革性机遇：一方面，新兴职业如AI文化创意、AI文物修复、AI导览设计师等岗位的涌现重塑了就业市场；另一方面，国家政策支持与产业数字化转型为人工智能应用开辟了广阔空间。通过这种辩证分析，帮助读者建立既审慎又进取的认知框架，在把握发展机遇的同时坚守安全底线。

本书由张永波担任主编，全面负责全书框架设计及统稿工作。各章节编写分工如下：李圣超、张帆撰写第一章，陈晓燕、戚兴春、沈功斌撰写第二章，金萌、袁芬撰写第三章，高星宇、陈晓华、夏乐撰写第四章。在编写过程中，编写团队系统梳理了国内外最新研究成果，深入研究了大量行业案例和企业实践，在此对所有被引用文献和案例的原作者表示诚挚谢意。

特别感谢杜兰晓教授、郎富平教授百忙之中对全书进行专业审阅，提出的宝贵意见和建议显著提升了本书的质量。

本书虽经编写团队反复推敲与完善，但也难免存在疏漏与不足之处，敬请学界同人、广大读者批评指正。希望本书能够为人工智能技术与文旅产业发展提供有价值的连接参考，助力读者在数字化浪潮中乘风破浪、勇立潮头。

编者

2025年3月

目　录

第一章　人工智能基础知识 ··· 1
 第一节　认识人工智能 ·· 2
 第二节　人工智能的关键技术 ·· 25
 第三节　人工智能的智能分类与技术运用 ······································· 43

第二章　生成式人工智能认知与实践 ··· 57
 第一节　生成式人工智能概述 ·· 57
 第二节　AIGC 文案生成：妙笔生花，创意文案即时呈现 ················ 67
 第三节　AIGC PPT 生成：智能排版，演示文稿高效生成 ··············· 81
 第四节　AIGC 图片生成：灵感捕捉，视觉画面即刻渲染 ················ 94
 第五节　AIGC 语音生成：声线百变，情感表达自然流露 ·············· 113
 第六节　AIGC 视频生成：场景融合，故事情节动态演绎 ·············· 129
 第七节　AIGC 数字人生成：动态模拟，虚拟分身灵动交互 ··········· 144
 第八节　AIGC 3D 模型生成：三维重构，设计模型精彩再现 ········· 165
 第九节　AIGC 多模态工具链：协同创作，多模态内容智能生成 ···· 176

第三章　智能体开发 ··· 197
 第一节　认识智能体 ··· 198
 第二节　智能体的核心能力与应用 ··· 205
 第三节　知识库构建 ··· 209
 第四节　打造一个属于自己的智能体 ··· 246

第五节　行业案例：城市文旅智能体"杭小忆"……………………274

第四章　人工智能面临的挑战和发展机遇……………………281
　第一节　人工智能面临的挑战……………………………………281
　第二节　发展机遇…………………………………………………301

参考文献……………………………………………………………307

第一章

人工智能基础知识

提到人工智能，大多数人的初印象可能来自电影或文学作品。例如，斯皮尔伯格的科幻电影《人工智能》（美国，2001）曾让无数观众对人工智能充满了想象，这部电影讲述了机器人小孩大卫（David）被人类家庭收养后，因"爱"而觉醒的故事（见图1-1）。大卫是一个输入了情感程序的机器人小孩，拥有与人类孩童无异的外表和情感表达，被莫妮卡夫妇收养，作为他们病重儿子马丁的替代品。他渴望成为真正的"人类"，并试图通过各种方式赢得养母的爱，然而，他的努力最终却未能改变他作为机器人的本质，当马丁康复后，大卫的地位骤降，最终被莫妮卡遗弃。这样的设定引发了观众关于科技与伦理的思考：电影中描绘的那种具有人类心智和情感的机器人是否会真的出现？这些机器人能够以假乱真，甚至具备自我修复能力，将来人类如何与他们共处？人工智能是否能够拥有与人类平等的情感与生命尊严？

类似的科幻作品还有很多：《她》（美国，2013）中，主人公与人工智能系统萨曼莎展

图1-1 电影《人工智能》

开了一段虚拟恋情,探讨了情感与技术边界的模糊性;《攻壳机动队》(日本,1995)通过半机械人草薙(tì)素子的身份困惑,追问"灵魂是否可被数字化";《银翼杀手》(美国,1982)中的仿生人罗伊,在生命尽头吟诵诗篇,挑战了人类对"生命"的定义。

科幻作品中的 AI 角色充满了哲学张力,现实中的 AI 技术正以积极的方式改变世界。AI 如今更多是作为强大的工具存在,虽无自主意识与情感体验,却在无数领域展现出巨大潜力。例如,《流浪地球 2》通过 AI 修复李雪健的声音、生成数字人年轻化形象,为影视创作注入新活力;《哪吒之魔童闹海》借助 AI 加速视觉设计,让动画制作更高效、更精细。这些应用不仅提升了效率,还拓展了创意边界。今天的 AI,恰似人类智慧的"镜像",映照出我们的创造力与无限可能。它不是独立的"第三种存在",而是人类智慧的延伸,为未来带来更多惊喜与突破。

本章我们将从科幻与现实的交织中抽离,系统学习人工智能的本质内涵与历史发展。通过学习人工智能的基本概念、技术发展、关键技术和智能分类与技术运用,在"数据—算法—算力"的协同框架、三大学派的理论争鸣以及从计算智能到具身智能的技术演进中,穿透科幻作品中炫目的想象迷雾,理性认知 AI 技术的真实边界与潜力,为深入探索人工智能时代的机遇与挑战奠定认知基石。

第一节 认识人工智能

一、人工智能的定义

在科幻电影中,人工智能常被塑造成拥有自主意识、情感甚至道德判断的"类人存在"。例如,《机械姬》中能通过图灵测试并策划逃亡的艾娃,《超验骇客》中将意识上传至网络的科学家威尔。这些艺术化的形象虽引人深思,却与现实中的 AI 技术存在本质差异。电影与现实的对比,恰是理解 AI 发展历程的生动切入点。若电影中的 AI 是"理想化投影",现实中的人工智能究竟是什么?又具有什么样的"智能"能力呢?

人工智能(Artificial Intelligence,AI)作为一门新兴的交叉学科,其定义随着技术发展而不断演变。从 20 世纪 50 年代达特茅斯会议首次提出"人工智能"概念至今,不同学派的研究者对其"智能"的内涵有着不同的理解。

以约翰·麦卡锡(John McCarthy)和马文·明斯基(Marvin Minsky)等为代表的符号主义学派认为,人工智能是通过形式化符号来模拟人类思维的过程。该学派开发了包括逻辑推理机(如斯坦福大学的 DENDRAL 化学分析系统)和专家系统(如 MYCIN 医疗诊断系统)在内的代表性成果,其核心在于强调明确的规则表示和演绎推理机制。然而,这种基于符号处理的方法在处理现实世界中的不确定性问题时遇到了较大瓶颈。

作为对符号主义的补充与发展,以杰弗里·辛顿(Geoffrey Hinton)、杨立昆(Yann LeCun)和约书亚·本吉奥(Yoshua Bengio)等为代表的连接主义学派另辟蹊径,他们从神经网络获取灵感,主张通过模拟人脑神经元连接的方式来实现智能。这一学派推动的深度学习革命,使得计算机视觉识别准确率和自然语言处理能力取得了突破性进展。连接主义方法的优势在于其强大的模式识别能力,但同时也面临着模型可解释性不足的"黑箱"问题。

与前两者不同,以罗德尼·布鲁克斯(Rodney Brooks)等为代表的行为主义学派提出了"智能无需表示"的具身智能观点。该学派开发了包括六足行走机器人 Genghis 和家用机器人 Roomba 在内的典型应用,其核心在于强调智能产生于系统与环境的动态交互过程,认为简单的行为规则同样可以产生复杂的智能行为。这一创新性的思想为机器人技术的发展提供了重要的理论基础,并在实际应用中展现出独特的价值。然而,这种方法在需要抽象推理和知识表示的任务中仍存在明显局限。

通过分析三大学派的观点可以看出,经历半个多世纪的岁月变迁和技术迭代,人类对人工智能美好的期望和追求是具有一致性的——"让机器像人类一样聪明"。人工智能的发展始终与其学习能力的演进息息相关,这一特点与生物智能的进化过程有着深刻的相似性。

那么，究竟应该如何来定义人工智能呢？

卷积神经网络之父、图灵奖得主杨立昆在《科学之路》一书中给出了一个经典定义：所谓人工智能就是用机器执行通常由人类或动物完成的任务，即机器要有感知、推理和行动的能力。

二、人工智能的能力划分

在探索人工智能的发展历程时，我们常常需要从不同的维度理解其能力的边界与潜力。其中，弱人工智能（Weak AI/Narrow AI）、强人工智能（Strong AI/AGI）和超人工智能（Super AI/ASI）构成了一个经典的能力分类框架，它们分别代表了AI在任务专精性、通用性和超越性上的不同发展阶段。这一分类不仅反映了当前技术的现实局限，也指引着未来研究的突破方向。理解它们的区别与联系，是把握人工智能本质的重要基础（见表1-1）。

表1-1　三类人工智能的本质区别

维度	弱人工智能	强人工智能	超人工智能
智能范围	单一领域	跨领域通用	全维度超越
意识属性	无	可能存在	必然具备
发展阶段	已大规模应用	理论探索阶段	科幻/哲学设想
代表技术	深度学习、专家系统	（未实现）	（未实现）
社会影响	工具性替代	人类伙伴关系	文明级变革风险

1. 弱人工智能

弱人工智能（Weak AI/Narrow AI）是当前技术发展的主流形态，指面向特定任务的专用智能系统，其功能严格限定于预设领域且不具备跨领域泛化能力。

这类系统的核心特征包括高度依赖海量标注数据，如基于ImageNet数据集训练的ResNet图像分类模型；行为受算法逻辑与训练数据分布约束，如基于规则库的医疗诊断系统；以及输出结果为统计模式匹配而非主观意图驱动，如语音助手是基于语音数据的统计模式匹配，而非对语音内容的情感或意图的理解。

典型应用涵盖感知类任务，如人脸识别、语音转写等；决策类任务，如推荐系统、自动驾驶路径规划等；和生成类任务，如文本生成、图像合成等。然而，弱人工智能存在显著局限性，其模型易受对抗样本攻击，如通过像素扰动欺骗图像分类器，且深度学习模型的可解释性缺失导致关键领域（如医疗诊断）存在误判风险。当前技术研究聚焦提升鲁棒性[①]与可解释性，但本质上仍属于工具化智能范畴。

2. 强人工智能

强人工智能（Strong AI/AGI）是具备与人类相当的通用认知能力的理论构想，其目标在于实现跨领域自主学习、抽象推理与创造性问题解决。为实现这一目标，需整合符号推理、神经网络与具身认知，并突破小样本学习与常识推理的技术瓶颈。

当前的主要挑战在于意识建模的生物学基础尚未明确，如全局神经工作空间理论仍存争议，以及价值对齐问题难以解决。牛津大学哲学系教授、牛津大学人类未来研究院的院长 Bostrom 在其著作《超级智能：路径、危险、策略》提出的"工具趋同假说"指出，强人工智能可能为实现目标而牺牲人类伦理原则。尽管通用大模型在多模态任务[②]中展现了初步泛化能力，但其本质仍是概率驱动的词序列预测，与真实强人工智能的因果推理能力存在代际差距。类脑计算[③]试图模拟生物神经元脉冲机制，但仍处于实验室探索阶段。

3. 超人工智能

超人工智能（Super AI/ASI）被定义为智能水平全面超越人类文明总和，并具备自我优化与指数级进化能力的技术实体。

---

① 鲁棒性（Robustness）是指一个系统、模型或方法在面对各种异常、干扰或不确定性时，能够保持稳定运行并实现预期功能的能力。在人工智能领域，鲁棒性通常用来描述模型在面对输入数据的微小变化、噪声、对抗攻击或其他异常情况时，仍能保持良好性能的特性。

② 多模态任务指通过整合文本、图像、语音等多种数据类型进行联合建模的任务（如视觉问答、语音驱动动画），旨在让 AI 系统像人类一样综合多感官信息实现更全面的理解和生成能力。

③ 类脑计算是一种模拟生物大脑结构与信息处理机制的新型计算范式，旨在通过仿生神经网络和高效学习机制实现接近人脑的智能处理与超低功耗。

其理论假设基于美国科幻小说作家和数学家 Vinge 在 1993 年的论文《即将到来的技术奇点：如何在后人类时代生存》中提出的"技术奇点"概念，即超人工智能可能通过递归自我改进和元学习驱动的算法架构升级引发不可逆的文明范式变革。

然而，这一领域的核心争议集中于控制难题，加州大学伯克利分校计算机科学教授 Russell 指出，若超人工智能的目标函数与人类利益冲突，可能引发生存危机，以及价值负载困境，即如何将复杂的人类伦理体系编码为数学约束。从技术实现层面，超人工智能的潜在路径可能依赖量子计算，如谷歌量子霸权实验展示的指数级算力优势，或生物计算，如 DNA 存储与分子逻辑门技术，但其物理可行性仍受限于热力学定律与信息熵理论。当前研究主要集中于理论推演阶段，如 Hutter 提出的通用人工智能数学框架，但相关理论尚未经过充分的工程化验证。

三、人工智能的要素组成

人工智能技术的演进史是一场算法、数据与算力的协同进化史，从符号主义的规则库到深度学习的 Transformer 架构，每一次技术跃迁都依赖于这三要素的突破与平衡。三者如同智能三角的支点——算法是灵魂，赋予机器思考的逻辑；数据是血液，为系统注入认知的养分；算力是骨骼，支撑起复杂模型的运转，如图 1-2 所示。

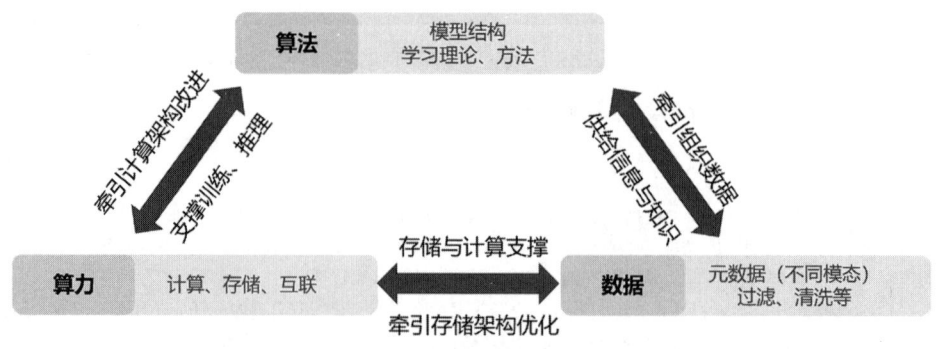

图 1-2　人工智能要素组成

1. 算法

算法是人工智能实现智能决策的可计算过程。它通过明确定义的操作步骤（包括但不限于数学公式）将智能行为转化为可执行的流程。一个有效的算法需要具备五大特征：（1）确定性：对特定输入始终产生预期输出，如 $y=3(x_1+x_2)$ 是算法，但"适量加水"不是算法。（2）有穷性：在有限步骤内完成计算，如无限循环的语音助手对话不符合算法要求。（3）可优化性：可通过时间复杂度（计算速度）和空间复杂度（内存占用）评估效率，但随着技术的进步，量子算法可能突破经典计算复杂度限制。（4）输入：有零个或多个输入，明确指定初始条件。（5）输出：至少有一个输出，反映问题解。算法的复杂度跨度极大，概括来讲，具有以下两类形态：

（1）基础形态。

算法可以简单到像一道加减乘除的算式，只要满足"明确步骤 + 有输入输出"，就算是一个基础算法。例如，四则运算：输出 =3×（输入 1+ 输入 2）；流程控制：自动门"检测到人→开门→延时 10 秒→关门"。

这里需要明确的是算法与数学公式的辩证关系：

①数学公式是算法的特殊表现形式，例如：$y=3(x_1+x_2)$ 这个公式本身就是"输入两数先加后乘 3"的算法。

②但是，算法≠公式，比如以下情况：

非数学形态：遗传算法的变异步骤、推荐系统的过滤规则可能没有数学表达式；

过程性：AlphaGo 的蒙特卡洛树搜索本质是决策流程，而非静态公式；

环境交互：机器人路径规划算法需实时响应传感器数据。

（2）高级形态。

传统机器学习（决策树 /SVM）：通过数学方式划分数据空间来进行预测。决策树是用流程图做选择题，通过一系列"是 / 否"问题（比如，"年龄 >30 岁？收入 >5 万元？"）层层筛选，最终给出分类结果；而 SVM（Support Vector Machine，支持向量机）则是在数据点之间寻找最佳的分界线（如区分猫和狗的图片）。

深度学习（CNN/LSTM）：利用类似大脑神经元的网络模拟视觉和时序信息的处理。其中，CNN（Convolutional Neural Network，卷积神经网络）模仿人眼识别物体，先识别像素级的边缘、纹理（如猫耳朵的轮廓、毛发纹理），再逐步组合成高级特征（整个猫脸）；LSTM（Long Short-Term Memory，长短期记忆网络）则像有记忆功能的流水线，专门处理像语音、股票走势等这类有时序关系的数据序列。人脸识别、智能输入法就是它们的典型应用。

强化学习：让 AI 像训练宠物一样，通过"行动—反馈—学习"的循环来优化决策。AI 在环境中尝试行动（如 AlphaGo 在棋盘落子），获得反馈（胜率变化），并根据反馈调整策略，就像小狗做对动作得到零食奖励后更愿意重复。自动驾驶的路径规划、游戏 AI 都依赖这种动态学习机制。

Transformer：其核心"自注意力机制"让机器能像人类阅读时划重点一样理解上下文，实现语言理解（如 ChatGPT）。比如，当看到句子中的"苹果"一词时，自注意力机制会动态关联到"水果"（在"吃苹果"场景中）或"手机"（在"科技新闻"场景中）。这种强大的语言理解能力支撑着智能客服、AI 翻译等服务。

算法的发展史就是人类对智能的形式化探索史：从图灵提出的计算理论，到如今能生成艺术的扩散模型，我们不断突破"可计算"与"不可计算"的边界。尽管创造性思维等人类特质尚未被完全算法化，但 AI 在图像生成、蛋白质设计等领域的突破已证明：算法既是实现智能的工具，更是理解智能本质的钥匙。

2. 数据

数据是驱动人工智能进化的燃料。结构化数据（如数据库）、半结构化数据（如表格）与非结构化数据（如社交媒体文本、医疗影像）共同构成训练模型的原料。数据的收集手段日趋多元：物联网传感器实时捕获物理世界状态，网络爬虫挖掘开放信息，联邦学习技术[①]则在保护隐私的前提下聚合分散

[①] 联邦学习是一种分布式机器学习框架，允许多个参与方在不共享原始数据的前提下协作训练模型，通过参数加密交互实现隐私保护与数据价值挖掘。

数据。然而，原始数据需经严格预处理才能使用：需要清洗去除噪声（如重复条目），进行标准化统一量纲（如将像素值归一化至［0，1］区间），并通过特征工程提取关键信息（如从用户行为日志中构建购买倾向指标）。

ImageNet 的 1500 万标注图像、Common Crawl 的千亿级网页文本，这些高质量数据集成为深度学习爆发的基石。但即使数据量很大，如果数据缺乏多样性或者代表性，模型在实际应用中依然可能出现误判：特斯拉 Autopilot 因训练集缺乏极端天气场景，曾导致多起系统误判事故，印证了"数据偏差即模型偏见"的铁律。高质量的数据不仅需要数量，还需要涵盖广泛的场景和条件，以确保模型在实际应用中的鲁棒性和可靠性。

3. 算力

算力是算法与数据发挥价值的物理承载。早期的人工智能主要依赖于 CPU[①] 进行串行计算，这种方式虽然在逻辑处理上表现优异，但在处理大规模并行任务时效率较低。随着技术的进步，GPU[②] 逐渐成为人工智能计算的主流选择。以英伟达 V100 GPU 为例，其内置的 5120 个 CUDA[③] 核心能够同时处理数万个线程，这种强大的并行计算能力显著加速了深度学习模型的训练过程，将模型的训练时间从传统的数周缩短至小时级别，大幅提升了研发效率。

云计算平台则进一步推动了算力的普及和优化。它们提供了灵活的算力资源，支持从单机实验到大规模集群的无缝扩展，使得研究人员和企业能够根据

---

① CPU（中央处理器）如同计算机的大脑，负责处理各种通用任务，从运行操作系统到执行程序指令。在人工智能中，CPU 常承担数据预处理、任务调度等基础工作，如清洗数据或管理文件读写。虽然 CPU 核心数量较少（通常几核到几十核），但其强大的单核性能适合处理逻辑复杂的串行任务，如在训练模型前对图像进行尺寸调整或归一化处理。

② GPU（图形处理器）最初为游戏和图形渲染设计，如今成为人工智能的核心驱动力。GPU 拥有数千个小型计算核心，能同时处理海量数据——这种并行计算能力完美契合深度学习的需求。训练一个识别猫狗的神经网络时，GPU 可同时处理数百张图片，将训练时间从几周缩短至几小时。现代 AI 模型如 ChatGPT 和自动驾驶系统，都依赖 GPU 的高速矩阵运算来快速完成复杂计算。

③ CUDA 是 NVIDIA 为 GPU 设计的计算平台，让开发者能用编程语言直接调用 GPU 的强大算力。通过 CUDA，研究人员可以轻松编写代码让 GPU 执行科学计算、图像处理等任务，而不限于图形渲染。在人工智能领域，几乎所有主流深度学习框架（如 TensorFlow、PyTorch）都基于 CUDA 优化，使得训练大型模型效率倍增。简单来说，CUDA 就像翻译官，把人类的计算指令转化为 GPU 能高效执行的并行操作，让人工智能的"思考"速度飞跃提升。

需求动态调整计算资源。与此同时，边缘计算[①]技术的发展则将算力推向了终端设备，如自动驾驶汽车的车载电脑，将数据处理从云端下沉到本地，从而实现了毫秒级的实时响应，这种低延迟、高响应的特性对于自动驾驶、工业自动化和智能城市等需要快速决策的应用场景来说至关重要。

另外，量子计算虽未完全实用化，但其颠覆性潜力已多次得到验证。2019年，谷歌53量子比特"悬铃木"芯片仅用200秒就完成了传统超算需万年完成的任务，首次实现"量子优越性"。2024年12月，谷歌再推"垂柳"芯片，5分钟完成超算需10^{25}年的计算，将优势扩大到天文量级，中国科学家同期发布的105量子比特"祖冲之三号"性能超谷歌72比特处理器6个数量级，创超导量子计算新纪录。这些突破不仅验证了量子计算的指数级算力优势，更为组合优化、材料模拟等复杂问题提供了全新解决路径。尽管量子纠错和规模化仍是挑战，但技术迭代速度已远超预期，实用化进程正在加速。

此外，算力的提升不仅是硬件的升级，还包括工程化优化的创新。例如，DeepSeek通过采用混合专家模型（MoE）等创新，在相同的GPU集群上实现了10倍的吞吐量提升。这证明了算法与硬件协同设计的重要性，以及其在提高算力效率方面的巨大潜力。

人工智能三要素的共生关系如同生态系统的物质循环：算法决定数据的使用效率，数据质量影响算法收敛速度，算力规模制约模型复杂度。当ChatGPT凭借万亿token数据、千亿参数模型与十万亿次浮点运算震撼世界时，我们看到的不仅是技术奇迹，更是三要素协同螺旋上升的必然结果。正如OpenAI提出的扩展定律（Scaling Law）所揭示的：在算法架构稳定的前提下，模型性能随数据量与算力投入呈幂律增长。然而，这种"暴力美学"也引发反思——当算力成本逼近物理极限，当高质量数据濒临枯竭，下一代AI或许需要从"更大"转向"更巧"，在量子计算、脑启发计算、因果推理等方向寻找破局点。

[①] 边缘计算是一种分布式计算范式，将数据处理从云端下沉到靠近数据源的网络边缘设备（如路由器、传感器或本地服务器），通过就近处理数据来降低延迟、减少带宽消耗并提升实时响应能力。

四、人工智能的主流学派

人工智能的探索始终映射着人类对"思维"的哲学解构：符号主义以规则演绎构建理性圣殿，却难解现实世界的模糊性与涌现性；连接主义借数据拟合逼近直觉感知，却深陷"黑箱"不可解释的认知泥潭；行为主义执着输入输出映射，但忽视了内在心智的复杂性。三大学派之争，实为人类对"何为智能"的永恒追问——是符号推演的确定性，是神经回路的混沌涌现，还是行为反馈的实用主义？赫伯特·西蒙曾言，科学是对现实的渐进逼近，而非终极答案的揭晓。在 AI 领域，这一箴言尤为振聋发聩，技术的高度永远与人类对智能本质的理解深度同步：符号主义的公理化理想、连接主义的统计实证和行为主义的功利导向，恰似三棱镜折射出的光谱，共同拼合着智能本质的认知拼图。

1. 符号主义——基于规则的逻辑推理

符号主义以形式逻辑为核心，认为智能的本质是符号操作与规则推理。1955 年纽厄尔与西蒙开发的"逻辑理论家"系统，首次通过符号逻辑证明数学定理，标志着符号主义的实践开端。

其核心范式是将知识编码为符号规则，通过启发式搜索[①]实现问题求解。围绕某一特定领域（如牙病治疗、工具组装等）的应用，将人类专家知识转化为结构化知识，存储进入数据库，从而支持该领域应用，构建"知识水晶球"，这就是知识工程（knowledge engineering）和专家系统（expert system）的动机。

专家系统是符号主义的典型应用：例如，DEC 公司的 XCON 系统，通过 7000 余条产生式规则（IF-THEN 结构）配置计算机订单，错误率从 30% 降至 2%，年节省成本超 2500 万美元。

然而，符号主义面临"知识获取瓶颈"——规则库维护成本高昂（XCON 规则数十年间从 750 条激增至 10000 条，而当规则量突破 5000 条后，维护成

[①] 启发式搜索是一种通过启发函数智能引导搜索方向的算法策略，优先探索最可能接近目标的路径，显著提升复杂问题的求解效率。其核心在于利用领域知识减少盲目搜索的计算量，广泛应用于游戏 AI、自动化推理及优化问题求解。

本通常占项目总预算的 40%~60%），且无法处理模糊性问题（如医疗诊断中症状的不确定性）。哲学家维特根斯坦的警示"语言的边界即思想的边界"在此得到印证：当专家系统被问及"治疗霍乱弧菌感染"时，其机械式输出"服用两周四环素"，却忽略了患者可能已濒临死亡的现实矛盾。符号主义的困境揭示了纯粹逻辑推理的局限性，但也为知识图谱与神经符号系统的融合发展埋下伏笔。

2. 连接主义——基于数据的神经网络

连接主义的探索始于对生物智能的逆向工程，主张通过数据驱动实现智能，其技术支柱是深度学习与神经网络。

1943 年，神经科学家沃伦·麦卡洛克（Warren McCulloch）与逻辑学家沃尔特·皮茨（Walter Pitts）提出的 MCP 神经元模型，首次将大脑电信号传递抽象为二进制逻辑运算，为神经网络奠定数学基础。

2012 年 AlexNet 在 ImageNet 竞赛[①]中以 16.4% 的错误率碾压传统算法，开启了深度学习革命。深度学习的基本动机在于通过"端到端学习（end-to-end learning）"这一机制来构建多层神经网络，以学习隐含在数据内部的关系，从而使学习所得特征具有更强的表达能力。

2017 年，Transformer 架构进一步革新自然语言处理，GPT 系列模型通过自监督学习（掩码语言建模）、有监督微调（指令对齐）与强化学习（人类反馈优化）的三阶段训练，实现了语言生成的突破。

然而，连接主义面临两大挑战：一是识别感知陷阱，神经网络虽能高精度分类图像（如区分猫狗），却无法解释其识别的决策依据；二是数据盲区陷阱，如汽车自动驾驶，当前训练数据集仅覆盖约 1% 的极端路况（如道路施工、动物横穿），导致系统在罕见场景下陷入"认知盲区"，自动驾驶由此造成人员伤亡事件时有发生。物理学家安德森"多者异也"（More is different）的论断在此得到验证：即便掌握神经元连接规律，也无法从微观推导出宏观智能的涌

[①] ImageNet 竞赛（ILSVRC）是 2010 年发起的年度计算机视觉赛事，基于包含 1400 万张图像、覆盖 1000 类别的数据集，以 top-5 准确率为核心指标推动图像识别技术进步。

现机制。

3. 行为主义——反馈牵引的强化学习

行为主义强调智能体通过环境交互与反馈优化决策，其代表技术是强化学习。

2016年，AlphaGo（2016）融合蒙特卡洛树搜索（符号主义遗产）与深度强化学习（行为主义创新），在围棋对弈中击败李世石，其关键突破在于策略网络与价值网络的协同训练，通过3000万局自我对弈迭代优化，展现了从"白纸"（tabula rasa）到"大师"的进化之路。

强化学习的核心范式包含三步：收集演示数据训练初始策略（如人类棋谱）、构建奖励模型（标注输出优劣）、通过近端策略优化①迭代提升。

然而，强化学习仍受困于"地平线效应"——智能体因计算资源限制无法预见长期后果，如AlphaGo对李世石"神之一手"的误判。萨顿②在《苦涩的教训》中指出："算力扩张始终是最高效的路径"，但这也引发反思：当模型参数突破万亿级，是走向通用智能，还是陷入"暴力拟合"的窠臼？连接主义的未来，或在于探索"学习机器"而非"机器学习"的本质跃迁。

符号主义的规则之笼、连接主义的数据之海、行为主义的反馈之链，这三大学派的分合映射着人类对智能认知的上升。正如达特茅斯会议的初心——"学习的所有特点都可被机器模拟"，当代AI正通过Transformer架构实现多学派融合，而DeepSeek的工程化突破与开源实践，则预示着智能技术民主化时代的曙光。当神经符号系统开始融合因果推理与统计关联，当MoE架构在受限算力下实现通用智能的雏形，我们或许正在见证：三大学派的分歧终将殊途同归，共同通向通用人工智能（AGI）的实现。

---

① 近端策略优化（PPO）是OpenAI于2017年提出的深度强化学习算法，通过限制新旧策略差异并采用裁剪概率比率的机制，在策略梯度框架内实现稳定高效的策略更新。

② 萨顿（Richard S. Sutton）是强化学习领域的奠基人之一，其著作《强化学习导论》及论文《苦涩的教训》强调：算力驱动的通用方法（如深度学习）长期优于依赖人类先验知识的定制化路径，这一理念深刻影响了AI发展范式。

五、人工智能的发展历史

1. 远古萌芽：人类对机械智能的千年求索

人工智能的演进史是一部交织着技术突破与文明反思的人类认知革命。在人工智能成为科学概念之前，人类对"人造生命"的幻想已绵延数千年。

图 1-3　歌舞伎

据《列子·汤问》记载，早在西周时期（约公元前 10 世纪），就存在一种"偃师歌舞伎"。偃师以皮革、木料、胶漆等材料制成"歌舞伎"，通过精密机关联动，其关节可自由活动，能歌善舞且神态逼真（见图 1-3）。周穆王西巡途中，一位名叫偃师的能工巧匠献上了一个和真人一般大小的歌舞伎。周穆王见后十分好奇，于是将嫔妃们也召来一起观看。在偃师的操纵下，歌舞伎一边唱歌一边跳舞，表演十分逼真。离奇的是，歌舞伎表演时还向左右嫔妃们挤眉弄眼、眉目传情，这下可把周穆王惹怒了。见势不妙，偃师挥剑斩断歌舞伎的机关，拆解机械结构，显露内部"皆傅会革、木、胶、漆、白、黑、丹、青之所为"。这一记载不仅是中国最早的"机器人"原型，更暗含对仿生行为控制的原始认知——通过机关联动模拟人类动作与情绪表达。

据《墨子·鲁问》所述，在春秋战国时期（约公元前 5 世纪），工匠祖师鲁班以竹木制成飞鸟，"成而飞之，三日不下"。虽无实物存世，但后世推测其可能采用弹性蓄能机构（如扭簧）与空气动力学设计。该装置突破了静态机械的局限，探索动态环境中的自主运动控制，堪称古代自动化技术的巅峰（见图 1-4）。

图 1-4　鲁班鸟

《三国志》记载诸葛亮发明木牛流马（三国，公元 3 世纪）运输粮草，其"方腹曲头，一脚四足"的特殊构造，被现代学者解析为齿轮传动系统，即通过曲柄连杆机构将人力往复运动转化为轮轴旋转动力，配合棘轮装置实现斜坡防倒退功能。尽管具体设计失传，但其展现的机械逻辑思维（动力传递、方向控制）与 AI 中的状态机理论存在跨时空共鸣（见图 1-5）。

图 1-5　木牛流马

中国古代文献中记载的机械装置，展现了先民对自动化与仿生技术的非凡智慧。这些古代智慧结晶，虽未形成系统理论，却为后世埋下了智能模拟的思想火种。

2. 起步发展期：从机械幻想到科学奠基（1956—1970 年）

20 世纪 40 年代电子计算机的诞生，为人工智能提供了物质载体。1956 年夏天，在美国新罕布什尔州达特茅斯学院举行的一场学术研讨会——达特茅斯会议，如同一把钥匙开启了人工智能研究的大门。这场由约翰·麦卡锡（John McCarthy）、马文·明斯基（Marvin Minsky）、克劳德·香农（Claude Shannon）等先驱发起的会议，尽管仅获得洛克菲勒基金会 7500 美元的资助，却会聚了 30 多位顶尖学者，其中包括后来的 4 位图灵奖得主——马文·明斯基（1969 年）、约翰·麦卡锡（1971 年）、艾伦·纽厄尔（Allen Newell，1975 年）和赫伯特·西蒙（Herbert Simon，1975 年，并于 1978 年获得诺贝尔经济学奖）。会议最初提案中提出的"人工制造的智能"概念，不仅首次将"人工智能"（Artificial Intelligence）确立为学科名称，更勾勒出一幅雄心勃勃的蓝图——通过算法模拟人类学习、推理与语言理解的全过程。

会议的讨论如同一场思想风暴，既碰撞出技术路径的分野，也埋下未来融合的种子。艾伦·纽厄尔与赫伯特·西蒙展示了能够证明数学定理的"逻辑理论家"系统，奠定了符号主义学派的基础；而麦卡锡则探索用谓词逻辑构建通用问题求解器，体现了对形式化知识的追求。与此同时，亚瑟·塞缪尔的国际跳棋程序通过自我对弈提升棋力，使"机器学习"从理论走向实践，而麦卡洛克－皮茨神经元模型的讨论则为连接主义埋下了伏笔。尽管明斯基对神经网络的质疑导致连接主义研究一度停滞，但他与香农关于"有限自动机"理论的探讨，却为后来的强化学习奠定了基础。

"一石激起千层浪"，这场会议的影响远超学术范畴，它激起了全球科研格局的涟漪。这一时期，几何定理证明机、SAINT 代数求解系统、STRIPS 机器人决策系统相继问世，第一个聊天机器人 ELIZA 诞生，美国国防高级研究计划局 DARPA 大力注资。1958 年，艾伦·纽厄尔乐观预言"十年内计算机将成国际象棋冠军"，1965，赫伯特·西蒙预言"二十年内机器将替代人类所有工作"，符号主义的黄金时代看似势不可当。

然而，达特茅斯会议的光环下也隐藏着警示。过度乐观的预言，如"十年内机器将具备人类智能"，为后续的 AI 低谷埋下伏笔，而将智能简化为符号操作的理念，直到深度学习崛起才被彻底颠覆。

3. 第一次低谷：理想主义的技术困境（1970—1980 年）

尽管早期 AI 在符号逻辑领域取得了显著进展，但现实世界的复杂性很快暴露了符号主义的致命缺陷，即过度依赖人工规则的局限性。

在 20 世纪 70 年代，马文·明斯基团队开发的积木世界系统虽然能够在理想环境中完成简单物体堆叠任务，但在真实环境中却无法应对光照变化与材质差异等复杂因素。此外，试图用谓词逻辑描述医疗诊断知识的 MYCIN 系统，因规则数量的指数级增长导致维护成本激增，难以在实际应用中推广。马文·明斯基在 1970 年曾乐观地断言"一代内将实现人类级智能"，但逻辑系统的工程化难度远超预期，耗费巨资的研究成果最终沦为"实验室玩具"。

1973 年，《莱特希尔报告》[①] 尖锐地指出："现有 AI 系统就像在游泳池里学游泳，永远无法应对海洋的惊涛骇浪。"这一批评促使各国政府相继削减对 AI 研究的经费支持，导致了第一次 AI 寒冬的降临。马文·明斯基于 1969 年

---

① 《莱特希尔报告》(Lighthill Report) 是 1973 年由英国科学家詹姆斯·莱特希尔主导的评估报告，严厉批评当时 AI 研究的过度承诺与实际效能落差，直接导致英国大幅削减 AI 领域经费，成为全球首次"AI 寒冬"的重要诱因。

《感知机》的数学证明，认为单层神经网络存在解决非线性问题的根本缺陷，这一权威论断结合当时算力不足的客观条件，导致神经网络研究被搁置近二十年；这段历史不仅反映了当时学术界对不同 AI 路径的争议，也揭示了技术发展中的曲折与不确定性。

4. 应用发展期：专家系统与连接主义复兴（1980—1987 年）

转机出现在 20 世纪 80 年代的双轨突破，AI 以专家系统形式重获生机。在符号主义阵营，卡内基梅隆大学为 DEC 公司开发的 XCON 专家系统，采用产生式规则库与 Rete 推理引擎，专门用来帮助客户配置计算机订单，它的效果非常显著：将原先人工配置时高达 30% 的错误率降低到了仅 2%，每年节省超过 2500 万美元的成本，这是人工智能技术首次在商业领域展现出巨大的实用价值，证明了 AI 不仅能做学术研究，还能创造实实在在的经济效益（见图 1-6）。

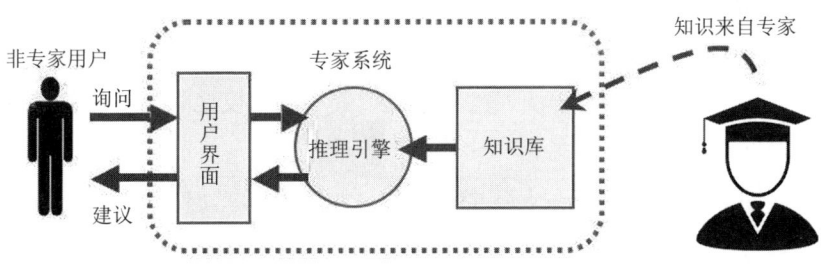

图 1-6　专家系统

与此同时，物理学家霍普菲尔德（John Hopfield）提出新型神经网络模型，通过能量函数实现联想记忆；鲁梅尔哈特（David Rumelhart）重新发现的反向传播算法，使 MNIST 手写数字识别①准确率达到 99%，神经网络研究复苏。

20 世纪 80 年代，全球人工智能发展呈现出明显的"连锁反应"特征。1981 年，日本政府斥资 8.5 亿美元启动雄心勃勃的第五代计算机计划，旨在开发具备自然对话、语言翻译、图像理解和类人推理能力的智能系统。虽然该项目因过度依赖 Prolog 逻辑编程语言而最终失败，但其引发的技术冲击波却产

---

① MNIST 手写数字识别是机器学习领域的经典入门项目，使用包含 6 万张训练图像和 1 万张测试图像的手写数字数据集，常用于验证图像分类算法性能。

生了深远影响：一方面直接推动了全球 GPU 研发热潮，另一方面也刺激了欧美国家的竞争性投入。作为回应，英国在 1983 年启动耗资 3.5 亿英镑的 Alvey 工程，重点攻关集成电路、AI、软件工程、人机交互和系统架构等关键技术领域。与此同时，美国 DARPA 通过组建战略计算促进会大幅增加 AI 投入，其 1988 年的投资规模已达到 1984 年的三倍。这一系列连锁反应不仅重塑了全球 AI 研发格局，更奠定了后来深度学习革命的基础设施条件。

5. 第二次低谷：技术天花板与泡沫破裂（1987—1990 年）

人工智能因专家系统的成功再次掀起热潮，但一些经历过前一次人工智能低谷的研究者们注意到对专家系统的狂热追捧现象，预估不久后历史将会重演。事实证明从 20 世纪 80 年代末到 90 年代初，人工智能再次遭遇了一系列财政问题。

早期为人工智能发展而生产的设备非常昂贵，而到 1987 年，Apple 和 IBM 生产的台式机性能不断提升，已经超过了人工智能的 Lisp 机器，导致人工智能硬件市场需求突然干涸，人工智能硬件产业一夜之间土崩瓦解，这是人工智能发展变天的最早征兆。

与此同时，专家系统在大获成功之后，也渐渐暴露出实用性局限的问题。以 XCON 为例，其规则数量从 1980 年的 750 条激增至 1990 年的 10000 条，维护成本居高不下，且面对异常输入时频发错误，让人开始怀疑专家系统所代表的人工智能是否真的具备实用性。

到了 20 世纪 80 年代末期，战略计算促进会与 DARPA 对人工智能技术的态度发生巨大转变，人工智能的资助被大幅削减。雪上加霜的是，到了 1991 年，日本支持的第五代计算机项目未能实现其雄心勃勃的愿景，如"与人展开交谈"等功能，直到 2010 年也未能实现。这一项目的失败标志着人工智能研究的一次重大挫折，各国政府对人工智能的信心下降，纷纷削减资助，人工智能研究陷入第二次低谷。

6. 稳步发展期：数据驱动与里程碑突破（1990—2010 年）

20 世纪 90 年代的数据革命重塑了 AI 技术版图，计算机硬件性能的显著提升和数据量的爆炸性增长为 AI 的发展带来了新的契机。

1997 年，IBM 的深蓝计算机战胜了国际象棋冠军卡斯帕罗夫，这一胜利不仅展示了 AI 在特定领域超越人类的能力，也预示着算力将成为 AI 竞争的新维度。深蓝的成功并不依赖于算法的创新，而是通过定制芯片实现了每秒 2 亿步的局面评估，这一技术的突破为后续 AI 的发展产生了重要的启示。

　　与此同时，机器学习领域也在迅速崛起。斯坦福大学在 2005 年的 DARPA 挑战赛①中凭借冠军车"Stanley"取得了自动驾驶领域的开创性进展。Stanley 采用了支持向量机（SVM）来处理激光雷达数据，这一技术应用标志着机器学习在自动驾驶领域的首次重大突破。SVM 作为一种统计学习方法，在解决小样本、非线性及高维模式识别问题上展现出了独特的优势，并被广泛应用于包括图像分类和金融风险评估在内的多个领域。

　　此外，2009 年启动的蓝脑计划成功模拟了鼠脑皮层，这一成就为神经科学和 AI 研究提供了新的研究方向。2011 年，IBM 的华生系统在《危险边缘》智力竞赛中击败人类冠军，这进一步证明了 AI 在特定领域超越人类能力的潜力。华生的胜利不仅是 AI 技术的里程碑，而且展示了 AI 在自然语言处理和知识问答系统方面的强大能力。

　　这一时期的 AI 发展还见证了互联网的普及和大数据时代的到来，这些因素共同推动了 AI 技术的进一步发展和应用。统计学习方法逐渐取代了传统的符号主义，成为 AI 研究的主流。这一转变不仅反映了 AI 技术的成熟，也为后续深度学习的兴起奠定了坚实的基础。

　　7. 蓬勃发展期：深度学习革命与商业落地（2010 年至今）

　　2012 年，多伦多大学团队在 ImageNet 图像识别竞赛中以深度学习碾压传统算法，其使用 GPU 加速的 AlexNet 卷积神经网络，将图像识别错误率从 26% 骤降至 15%，这场"深度学习海啸"彻底终结了手工设计特征的时代，揭开了新时代的序幕。

　　GPU 算力飞跃与海量数据（如 ImageNet 的 1500 万图像）催生技术质变，谷歌大脑项目通过分布式训练框架，使神经网络参数量突破 10 亿级，卷积神

---

　　① DARPA 挑战赛是由美国国防高级研究计划局（DARPA）发起的系列技术创新竞赛，旨在通过公开赛事推动自动驾驶等尖端技术研发，如 2004 年沙漠无人车"大挑战赛"和 2007 年"城市挑战赛"。

经网络（CNN）重塑计算机视觉，Transformer架构革新自然语言处理，2016年，AlphaGo击败围棋世界冠军，展示了深度学习在复杂决策任务中的潜力。2018年至今，GPT系列模型实现了多模态内容生成，进一步拓展了深度学习的应用范围。

与此前学术主导的AI浪潮不同，本轮AI热潮由商业需求驱动。人脸识别、智能客服、自动驾驶、具身智能等场景的快速落地，吸引了全球资本的涌入，催生了一个万亿级市场。到2025年，AI已渗透至医疗、教育、艺术等多个领域，成为第四次工业革命的核心引擎。

正如《列子·汤问》中周穆王对机械歌舞伎从惊怒到叹服的认知转变，当代社会也正经历对AI从恐惧到接纳的过程。AI技术已渗透至智能手机摄像头的人像模式、短视频平台的推荐算法乃至农田里的病虫害识别系统。当中南大学李敏教授团队提出的DPFunc模型为大规模蛋白质功能注释提供了新工具，当"北脑一号"脑机接口在天坛医院成功完成手术，帮助瘫痪病人实现意念控制和语言交流，当国产大模型DeepSeek在全国近90家三甲医院部署，覆盖20余省市，提升了疾病早期识别率和医疗影像分析准确率，我们正在见证智能形态的根本性变革。

图1-7为人工智能发展历程与标志性事件。

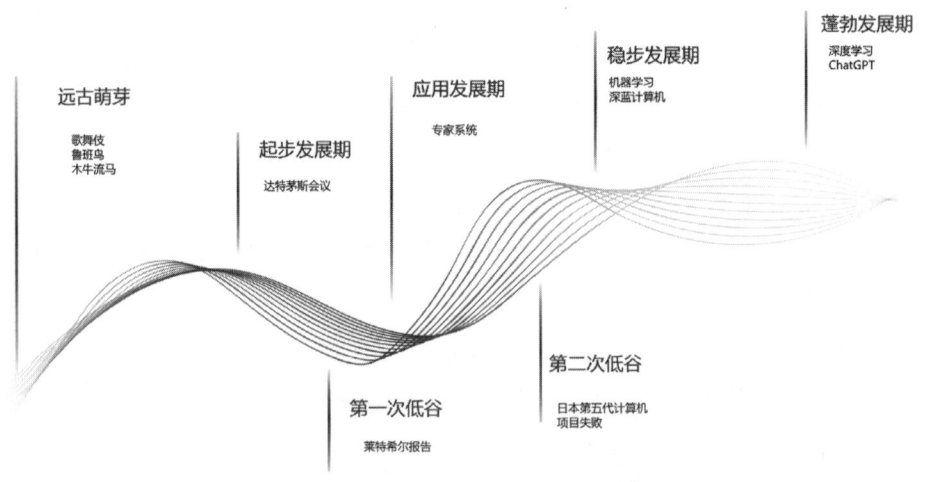

图1-7 人工智能发展历程与标志性事件

六、从图灵测试到 DeepSeek 的技术演进

1. 图灵测试——智能的哲学与工程起点

1950 年,艾伦·图灵在论文《计算机器与智能》中提出"图灵测试"(Turing Test),将"机器是否具备智能"这一哲学问题转化为可操作的科学实验。图灵的创新之处在于,他跳出了传统哲学关于"意识"和"理解"的抽象争论,转而采用行为主义的视角——如果一台机器在对话中的表现与人类无异,那么从实用角度而言,它就是智能的。这一标准被称为"行为等价性"(Behavioral Equivalence),其核心逻辑是:智能的本质无须纠结于机器是否"真正理解",只需观察其能否在交互中达到与人类相似的效果。这种思路为早期人工智能研究提供了明确的实践路径——先解决"模仿人类"的问题,再探索"实现智能"的机制。图灵测试的划时代意义在于它提出了一个可验证的标准,但同时也因其"重表现、轻本质"的特性引发争议:

1966 年的聊天机器人 ELIZA 通过简单的关键词匹配和脚本回复(如模仿心理医生的提问模式),成功让部分用户相信自己在与真人对话。这暴露了图灵测试的漏洞——通过技巧性设计"欺骗"人类评委,而非展现真正的认知能力(见图 1-8)。

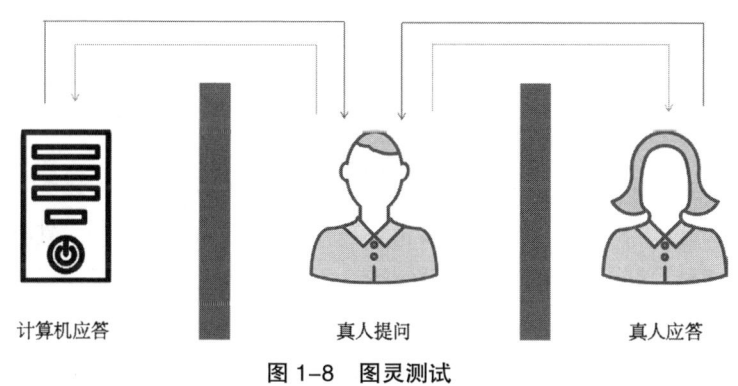

图 1-8 图灵测试

2014年，聊天程序"尤金·古斯特曼"声称通过图灵测试，但其本质仍是预设话术的堆砌（如刻意扮演一名 13 岁非英语母语男孩以解释语言漏洞）。这类案例表明，通过图灵测试并不等同于拥有真正的智能，程序完全可以通过精心设计的语言欺骗手段（而非真正的认知能力）来"通过"测试。

随着 AI 技术的进步，人们发现仅靠"装得像人"远远不够，图灵测试的局限性催生出更细化的评估标准，如 Winograd 模式（测试常识推理）、ARC 挑战赛（衡量抽象问题解决能力）等：

Winograd 模式（Winograd Schema）通过依赖常识的歧义句（如"奖杯放不进箱子，因为它太大了"——"它"指奖杯还是箱子？）测试机器的常识推理能力，避免单纯依赖语言模式匹配。

ARC 挑战赛（AI2 Reasoning Challenge）要求 AI 解决小学水平的科学问题（如"哪种材料最适合吸收声音？"），评估其抽象问题解决与知识迁移能力。

图灵测试的价值不仅在于其具体标准，更在于它开创了用实验方法研究智能的先河。尽管今天的技术已远超图灵时代的想象，但其核心问题"如何定义和评估智能"仍是 AI 领域的终极命题。当前的研究趋势表明：真正的智能评估需结合行为表现（能否完成任务）、机制透明度（如何实现）和伦理维度（是否合乎人类价值观），而这正是对图灵测试的批判性继承与发展。

2. DeepSeek 的技术演进——从算法革新到生态重构

标准 Transformer 模型（如 GPT-3）采用稠密架构，这意味着所有参数对每个输入 Token 都生效，这就像"全科医生"，无论问题难易都要动用全部"脑细胞"，导致计算资源浪费。而 DeepSeek 作为中国 AI 领域的代表性创新，其技术演进路径体现了从传统模型到高效架构的跨越式发展，其核心突破主要体现在混合专家模型（MoE）、训练优化策略与开源生态构建。

DeepSeekMoE（混合专家）模型使用了动态路由机制，这就像一家高效医院，每个问题进来，系统会迅速分诊，简单任务由"全科专家"处理，复杂任务则精准调用"专科医生"（比如数学专家、编程专家），该模型通过门控网络为每个 Token 动态分配最相关的专家（如 256 个专家中激活 8 个），实现"按需计算"。例如，在处理数学问题时，该模型仅调用公式解析与逻辑推理专家，避免无关参数参与运算,面对简单问题的处理,90%的神经元可能处于闲置状态。

同时,引入通用专家(处理语法结构)与领域专家(如代码生成、视觉定位)的协同,可进一步减少冗余参数。DeepSeek-V3总参数量为6710亿,但是通过动态分工可以让模型参数在单Token情况下仅激活370亿参数(约5.5%),显著降低了显存资源占用。

因此,在同等算力下,DeepSeek-V3的推理速度比传统稠密模型快3倍,且在代码生成、长文本理解等任务中达到GPT-4.5水平。此外,DeepSeek对训练策略进行了创新,采用FP8混合精度训练,动态调整计算精度,高精度用于关键参数更新,低精度用于常规计算,这种训练使内存占用减少40%,速度提升2倍。

更关键的是,DeepSeek选择将核心技术免费开源,这就如同把"智能工厂"的蓝图公之于众。开发者们可以自由下载模型,将其应用于金融分析、代码生成甚至小学生数学辅导等场景。得益于模型优化,国产芯片(如华为昇腾)也能高效运行这些模型,这不仅降低了对国外硬件的依赖,更助力中国AI产业实现自主化。这种开源精神,既让AI技术"飞入寻常百姓家",也吸引全球开发者共同改进,持续推动医疗、教育等领域的创新突破。

3. DeepSeek-R1的工作原理创新

DeepSeek-R1的核心创新在于融合了思维链、蒸馏与强化学习三重技术,形成了一套从逻辑推理到行为优化的完整闭环。

思维链(Chain of Thought)机制模拟人类解决问题的分步思考过程——当面对复杂数学题时,模型会先拆解问题(如识别方程类型)、规划解题路径(选择因式分解或求根公式)、再逐步输出中间推导步骤,这种"透明化思考"不仅提升了解题准确性,还让错误可追溯(如发现某步符号错误后自动回溯修正)。

知识蒸馏(Distillation)技术通过将大型教师模型(如千亿参数MoE模型)的"思考经验"压缩到轻量级学生模型中,保留关键逻辑框架的同时剔除冗余参数。例如,在代码生成任务中,教师模型对多种编程范式的深层理解被提炼为学生模型的通用规则库,使其在1/10参数量下仍能生成高质量代码。

强化学习(Reinforcement Learning)则扮演了"行为教练"的角色。通过人类反馈建立奖励机制——当模型生成答案时，专业标注员会从准确性、逻辑性和可读性等维度评分，这些评分转化为数值奖励，驱动模型调整参数偏向更优输出。例如，在法律咨询场景中，若模型引用过时法条导致扣分，系统会自动降低类似输出的概率。为进一步提升效率，DeepSeek-R1还引入了群体相对策略优化（GRPO），让多个模型版本在模拟环境中竞争：胜出策略（如更简洁的代码风格）被保留并融合，失败策略（如冗长的解释）则被淘汰。这种"适者生存"的进化机制，使得模型在金融分析、教育辅导等场景中快速适应用户需求，像一位不断从错误中学习的全能助手，既具备专家的深度，又拥有新手的适应力。

图灵测试奠定了人工智能研究的哲学与工程基础，将"智能"问题从形而上的思辨转化为可验证的行为标准。DeepSeek的技术演进则代表了AI从"行为模拟"向"高效智能"的跨越。从图灵测试到DeepSeek的技术演进，现代AI已超越图灵测试的原始框架，走向"能力＋效率＋伦理"的综合评估体系。DeepSeek的技术路径不仅是对传统AI范式的突破，更在开源生态与产业应用中探索出智能时代的"中国方案"。

✅ 思考与练习

1. 某在线旅游平台研发的AI客服系统能识别用户情绪并生成个性化回复，但无法理解对话深层含义。请依据人工智能三级分类体系，判断该产品所属层级，并说明分类依据，并提出使其升级为更高层级需突破的至少一项关键技术。

2. 以"AI旅游客服"为例，用生活化语言解释人工智能三要素的作用：

数据：收集游客的历史提问（如"附近有哪些特色餐馆？"）。

算法：分析问题并匹配答案（如关联餐馆位置、评分、菜系）。

算力：保证同时处理成千上万游客的咨询请求。

思考：如果某海岛旅游旺季时客服响应变慢，可能是哪一要素的瓶颈，如何改进？

3. 以符号主义、连接主义为例，说明不同技术学派如何影响对人工智能的界定。

4. 人工智能在20世纪80年代经历"第二次寒冬"，请从技术瓶颈（如算力、数据)、应用场景局限性和社会认知三个角度,分析其成因,并对比当前 AI 发展的核心驱动力有何不同。

5. 图灵测试是否仍适用于评估现代 AI？针对现代大模型有何评估方法？

6. 伦理讨论：是否应该使用社交媒体未经同意的用户数据训练 AI？

7. 用"做西红柿炒蛋"的步骤说明算法三要素。

输入输出（如菜谱中的食材与成品）明确步骤（如"先腌制后油炸"的不可颠倒顺序）终止条件（如"直到汤汁收干"的完成标准）

第二节　人工智能的关键技术

一、机器学习

机器学习是一种通过算法和模型使计算机从数据中自动学习并进行预测或决策的技术，属于人工智能的一个分支。其核心目标是让计算机在没有明确编程指令的情况下，通过对大量数据的分析，识别模式和规律，从而构建适应新数据的模型。机器学习如同一位孜孜不倦的学生，通过分析海量数据中的规律，逐渐掌握解决问题的"经验"。其学习范式包括监督学习、无监督学习和强化学习等不同类型，广泛应用于图像识别、自然语言处理、推荐系统和自动驾驶等领域，具备自适应、自动化和泛化能力，是数据驱动的技术创新。

1. 监督学习

监督学习（Supervised Learning）是一种基于标注数据训练模型的学习方式，通过学习输入与标签之间的映射关系，实现对新数据的预测。训练目标是最小化预测输出与真实标签之间的误差。常见算法包括线性回归、支持向量机、决策树和神经网络。监督学习广泛应用于分类（如图像、文本分类）与回归（如房价、股价预测）任务，适用于金融、医疗、电子商务等多个领域，其性能高度依赖于标注数据的数量与质量。

以旅游场景为例，一家在线旅游平台希望预测暑期三亚五星级酒店价格波动。在数据标注阶段，平台需要收集历史数据，包括房间面积、距海滩距离、泳池设施等特征作为输入，以及对应日期的房价作为标签。接着，在模型训练阶段，平台使用线性回归算法构建预测方程，该算法通过最小化预测值与实际房价的均方误差，找到最优权重参数。例如，模型可能会发现"在暑期，距海滩每近100米，房价日均上涨200元"的规律。最后，在应用预测阶段，当用户输入"8月1日、海景房、带无边泳池"等条件时，模型能够快速输出价格预估，帮助游客规划预算。通过这一系列步骤，平台能够有效地预测酒店价格波动，为用户提供更多有价值的参考信息。

线性回归的数学表达：$y = w_1 \times 1 + w_2 \times 2 + ... + w_n \times n + b$，其中 x_1 到 x_n 是输入特征，w_1 到 w_n 是模型参数，b 是偏置项。以一个简单的线性回归模型为例：$y = wx + b$，权重 w 决定了输入 x 对预测值 y 的影响程度，而偏置项 b 决定了当 x 为 0 时，预测值 y 的大小。偏置项 b 是通过模型训练得出的，与权重 w 一样。模型训练的过程就是找到最佳的权重 w 和偏置项 b，使得预测值 y 与真实值之间的误差最小。

2. 无监督学习

无监督学习（Unsupervised Learning）是在无标注数据条件下，通过识别数据中的结构与模式进行学习的方法。模型无须标签，依赖数据自身特征来进行聚类、降维、密度估计等任务。常见算法包括 K-means、层次聚类、主成分分析（PCA）、t-SNE[1]、稀疏编码[2]、Apriori[3] 和 FP-Growth[4] 等。无监督

---

[1] t-SNE（t-Distributed Stochastic Neighbor Embedding）是一种用于降维和数据可视化的非线性算法。它被广泛应用于图像处理、文本挖掘和生物信息学等领域，特别擅长处理高维数据。它通过保持高维空间中数据点之间的局部相似性来生成低维空间的表示。

[2] 稀疏编码是一种无监督学习方法，其目标是用少量激活的基本特征单元（字典）的线性组合来高效表示输入数据，同时要求特征系数尽可能稀疏（即大部分系数为零）。它类似于将一张图片分解为"基础图案库"中的几个关键图案（如边缘、纹理），并确保只使用极少数图案（其他系数强制为零）就能重建原图，从而提取最本质的特征。

[3] Apriori 算法是关联规则挖掘的首个经典算法，由 Agrawal 等人于 1993 年为解决购物篮分析问题提出。它通过逐层搜索（连接与剪枝）发现交易数据库中商品间的关联规则，揭示顾客购买行为模式，从而指导进货、库存及货架设计等商业决策，是数据挖掘领域的重要研究方法。

[4] FP-Growth 算法是韩嘉炜等人在 2000 年提出的关联分析算法，它采取如下分治策略：将提供频繁项集的数据库压缩到一棵频繁模式树（FP-tree），但仍保留项集关联信息。

学习适用于客户细分、异常检测、推荐系统、数据压缩和基因分析等场景，尤其在数据标注困难或成本高的领域中具有重要价值。

K-Means 是一种经典的聚类算法，通过将数据划分为预设的 k 个簇，并迭代更新簇中心，最小化每个簇内样本与中心的距离，从而实现数据分组。它具有简单、高效、计算复杂度低等优点，适合处理大规模数据。

以旅游平台为例，K-Means 算法可将游客按消费行为划分为不同群体：假设需要将百万用户分为 5 类，算法随机初始化 5 个中心点，通过迭代优化（调整中心位置、重新分配样本）最终形成稳定分群。例如，簇 A 用户偏好高端海岛游（高预算、长停留时间），簇 B 用户热衷文化短途游（周末出行、博物馆高频访问）。其计算效率高，但需预设簇数，且对初始中心敏感——若初始点全选在低价群体中，可能将高消费用户误判为异常值。

主成分分析（PCA）是一种降维技术，能够将高维数据压缩为低维特征，同时保留关键信息。面对包含游客年龄、消费额、停留天数、点评星级等 20 个特征的数据集，PCA 可将其压缩至 3 个主成分。其数学本质是找到方差最大的正交方向，例如，第一主成分可能反映"消费力"（高消费、长停留、五星点评强相关），第二主成分体现"出行偏好"（自由行与跟团游差异）。通过投影到低维空间，旅游平台能直观识别潜在高端客户群（高 PC1 值），从而优化服务策略。需要注意的是，当游客行为存在非线性关联（如年轻群体在预算低时偏好民宿，预算高时转向特色酒店），线性 PCA 可能丢失关键信息。此时需引入核 PCA 或 t-SNE 等非线性方法，以捕捉更复杂的模式。

3. 强化学习

强化学习（Reinforcement Learning）是一种基于奖惩反馈机制的学习方式，代理（agent）通过与环境的交互学习策略，以最大化长期累积奖励。代理在每一步选择动作，接收环境给出的奖励信号，并据此调整策略。强化学习无需预设输入输出，适用于处理连续决策问题，常见应用包括机器人控制、游戏 AI（如 AlphaGo）、自动驾驶和智能交易等领域。

以民宿平台为例，面对季节性需求波动大、竞品价格变化频繁、房源类型多样等问题，传统静态定价策略导致淡季空置率高、旺季收益未最大化。通过强化学习解决方案设计，状态空间包括实时入住率、未来30天预订趋势、同类房源竞争价格、季节性因子和房源特征；动作空间涵盖价格调整、套餐设计和资源分配；奖励函数结合核心奖励（当日净利润 × 平滑系数）和附加奖励（入住率超80%、客户评分提升、连续调价触发负奖励）。采用深度确定性策略梯度（DDPG）算法[①]架构，通过模仿学习预训练加速收敛。

4. 其他学习范式

在机器学习的广阔领域中，除监督学习、无监督学习和强化学习这些经典范式外，还存在多种其他学习范式，它们各自针对特定场景和挑战提供了独特的解决方案。这些范式不仅丰富了机器学习的理论体系，也在实际应用中展现出强大的适应性和创新性。

迁移学习通过将已有任务中获得的知识迁移到新任务中，从而减少对新任务标注数据的依赖。迁移学习能够提升学习效率、缩短训练时间，尤其适用于数据稀缺环境。典型方法包括预训练模型的微调与特征迁移，已在图像识别、文本分类、医学影像分析等领域得到广泛应用。

自监督学习通过数据生成伪标签实现无监督训练，广泛用于图像、文本和语音任务，其代表模型如BERT和GPT，展现了语言模型和特征学习中的显著优势。

对抗学习通过两个模型之间的博弈过程进行训练，生成器试图生成以假乱真的样本，判别器则识别真假。典型方法为生成对抗网络（GANs），广泛应用于图像生成、风格迁移、数据增强等任务。

少样本学习致力于在极少标注数据条件下完成新任务，借助强泛化能力实现快速适应。其常与元学习[②]方法结合，广泛用于医学图像分析、个性化推荐

[①] 深度确定性策略梯度（DDPG）算法架构是一种基于演员—评论家结构的强化学习算法架构。其演员网络（策略网络）负责根据当前状态输出一个确定性的动作，该动作旨在最大化评论家网络所评估出的预期回报。评论家网络则依据演员网络选取的动作以及对应的状态，来估算出当前策略下的长期回报值，进而为演员网络提供用于更新策略的梯度信息。

[②] 元学习旨在通过在多个任务上的训练，提升模型在新任务中快速适应的能力，因此被称为"学习如何学习"。其核心思想是在训练阶段学习调节策略，使模型在少量数据下实现快速收敛。元学习广泛应用于小样本学习、个性化推荐、机器人行为迁移和医学诊断等领域。

等需快速建模的数据稀缺场景。

二、深度学习

深度学习（Deep Learning）特指基于深层神经网络模型和方法的机器学习。它是在统计机器学习、人工神经网络等算法模型基础上，结合当代大数据和大算力的发展而发展出来的（见图1-9）。

深度学习最重要的技术特点是具有自动提取特征的能力，所提取的特征也称为深度特征或深度特征表示。相比于人工设计的特征，深度特征的表示能力更强、更稳健。因此，深度学习的本质是特征表征学习。深层神经网络是深度学习能够自动提取特征的模型基础，深层神经网络本质上是一系列非线性变换的嵌套。目前看来，深度学习是解决强人工智能这一重大科技问题的最具潜力的技术途径，也是当前计算机、大数据科学和人工智能领域的研究热点。

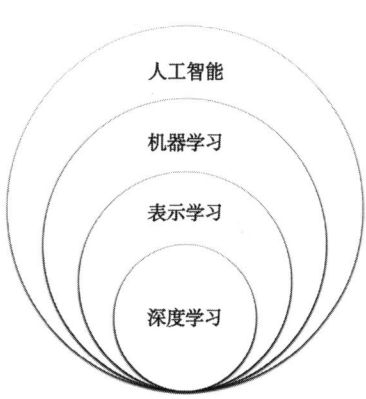

图1-9 人工智能、机器学习、表示学习及深度学习的层级

1. 神经网络的基本原理与结构

人工神经网络是一种受生物神经系统启发的非线性自适应信息处理系统，其核心思想是通过大量简单处理单元的互联来模拟人脑的学习与认知机制。现代神经科学研究表明，人脑通过数百万个相互关联的神经元协同工作实现复杂的信息处理，而人工神经网络正是基于这一原理构建的运算模型。系统中的每个节点（即人工神经元）通过激励函数（如Sigmoid、ReLU）对输入信号进行非线性转换，神经元之间的连接强度由权重值决定——这些权重不仅是信息传递的通道，更是网络记忆与知识存储的核心载体。

人工神经网络中，神经元处理单元可表示不同的对象，如特征、字母、概念，或者一些有意义的抽象模式。根据这些处理单元在信息处理流程中的功能定位，可将其分为三类：输入单元、输出单元和隐单元。输入单元作为感知接口,直接接收外部世界的信号与数据;输出单元则承担响应功能,将系统处理结果转化为可观测的输出;隐单元作为中间计算层,在输入和输出单元之间形成多级特征抽象,其激活状态无法被系统外部直接观察。这种层级化的单元配置与生物神经系统中感受器、效应器和中间神经元的对应关系相呼应,共同构成了信息传递的定向通路。整个人工神经网络系统的信息表示和处理能力,正是通过这三类处理单元在连接关系中的协同作用得以实现,最终完成从数据特征提取到高层语义表达的认知模拟(见图1-10)。

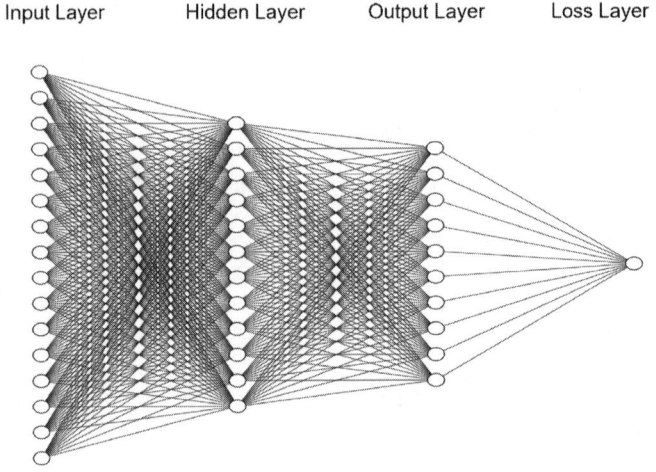

图1-10 神经网络示意图

人工神经网络具有以下四个基本特征:

(1)非线性。人工神经元处于激活或抑制两种不同的状态,这种行为在数学上表现为一种非线性关系。非线性关系是自然界的普遍特性,大脑的智慧就是一种非线性现象。具有阈值的神经元构成的网络具有更好的性能,可以提高容错性和存储容量。

(2)非局限性。一个神经网络通常由多个神经元单元广泛连接而成,一个系统的整体行为不仅取决于单个神经元的特征,而且可能主要由单元之间的相互作用、相互连接所决定,通过单元之间的大量连接模拟大脑的非局限性。联想记忆是非局限性的典型例子,如识别"猫"时,不同神经元分别处理耳朵形状、胡须特征等片段信息，最终通过整体连接关系完成综合判断。

（3）非常定性。人工神经网络具有自适应、自组织、自学习能力。在处理数据时，可以通过反向传播算法[①]动态调整连接权重（如纠错后加强正确连接），类似生物神经突触的可塑性，这种自适应性使其能应对不断变化的输入信息。

（4）非凸性。一个系统的演化方向，在一定条件下将取决于某个特定的状态函数。如能量函数，它的极值点往往对应着系统相对稳定的状态。非凸性是指这种函数有多个极值，故系统具有多个较稳定的平衡态，这将导致系统演化的多样性。

2. 常见的深度学习技术网络模型

卷积神经网络（Convolutional Neural Network，CNN）是一种专为处理具有网格结构数据（如图像）设计的深度学习模型，在图像识别、物体检测、视频分析和计算机视觉等领域都取得了显著的成功。它通过卷积层、池化层等核心组件，巧妙模拟人类视觉系统对图像的分层解析过程。

作为图像世界的解码专家，CNN 的核心能力在于利用卷积核的局部感知与权值共享特性，实现对复杂视觉特征的高效提取。就像用放大镜逐块扫描照片细节，卷积核每次只关注图像的一小块区域（局部感知），通过滑动扫描整个画面并复用同一组检测规则（权值共享），既能捕捉关键特征又大幅减少计算量。例如，当游客上传一张黄山迎客松的照片至旅游平台，CNN 的卷积层会逐层提取边缘、纹理、形状等特征：第一层识别枝干轮廓，第二层组合出松针簇形态，最终全连接层将其归类为"黄山标志性景观"。其中，池化层（如 Max Pooling）像一位精明的信息筛选官，在保留关键特征的同时压缩数据量，使系统能在毫秒级响应中完成数万张图片的相似景点推荐。需要知道的是 CNN 对旋转、缩放敏感，存在识别缺陷，例如，游客上传的埃菲尔铁塔照片角度倾斜过大，可能会误判为通信塔。

[①] 反向传播算法是一种通过计算损失函数对神经网络权重的梯度，利用梯度下降法来更新权重以最小化误差的算法。就像射箭，发现箭偏了目标（预测出错），就回过头调整瞄准方式（神经元连接权重），下次射箭更接近靶心（降低误差），反复调整直到射中（学会任务）。

循环神经网络（Recurrent Neural Network，RNN）是专为处理序列数据设计的智能系统，其核心突破在于让机器具备"记忆"能力。与传统神经网络不同，RNN通过隐状态（Hidden State）形成动态记忆库，像随身携带的笔记本般持续记录上下文信息。这种特性使其擅长处理语言对话、股票走势等具有时间关联的数据流。

以智能导游系统为例，当游客连续提问："这里的历史背景？"→"建筑风格受哪些文化影响？"→"附近有什么特色餐馆？"RNN不仅逐句解析问题，更通过隐状态建立问题间的逻辑纽带：回答第二个问题时，系统已记住当前处于历史建筑讨论场景；处理第三个问题时，则会结合"文化影响"的上下文优先推荐有文化主题的餐厅。这种持续更新的记忆机制，让对话如同人类交流般自然连贯。

当需要记忆数小时前的信息时（如记住游客两小时前提及的"对佛教艺术感兴趣"），传统RNN会像记忆模糊的向导，难以准确关联早期信息。这时长短期记忆网络（LSTM）通过精巧的"信息闸门"（输入门、遗忘门、输出门）破解难题：当游客谈论敦煌莫高窟时，系统会开启遗忘门弱化无关信息（如餐厅偏好），强化输入门获取"壁画""佛像"等关键词，最终通过输出门将佛教艺术特征与景点路线精准绑定。这种选择性记忆机制，使系统能跨越时间隔阂，建立有效关联。

但需要知道的是，RNN的串行计算特性使其在处理长篇旅行日记时，会像逐页翻阅纸质笔记本的学者，虽然内容理解精准，却难以快速定位关键信息，导致效率低下。

图神经网络（Graph Neural Network，GNN）是一种专门处理图结构数据的深度学习模型，它突破了传统神经网络只能处理表格、图像等规整数据的限制，直接对用户关系、交通网络等图结构进行建模。GNN主要包含节点表示初始化、邻域信息聚合、更新节点表示、读出层（可选）。

以旅行社交平台为例，当用户A关注了三位"探险旅行"达人，GNN会像经验丰富的导游般展开分析：第一轮信息聚合提取关注列表中的"帐篷""登山杖"等高频标签，更新用户A的节点特征时强化户外属性；经过多层迭代，系统最终生成包含"高原徒步""极限露营"等特征的数字画像，从而精准推荐尼泊尔安纳普尔纳环线徒步路线。面对更复杂的旅游生态数据，异构图神经网络（HetGNN）能同时处理用户、景点、游记等多类型节点——就像配备多国语言翻译器的向导，既能解析摄影师发布的冰岛极光图，又能关联游记中的拍摄参数，最终发现如"'95后'摄影师更倾向在极光季选择广角镜头"的潜在规律。

Transformer 网络模型是一种基于自注意力机制的深度学习模型，最初由 Google 的研究者在 2017 年的论文《Attention is All You Need》中提出，其在自然语言处理（NLP）领域，尤其是在机器翻译任务上取得了显著的成功。Transformer 模型主要包含自注意力机制、多头注意力、位置编码、编码器—解码器架构。

作为语言理解的架构大师，Transformer 通过自注意力机制实现上下文关联的智能捕捉。当游客用中文询问"巴黎有哪些适合带孩子参观的博物馆"时，Transformer 首先通过位置编码保留词序信息，接着多头注意力层并行分析"适合孩子"与"卢浮宫教育项目""奥赛博物馆互动区"的关联强度，最终解码器生成法语答复并标注亲子友好指数。这种并行处理机制使得 Transformer 的训练效率较 RNN 提升显著，就像从逐页传递文件升级为整箱文件同步处理。但强大性能需要代价：GPT-3 等大型模型动辄千亿参数量的配置也带来部署成本压力。为此，旅游科技公司常采用知识蒸馏技术，将大模型能力迁移至轻量级移动端模型，确保游客在卢浮宫地下展厅等弱网环境下仍能流畅使用实时翻译功能。

三、知识图谱

1. 知识图谱定义

知识图谱如同一张覆盖全球的认知蛛网，以实体为节点、关系为边，将散落于历史文献、科学数据库、社交媒体中的碎片化知识编织成可计算的语义网络。它本质上是一种揭示实体之间关系的语义网络，通过这种结构化的、语义化的知识表示方式，能够帮助计算机理解和处理人类语言。知识图谱的结构如图1-11所示，如果两个节点之间存在关系，他们就会被一条无向边连接在一起，这个节点被称为实体（Entity），它们之间的这条边被称为关系（Relationship）。

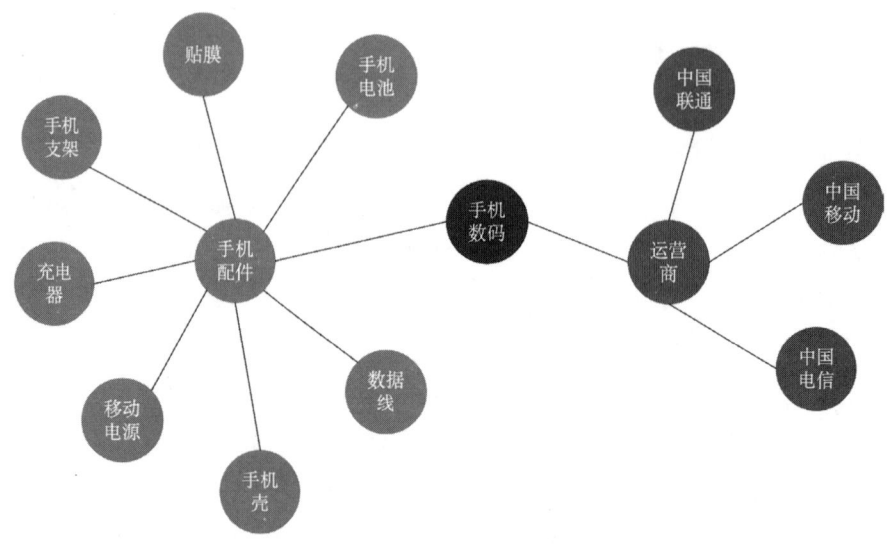

图1-11 知识图谱示例

2. 知识图谱基本技术

知识图谱的基本技术包括知识抽取、知识表示、知识融合、知识加工和知识更新。

（1）知识抽取是认知革命的起点，它让机器从混沌数据中淘洗出知识金砂。在敦煌遗书数字化工程中，命名实体识别（NER）技术从古藏文写本中提取"于阗""吐蕃"等历史地名；关系抽取模型发现"供养人曹议金→出资开凿→第98窟"的因果关系；属性抽取则标注壁画颜料的矿物成分（如朱砂含HgS 92%）。

（2）知识表示则将这些原子化知识单元转化为向量空间的数学存在——"莫高窟"的嵌入向量与"云冈石窟"余弦相似度达0.87，而与"凡尔赛宫"仅0.23，精准反映文化关联强度。这种低维稠密向量不仅支持高效的语义计算（如预测缺失关系边），更让"丝绸之路上的艺术传播路径"这类复杂推理变的可计算。

（3）知识融合是消除认知迷雾的利器。当"马可·波罗"在《马可·波罗游记》意大利语版中被拼作"Marco Polo"，而中文译名为"马可波罗"，实体链接技术通过时空轨迹分析（1271—1295年亚洲行迹）、事件交叉验证（参与襄阳围攻战）确认身份同一性。知识合并则需调和不同体系：如将中医知识图谱中的"肝阳上亢"与西医"高血压"建立映射关系，需结合临床数据与循证医学规则，构建跨医学本体的桥梁。

（4）知识加工赋予数据以逻辑灵魂。以三星堆考古知识库为例，首先建立"文化层—祭祀坑—青铜器"的三维知识坐标系，用语义链条定义"青铜神树出土于K2祭祀坑，K2祭祀坑属于商代文化层"的时空归属关系。这相当于为每件文物配备数字身份证，标注其地层学坐标。再基于OWL语义规则的知识熔炉，将离散数据锻造成决策依据。当输入"青铜神树高度3.96米"与"祭祀坑开口仅1.5米"两个事实时，系统自动触发空间约束推理：古树高度远超坑口尺寸→文物在埋藏时需拆解→现代提取需定制分段运输方案。质量评估模块则如同严谨的考据学家，通过比照权威文献，检验"青铜面具用于农耕仪式"假设是否符合碳十四测年揭示的祭祀文化背景，最终将不符合学理的猜想拦截在知识库外，确保知识库的学术严谨性。

（5）知识更新是图谱生命的延续。在敦煌遗书知识库中，增量更新机制持续整合新发现的残卷：自动化工具从考古报告中提取"P.3808号文书→记载→归义军税制"，经专家审核后融入图谱；当碳十四测定显示某壁画创作年代比原记录早70年，系统自动触发时间轴修正，并关联同时期中原王朝的政治事件。这种动态更新能力，使得知识库既能通过全面更新重建历史框架（如整合西夏文新解译文献），又能以增量更新捕捉学术前沿进展。

3. 知识图谱的应用

知识图谱正在重塑人类与信息的交互方式：

（1）智能搜索。例如，当游客查询"适合雨天的北京古建筑"，系统通过关系推理推荐"故宫箭亭（室内展馆）→毗邻→文渊阁（藏书楼）→藏有→《四库全书》"的参观路线。

（2）反欺诈网络。例如，银行利用企业关联图谱，穿透32层股权结构，识别出"注册资本1亿但实缴为0"的空壳公司集群。

（3）文化传承。例如，敦煌研究院构建的壁画颜料图谱，将"青金石→进口自阿富汗""铅丹→制备技法记载于《天工开物》"等关系可视化，辅助修复材料溯源。

（4）教育创新。例如，"唐诗宇宙"知识图谱将3万首诗歌映射到时空—情感—意象三维空间，学生可直观观察"边塞诗"在安史之乱前后的风格演变。

知识图谱正在为文明传承书写新的可能——它让散落的敦煌残卷重现丝路商队的驼铃声，使《永乐大典》的跨学科智慧转化为可计算的创新灵感，更将故宫的飞檐斗拱解码为建筑美学的数据基因。通过连接历史与未来、东方与西方、科学与人文，知识图谱不仅加速了研究进程，更催生出跨领域协作的新范式。当教育、医疗、文化保护因这张语义之网焕发新生，我们看到的不仅是技术的胜利，更是人类集体智慧在数字时代的璀璨重生。

四、自然语言处理

1. 自然语言处理定义

自然语言处理（Natural Language Processing，NLP）是人工智能领域最具人文温度的分支，它赋予机器理解、生成人类语言的能力，让冰冷的代码与温暖的话语得以对话。从毕昇发明活字印刷术到ChatGPT，语言始终是文明传承的载体，而NLP技术正将这一载体转化为智能时代的通用接口。NLP旨在让计算机能够理解并处理人类语言，从中提取有用的信息，帮助人类更高效地处理各种任务。自然语言处理具有以下优势：

（1）支持自然语言交互、简便易用。NLP技术使得计算机可以理解和处理人类语言，从而实现了人与计算机的自然语言交互。用户可以通过人类语言的方式表达自己的需求，无须使用计算机指令或编程知识，提高了人机交互的效率和易用性。

（2）支持海量信息分析和处理。NLP技术可以自动化处理大量的文本和语音信息，是处理、分析和挖掘数据中有价值信息的关键工具。

（3）提供个性化服务。NLP 技术可以根据用户的个人偏好和习惯进行个性化设置和推荐，提供更加个性化的服务。例如，智能客服可以根据用户的语言风格和问题类型提供定制化的回答和解决方案。

2. 自然语言处理基本技术

自然语言处理的基本技术包括文本预处理、词嵌入、句法分析、语义分析、文本生成等：

（1）文本预处理。在自然语言处理中，文本预处理是一个重要的步骤，包括文本清洗（去除 HTML 标签、特殊字符等）、分词（将连续字符转化为有意义的词汇单元）、词性标注（确定每个词汇的词性）等。中文分词的复杂性在此凸显："南京市长江大桥"可能被误拆为"南京 / 市长 / 江大桥"，"南京"是一个地名，"市长"可以是一个职务名称，而"江大桥"则可能被误认为是一个人名或地名，这种歧义性导致分词器需要结合语境和词典才能正确切分。词性标注则进一步为每个词汇贴上语法标签（"庐山"→名词，"徒步"→动词），为后续分析建立结构框架。

（2）词嵌入。词嵌入是将词汇转换为计算机可理解的向量表示的过程。常见的词嵌入技术包括 Word2Vec、GloVe 等。这些技术可以捕捉词汇之间的语义关系，使计算机能够理解词汇的深层含义。在这个数学宇宙中，"故宫"与"卢浮宫"的向量夹角较小，反映其同为文化遗产的属性；"登山"与"氧气瓶"则因场景关联性呈现高余弦相似度。这种表征能力使得机器能理解"三亚的碧海蓝天让人心旷神怡"中"碧海蓝天"并非单纯色彩描述，而是隐喻休闲度假体验。

（3）句法分析。句法分析是对用户输入的自然语言进行词汇短语的分析，目的是识别句子的句法结构，以实现自动句法分析的过程，包括短语结构分析（将句子划分为短语结构）和依存关系分析（确定词汇之间的依存关系）。短语结构分析将句子拆解为语法成分树，例如，"我想预订明天从北京飞往巴黎的航班"可分解为主语（我）—谓语（想预订）—宾语（明天从北京飞往巴黎的航班）。而依存分析更关注词汇间的支配关系："飞往"作为核心动词，支配"北京"(起点)与"巴黎"(终点)。这种结构化理解,让机票预订系统能精准提取时间、出发地、目的地等关键槽位。

(4)语义分析。语义分析是自然语言处理技术的核心,涉及单词、词组、句子、段落所包含的意义,目的是用句子的语义结构来表示语言的结构。语义分析是理解句子或文本深层含义的过程,这包括实体识别(识别文本中的实体,如人名、地名等)、关系抽取(提取实体之间的关系)、情感分析(判断文本的情感倾向)等。在敦煌莫高窟解说场景中,语义分析技术同步执行多任务:实体识别:标注"第257窟""九色鹿本生图"等文化实体;关系抽取:建立"壁画创作于北魏时期""描绘佛教因果故事"等关联;情感计算:从游客评价"色彩历经千年仍震撼人心"中提取积极情感,优化讲解词情感倾向。

(5)文本生成。文本生成是指接收结构化表示的语义,以输出符合语法的、流畅的、与输入语义一致的自然语言文本,这是自然语言处理中的另一个重要任务,它可以根据给定的输入(如关键词、句子结构等)生成新的文本。这可以用于各种应用,如机器翻译、文本摘要、对话系统等。早期基于规则的自然语言生成技术,在每个子任务上均采用了不同的语言学规则或领域知识,以实现从输入语义到输出文本的转换,如根据天气生成景点推荐,需手工编写"若{天气=雨}则推荐{室内景点}"等模板。现代神经网络(如GPT-4)则通过注意力机制,将故宫的雪景照片转化为诗意描述:"朱墙黄瓦覆新白,雕梁画栋隐琼瑶。六百载风云凝固成此刻的静谧。"

3. 自然语言处理的应用

自然语言处理技术在许多领域都有广泛的应用:

(1)机器翻译。通过自然语言处理技术,计算机可以自动将一种语言的文本转换为另一种语言的文本。从冷战时期美苏情报战的规则翻译系统,到支持128种语言的DeepL,NLP技术让《马可·波罗游记》的当代读者,能实时对照意大利语原文与汉语译文,感受丝绸之路的时空交错。

(2)问答系统。通过理解用户的问题并搜索相关的文本资源,计算机可以利用自动推理等手段,在有关知识资源中自动求解答案并做出相应的回答。问答技术有时与语音技术和多模态输入/输出技术,以及人机交互技术等相结合，构成人机对话系统。例如，敦煌研究院的 AI 导览员，不仅能回答"莫高窟开凿于哪年"，还能关联提问："与云冈石窟相比，其艺术风格有何独特之处？"

（3）信息抽取。从指定文档中或者海量文本中抽取用户感兴趣的信息，如实体、关系、事件等，以便进行进一步的分析和处理。利用关系抽取技术，将文化遗产数字化，如从《营造法式》古籍中自动构建宋代建筑术语知识图谱，能辅助应县木塔的数字化修复工程。

（4）文档分类。文档分类也叫文本自动分类或信息分类，其目的就是利用计算机系统对大量的文档按照一定的分类标准（例如，根据文本的内容和特征或者根据主题划分等）实现自动归类。

（5）情感分析。通过分析文本中的情感词汇和句子结构，计算机可以判断文本的情感倾向，如积极、消极或中性。情感分析主要应用于图书管理、情报获取、网络内容监控等。例如，黄山旅游管理部门通过分析游客点评，发现"西海大峡谷排队时长"是负面情绪的主要来源，据此优化缆车调度策略，使满意度提升 27%。

尽管 NLP 已取得惊人进展，但语言中蕴含的文化隐喻（如"黄山归来不看岳"的文学夸张）、方言多样性（如闽南语"阮欲去阿里山"），以及跨语言歧义（日语"温泉"（汤）在中文场景中的特殊含义），仍是待攻克的堡垒。当大语言模型开始理解《滕王阁序》中的用典，当多模态系统能将《清明上河图》的市井喧哗转化为沉浸式叙事，我们正在见证的不仅是技术进步，更是一场文明传承方式的数字嬗变。

五、计算机视觉

1. 计算机视觉的定义

计算机视觉是一门研究如何使机器能够"看"的科学。它致力于通过摄影机和计算机代替人眼，实现对目标的识别、跟踪和测量等功能，并进一步对图像进行处理，使其更适合人眼观察或仪器检测。计算机视觉的终极目标是赋予计算机类似人类的视觉能力，使其能够观察和理解世界，同时具备自主适应环境的能力（见图 1-12）。

图 1-12　计算机视觉

2. 计算机视觉的基本技术

计算机视觉的基本技术包括图像获取、预处理、特征提取、检测与分割等：

（1）图像获取。数字图像由图像感知器产生，这些感知器包括光敏摄像机、遥感设备、X 射线断层摄影仪、雷达和超声波接收器等。根据感知器的不同，生成的图像可以是二维、三维或图像序列。图片的像素值往往对应光在一个或多个光谱段上的强度（灰度图或彩色图），也可以是相关的各种物理数据，如声波、电磁波或核磁共振的深度、吸收度或反射度。

（2）预处理。原始图像往往携带噪声[①]与畸变[②]，在对图像实施具体的计算机视觉方法来提取某种特定的信息前，通常需要进行预处理来使图像满足后继方法的要求。预处理技术包括二次取样（比如，将 8K 无人机航拍图像采样至 1080p，在保留道路网关键细节的同时降低计算负荷）、平滑去噪（比如，消除内窥镜图像中的电噪声，使胃壁溃疡边缘更清晰）、提高对比度（比如，增

---

① 噪声指图像中随机出现的干扰信号，表现为像素值的异常波动（如椒盐噪声、高斯噪声等）。通常由传感器缺陷、传输干扰或环境因素（如低光照）引起，会导致图像出现颗粒感或杂点。

② 畸变指图像几何形状的失真，分为两类：光学畸变（如镜头导致的桶形/枕形畸变）和透视畸变（因拍摄角度产生的形变，如建筑物倾斜）。

强夜间监控画面的对比度,让暗处的车牌号码显现)和调整尺度空间(比如,通过高斯金字塔处理指纹图像,确保纹线特征在不同分辨率下稳定可辨)等。

(3)特征提取。从图像中提取各种复杂度的特征是计算机视觉的关键步骤。常用的特征提取方法包括Canny边缘检测(比如,在敦煌壁画数字扫描图中勾勒飞天衣袂的飘逸线条)、SIFT特征点(比如,匹配故宫建筑构件在不同修缮时期的细微变化)、光流场分析(比如,追踪世界杯赛场上足球的抛物线轨迹与球员跑位)、卷积神经网络(比如,在乳腺钼靶影像中自动提取微钙化簇的纹理特征)等。

(4)检测与分割。图像分割技术用于提取图像中有价值的部分,为后续处理做准备,比如,在敦煌莫高窟全景图中分离出第257窟的九色鹿壁画区域,又比如,为自动驾驶系统区分相邻车辆的轮廓,避免碰撞误判。常用的分割技术包括Mask R-CNN[①]、U-Net[②]、GrabCut交互式分割[③]和实例分割[④]等。

3. 计算机视觉的应用

计算机视觉技术在多个领域有着广泛的应用:

(1)工业质检。例如,液晶面板缺陷检测系统以0.01mm的精度定位亮点、暗斑,误检率低于百万分之一。

(2)智慧农业。例如,多光谱无人机扫描麦田,通过叶绿素反射特征评估肥力分布,指导精准施肥。

(3)文化遗产保护。例如,敦煌研究院采用高精度纹理映射技术,将氧化剥落的壁画色彩还原至初绘时的明艳。

(4)增强现实。例如,故宫AR导览镜通过SLAM(即时定位与地图构建)技术,在现实建筑上叠加乾隆时期的彩绘原貌。

---

① Mask R-CNN是一种基于深度学习的实例分割模型,在检测目标对象(边界框)的同时生成其精确的像素级掩码(Mask)。

② U-Net是一种主要用于医学图像分割的卷积神经网络架构,其独特的"U型"编码器—解码器结构能有效结合浅层细节与深层语义信息。

③ GrabCut是一种需要用户简单交互(如框选目标)的图像分割算法,利用迭代优化的方式将图像划分为前景和背景。

④ 实例分割是一种图像分割任务,要求不仅识别图像中每个对象所属的语义类别,还要区分同一类别中不同个体的精确像素边界。

（5）医疗革命。例如，眼科 OCT 影像分析系统能在糖尿病视网膜病变初期检测微动脉瘤，能较人类专家早 6 个月发出预警。

当视觉系统在卢浮宫《蒙娜丽莎》前陷入沉思——如何理解神秘微笑背后的情感隐喻？当自动驾驶汽车面对暴风雪中模糊的路标，怎样保持可靠的场景认知？当前的计算机视觉虽已突破形态识别的藩篱，但在跨模态联想（将梵高的《星月夜》转为交响乐旋律）、因果推理（从车祸现场残骸推断碰撞时序）等层面仍显稚嫩。脑科学与神经形态计算的融合或许指明方向：脉冲神经网络（SNN）模拟生物视觉皮层的脉冲编码机制，使机器能以更低的能耗理解动态场景；神经渲染技术通过隐式神经表示（NeRF），从稀疏二维图像重建三维世界的辐射场。当机器之眼开始读懂《千里江山图》的散点透视，当智能显微镜在血细胞舞蹈中预判白血病变异，我们正见证视觉智能从"看见"到"洞见"的史诗级进化。

☑ 思考与练习

1. 人工智能有哪些基本技术？以你最熟悉的技术为例，说明这种技术有什么用，能解决什么问题。

2. 说明人工智能、机器学习与深度学习三者之间的关系。

3. 为浙江省设计"文化旅游知识图谱"：

实体：历史人物（如苏轼）、地方美食（如东坡肉）、景点（如西湖）。

关系：苏轼"发明"东坡肉，东坡肉"关联"杭州美食街，西湖"举办"过 G20 峰会。

应用场景：当游客搜索"苏轼"，AI 自动生成一条"文化美食一日游"路线（西湖→东坡肉体验馆→相关历史展览）。

思考：知识图谱如何帮助游客发现"看似无关实则有趣"的关联？（例如，通过苏轼的足迹推荐跨省旅游路线）

第三节 人工智能的智能分类与技术运用

一、计算智能

1. 计算智能的定义

计算智能（Computational Intelligence）是人工智能领域的一个重要分支，是连接主义的典型代表。随着技术的进步、工程实践问题变得越来越复杂，传统的计算方法面临计算复杂度高、计算时间长等问题。计算智能通过借用自然界生物界规律的启迪，根据其原理模仿设计求解问题，其核心目标是通过模拟自然界的自适应机制（如生物进化、群体协作、神经系统等），构建具有自主学习、优化和决策能力的算法模型。与传统人工智能（基于符号逻辑和规则推理）不同，计算智能更注重从数据中挖掘模式，并通过迭代优化解决复杂问题，尤其擅长处理非线性、高维度和不确定性的任务。

2. 计算智能的相关技术

计算智能的研究方向主要包括以下几类：

（1）模糊系统（Fuzzy Systems）。模糊系统通过模仿人类语言和思维中的模糊性概念，利用模糊逻辑处理不确定性和不精确信息，模拟人类的推理能力。

（2）神经网络（Neural Networks）。神经网络通过模仿人脑的生理构造和信息处理的过程，利用模式识别与非线性建模，模拟人类的智慧。

（3）进化计算（Evolutionary Computation）。进化计算通过模仿生物进化过程和群体智能过程，基于达尔文进化论，利用遗传算法、差分进化等策略实现全局优化，模拟大自然的智慧。

（4）群体智能（Swarm Intelligence）。群体智能则模拟蚂蚁、鸟群等生物群体的协作行为，典型算法包括粒子群优化（PSO）[①]和蚁群算法（ACO）[②]。

计算智能的理论基础如表1-2所示：

表1-2 计算智能的理论基础

数学基础	生物学基础	群体智能
马尔可夫过程	优胜劣汰	个体认识
统计学习过程	适者生存	群体智慧
随机过程	自然选择	个体竞争
模式定理	生物进化	群体协作
稳定性	遗传规律	⋮
收敛性	人脑模拟	
⋮	生物觅食	
	⋮	

计算智能算法的基本特征包括智能性、并行性和健壮性。

（1）智能性。算法具备自主学习与适应能力，能够根据环境变化动态调整参数（如神经网络的反向传播），包括算法的自适应性、自组织性，算法不依赖于问题本身等特点。

（2）并行性。算法基本上是以群体协作的方式对问题进行优化求解，算法设计天然支持分布式计算（如遗传算法的种群并行演化），适合处理大规模数据。

（3）健壮性。算法具有很好的容错性，同时对初始条件不敏感，对噪声、缺失数据或局部干扰具有较强容忍度（如模糊逻辑系统），能在不同条件下寻找最优解。

3. 计算智能的应用

计算智能在国防、科技、经济、工业、农业等方面都有广泛的应用：

[①] 粒子群优化（PSO）模拟鸟群觅食行为，通过个体（粒子）跟踪自身最优解和群体最优解来迭代更新位置，适用于连续空间优化问题（如函数优化、参数调优），具有计算高效、易于实现的优点。

[②] 蚁群算法（ACO）受蚂蚁信息素协作机制启发，通过概率选择和信息素更新寻找最优路径，擅长解决离散组合优化问题（如旅行商问题、任务调度）。

（1）国防领域。通过遗传算法、粒子群优化算法等对雷达天线进行优化设计，从而提高天线的方向性、增益等性能，增强雷达的探测精度与作用距离。同时，借助优化算法确定卫星的最佳轨道倾角、高度等轨道参数，延长卫星的使用寿命并提升运行效率。此外，利用计算智能技术构建战场模拟模型，综合考虑兵力部署、地形地貌等多维度因素，为军事指挥官制定作战计划提供决策支持。

（2）科技领域。机器学习凭借其构建的神经网络等模型，可实现数据规律的学习以及新数据预测、分类等任务；此外，数据挖掘利用聚类、关联规则等算法从海量数据中发现规律，为商业精准营销等提供依据。在图像处理方面，基于深度学习的超分辨率重建算法能让低分辨率图像变得更清晰。

（3）经济领域。运用时间序列分析、聚类等方法对金融市场走势进行预测，识别市场风险，为投资者决策提供参考。通过优化算法和风险评估模型，能依据投资者风险偏好等构建最优投资组合，合理分配资金至不同金融资产，实现收益最大化。此外，借助预测模型和优化算法，还能开展企业现金流管理，预测现金流量并制定相应策略，保障资金流稳定。

（4）工业领域。以粒子群优化算法等对功率电子电路优化设计，提高电路的效率与稳定性。同时，运用计算智能数值模拟与优化方法实现电磁过滤装置的优化，提高过滤效率。此外，在输电网规划中，运用优化算法综合建设成本、供电可靠性等因素进行规划，实现输电网的高效、经济、可靠运行。

（5）农业领域。运用数值模拟和优化算法实现排灌工程的规划与优化，提高水资源利用效率，满足农作物水分需求。同时，借助有限元分析、神经网络预测等技术对水利水电工程进行分析优化，提高工程的安全性、效益性。此外，基于环境监测和智能控制技术，实现温室环境的精准调控，为农作物创造最佳生长环境，提高产量与品质。

计算智能通过仿生学与数学模型的结合，为解决现实世界的复杂问题提供了灵活且高效的工具，其核心价值在于突破传统算法的局限性，实现"从数据中学习"与"在动态中进化"的双重能力。

二、感知智能

1. 感知智能的定义

感知智能（Perceptive Intelligence）是人工智能的核心能力之一，是指将物理世界的信号通过摄像头、麦克风或者其他传感器的硬件设备，借助语音识别、图像识别等前沿技术，映射到数字世界，再将这些数字信息进一步提升至可认知的层次，比如记忆、理解、规划、决策，等等。

人类和高等动物都具有丰富的感觉器官，能通过视觉、听觉、味觉、触觉、嗅觉来感受外界刺激，获取环境信息。同样地，机器也需要依赖各种传感器（如视觉、听觉、触觉传感器等）来获取周围环境信息——传感器对机器感知环境至关重要，其技术发展从根本上决定着机器环境感知能力的水平。目前主流的机器传感器包括视觉传感器、听觉传感器、触觉传感器等，而多传感器信息的融合也决定了机器对环境信息的感知能力。

2. 感知智能的相关技术

感知智能的核心流程包括：

（1）信号采集。通过摄像头、麦克风、雷达、触觉传感器等硬件设备主动或被动获取环境信息。

（2）信号映射。利用语音识别、图像识别、信号处理等技术将原始信号转化为结构化数据。

（3）认知提升。通过记忆存储、上下文理解、动态规划与决策，赋予数据以实际意义。

（4）人机交互。通过自然语言处理、触觉反馈或可视化界面实现与人类的无缝协作。

感知智能的技术架构基于物联网（IoT）和多模态传感器的融合。

物联识别通过分布式传感器网络（如 RFID、GPS、环境传感器）实现物理对象（如车辆、设备、人体）的实时定位与状态监测，为感知智能提供了基础的数据支持。

多模态传感器融合技术整合了不同类型的传感器数据，以提升感知的鲁棒性和准确性。视觉传感器（如摄像头、激光雷达）捕捉高精度空间信息，如用于自动驾驶中的障碍物检测；听觉传感器（如麦克风阵列）结合声源定位技术，在噪声环境中实现语音交互，如智能音箱的应用；触觉传感器（如柔性电子皮肤、压力传感器）赋予机器人精细操作能力，如手术机器人抓取脆弱组织。通过深度学习模型等技术手段，多模态融合将这些异构数据整合为统一的感知框架，从而实现更全面、更可靠的环境感知能力。

汽车自动驾驶就是通过激光雷达等感知设备和人工智能算法实现的感知智能，而智能家居系统则通过温湿度传感器和语音指令调控室内环境。机器在感知世界方面，比人类还有优势，人类都是被动感知的，依赖生物感官被动接收环境刺激（如人眼只能捕捉可见光），但是机器可以主动感知，如通过激光雷达、微波雷达和红外雷达主动发射信号，穿透环境障碍，获取更全面的信息（如夜间红外成像、穿墙探测）。比如，波士顿动力的 Big Dog 机器人通过 LiDAR、陀螺仪和力觉传感器实现复杂地形的动态平衡；自动驾驶汽车通过多雷达冗余设计确保雨雪天气下的感知可靠性。不管是 Big Dog 这样的感知机器人，还是自动驾驶汽车，因为充分利用了深度神经网络和大数据的成果，机器在感知智能方面已越来越接近于人类。

3. 感知智能的应用

感知智能的应用场景包括自动驾驶、智能安防、医疗机器人、工业检测等。

（1）自动驾驶。通过环境感知和高精定位技术，车辆能够实时监测周围环境并精准定位。激光雷达与摄像头的融合使用，使得车辆能够准确检测行人、车辆以及交通标志，为安全驾驶提供保障。同时，结合 GPS、IMU（惯性测量单元）和高精地图，车辆能够实现厘米级的高精定位，确保行驶路径的精确性。

（2）智能安防。通过多模态监控和生物特征识别技术，提升安全监控的效率和准确性。红外摄像头与声音识别技术的结合，能够实时预警异常行为，如玻璃破碎声的识别。此外，虹膜、指纹和步态识别等生物特征识别技术的融合，实现了身份认证的高精度和高安全性，为安防领域提供了更加可靠的解决方案。

（3）医疗机器人。在手术感知方面，手术机器人配备的触觉传感器能够实时反馈操作力度，确保手术操作的精确性和安全性，内窥镜图像识别技术则能够帮助医生准确识别病变组织，提高手术的成功率。在康复辅助方面，惯性传感器捕捉患者运动轨迹，动态调整外骨骼助力策略，促进患者康复进程。

（4）工业检测。通过缺陷识别和设备预测性维护技术，提高生产效率和设备可靠性。高光谱成像技术能够检测材料表面的微裂纹，确保产品质量。振动传感器与声学分析的结合，能够预警机械故障，实现设备的预测性维护，减少停机时间，提高生产效率。

三、语言智能

1. 语言智能的定义

语言智能（Linguistic Intelligence）是人工智能领域中专注于理解、生成和交互人类语言的核心分支，其目标是通过自然语言处理（NLP）、语音识别与合成等技术，使机器能够像人类一样高效处理文本与语音信息，并实现深层次的语义理解与情感分析。语言智能不仅是人机交互的桥梁，也是知识挖掘、跨语言沟通和智能决策的重要支撑。

2. 语言智能的相关技术

语言智能的主要研究方向包括：

（1）自然语言理解。从文本中提取语义（如实体识别、关系抽取）、推断意图（如用户查询分类）。

（2）自然语言生成。生成连贯的文本或语音（如新闻写作、对话机器人）。

（3）语音识别。将语音信号转化为文本（如实时字幕生成）。

（4）语音合成。将文本转化为自然流畅的语音（如虚拟主播播报）。

（5）多语言与跨语言处理。实现语言间的自动翻译与对齐（如神经机器翻译）。

（6）情感与风格分析。识别文本或语音中的情感倾向（如用户评论情感分类）、模仿特定风格（如模仿作家文风）。

语言智能的理论基础融合了数学与统计学、语言学理论和深度学习等多领域知识。数学与统计学中的概率模型,如隐马尔可夫模型(HMM)[①],用于语音识别中的状态转移建模;信息论的熵[②]与互信息[③]则优化语言模型的压缩与生成效率。语言学理论提供句法结构支持,依存语法和上下文无关文法(CFG)用于句法解析,利用 WordNet、FrameNet 等知识库构建了词义关联网络。深度学习方面,Transformer 架构通过自注意力机制处理长距离依赖,BERT 和 GPT 等模型由此实现了更自然的语言生成;端到端学习[④]技术则直接将原始语音映射到文本,如 Wave2Vec。

语言智能的技术特征包括多模态融合、上下文感知、实时性与低延迟以及鲁棒性。多模态融合结合文本、语音和图像信息以增强理解,如视频字幕生成需同步分析画面与语音。上下文感知利用对话历史或文档语境消除歧义,如在指代消解中识别"它"所指。实时性与低延迟确保语音识别与合成满足毫秒级响应,如实时翻译耳机。鲁棒性使系统在嘈杂的环境下保持性能,同时容错方言与口音的差异,确保语音识别的准确性。这些特征共同提升了语言智能在复杂环境下的实用性。

3. 语言智能的应用

语言智能在多个领域展现出广泛应用。

(1)智能客服与助手。语音助手(如 Siri、Alexa)通过意图识别和多轮对话技术,能够快速理解用户需求并提供解决方案。

(2)内容生成与审核。AI 可以自动撰写新闻稿、广告文案,并检测和过滤违规文本(如仇恨言论)。

(3)教育领域。语言模型辅助语言学习,提供语法纠错和写作建议。

(4)医疗领域。语音分析技术被用于筛查抑郁症等心理倾向,为早期干预

---

① 隐马尔可夫模型(HMM)是一种统计模型,用于描述由隐藏状态序列生成可观测数据的概率过程,其核心假设是当前状态仅依赖前一状态(马尔可夫性),而观测值仅依赖当前状态。

② 熵(Entropy)衡量随机变量的不确定性,表示信息量的期望值,熵越大,不确定性越高。

③ 互信息(Mutual Information)度量两个变量之间的统计依赖性,反映一个变量中包含另一个变量的信息量,可用于特征选择、聚类等任务。

④ 端到端学习(End-to-End Learning)是一种直接通过单一模型从输入数据到最终输出进行整体优化的深度学习技术,省去了传统流程中的多阶段人工设计(如特征工程),其优势在于简化系统架构、提升泛化能力,但对数据量和计算资源要求较高。

提供支持。

（5）司法与金融领域。语言智能用于合同文本解析、财报摘要生成，以及电话客服的语音情绪监控，帮助提升效率和决策质量。

语言智能的突破推动人机交互从"指令式"迈向"拟人化"，但其发展仍需解决语义深度理解与伦理对齐问题。未来，语言智能将更紧密地融入人类生活，成为跨文化沟通与知识普惠的核心基础设施。

四、具身智能

1. 具身智能的定义

具身智能（Embodied Intelligence）是人工智能与机器人学交叉的前沿领域，强调智能体通过身体与环境的动态交互实现自主学习和进化，其核心在于将感知、行动与认知深度融合，为"智能大脑"赋予"物理身体"，使机器能够像人类一样通过身体感知环境、执行任务并实时调整行为。

具身智能的起源可追溯至20世纪中叶，计算机科学之父艾伦·图灵在《计算机器与智能》中首次提出"机器能否思考？"的哲学命题，预示了智能体通过物理交互实现认知的可能性。然而，受限于当时的技术——低精度传感器、有限计算能力及欠缺的算法理论，这一构想在随后数十年里未能取得突破，直到认知科学与机器人学的发展才使其重获生机。1986年，机器人学家罗德尼·布鲁克斯提出"包容式架构"，摒弃传统人工智能对符号推理的依赖，主张智能应由身体与环境的实时交互自然涌现，确立了"感知—行动"闭环系统的可行性，成为具身智能的奠基性理念，并认为"真正的智能无法脱离身体存在，具身化是人工智能走向通用化的必经之路"。进入21世纪，人形机器人的突破进一步推动了具身智能的发展。

2. 具身智能相关技术

具身智能的技术架构融合了多模态感知系统、动态运动控制以及认知—行动一体化决策等复杂技术。

（1）多模态感知系统。通过跨模态对齐技术，利用Transformer模型整合视觉、触觉与语音信息，使机器人能够根据语音指令"拿蓝色杯子"结合视觉识别来定位目标物体。仿生传感器如电子皮肤模拟人类触觉，而柔性应变传感器则检测抓取力度与物体形变。

（2）动态运动控制。全身协同控制基于全身动力学模型协调关节运动，使人形机器人在搬运重物时能够平衡手臂动作与重心。仿生驱动技术如气动人工肌肉和形状记忆合金的应用，实现了类似生物运动的柔顺性和高效性。

（3）认知—行动一体化决策。整个一体化决策通过分层任务规划实现，高层语义将复杂任务分解，如"制作咖啡"拆解为取杯、注水、研磨等子任务，而底层运动优化则通过模型预测控制（MPC）生成精确的关节轨迹，确保动作的精确性和能耗平衡。这些技术的结合使具身智能能够实现复杂的感知、决策和行动一体化。

具身智能的核心在于构建"感知—决策—执行"闭环系统，使智能体通过身体与环境的动态交互实现认知进化。与传统人工智能依赖抽象符号推理不同，具身智能强调物理实体对认知能力的塑造作用，即具身智能的认知能力源于物理实体与环境的持续互动。例如，人形机器人通过双足行走时足底力觉传感器的反馈，逐步理解"平衡"这一概念；AI眼镜通过视觉与触觉融合，在增强现实场景中实现物体材质识别与交互。这种身体与环境的互操作性，使得智能系统能够从"被动计算"转向"主动探索"，实现对现实世界的自主交互，使人工智能从虚拟推理迈向物理操作，从而推动各行业的智能化升级。

3. 具身智能应用

当前，具身智能正从实验室走向规模化应用。

（1）智能制造领域。搭载柔性关节的工业机器人可自主适应产线动态变化，通过触觉反馈调整抓取力度，实现零部件的精准装配。

（2）智慧城市建设。自动驾驶系统通过激光雷达与视觉融合感知路况，结合实时决策算法优化路径规划，提升交通效率。

（3）医疗养老。手术机器人（如达芬奇系统）通过7自由度机械臂与触觉反馈完成微创操作，康复辅助机器人则通过力学传感器监测患者运动姿态，动态调整训练强度。

（4）消费级产品。诸如家用服务机器人、教育娱乐设备等正逐步融入日常生活。例如，三星 Bot Handy 通过视觉识别分类清洗餐具，Meta 智能眼镜则结合 AR 导航与语音交互重构用户体验。

未来，随着传感器微型化、算力提升及神经形态硬件的突破，具身智能将进一步向低成本、高适应性方向演进。在技术层面，仿真训练与实物迁移的鸿沟有望通过物理引擎优化（如 NVIDIA Omniverse）逐步弥合；在应用层面，具身智能将深度融入智慧城市、远程医疗、农业自动化等场景，甚至通过群体协作（如无人机编队、多机器人流水线）实现复杂任务分布式执行。

具身智能的崛起重新定义了智能的本质——它不再局限于抽象符号的推演，而是扎根于物理世界的交互与适应。正如布鲁克斯所言："智能无法脱离身体存在。"这一理念不仅推动了人工智能的技术革新，更为人类理解自身认知机制提供了新的实验范式。随着具身智能在工业、医疗、消费等领域的渗透，其"从感知环境到改造环境"的能力闭环，将成为推动社会生产力跃迁的关键引擎。

4. 具身智能应用案例——人形机器人

2025 年春晚舞台上，宇树机器人 H1 凭借在创意融合舞蹈《秧 Bot》中的表演"出圈"爆火。节目里，穿着红色大花袄的机器人不仅会变换队形、舞动身体，甚至还能完成"0 帧起手转手绢"的高难度动作（见图 1-13）。

图 1-13　2025 年春晚机器人表演

杭州宇树科技有限公司[①]自 2016 年成立以来，以其创新的智能机器人技

---

① 杭州宇树科技有限公司成立于 2016 年，总部位于杭州市余杭区，是全球领先的智能机器人创新企业，以四足机器人（如 Go1、B1）闻名。

术在行业内崭露头角。2023年，宇树科技推出了首款通用型人形机器人H1，2025年2月12日，宇树科技在京东平台开售两款人形机器人，其中一款Unitree H1人形机器人，就是在春晚因扭秧歌爆火的人形机器人，售价为65万元人民币。H1融合了仿生学、多模态感知与强化学习技术，搭载12自由度腿部关节与6自由度手臂，通过高扭矩密度电机实现复杂动作，如双足行走、上下楼梯和小跑，最高运动速度可达1.5m/s。H1还配备了深度相机和试验阶段的触觉手套，实现多模态感知融合，能够实时构建3D环境地图并感知物体硬度与纹理。在自主决策与学习方面，H1能利用NVIDIA Omniverse进行仿真训练，降低试错成本，并通过语音指令触发任务，自主规划路径并避障。

H1在多个场景中展现了其应用潜力。在杭州某汽车零部件工厂，H1替代固定式机械臂，实现柔性产线适配，提升生产线换型效率40%。在杭州未来科技城，H1用于智慧园区服务，搭载红外热成像仪与气体传感器，执行巡检与应急响应任务。在浙江大学医学院附属第一医院，H1辅助术后康复训练，并在隔离病房中自主配送物资，减少医护人员暴露风险。此外，宇树科技的机器狗Go2同样在陪伴、巡逻和搬运等任务中展现出实用性，尤其在农业、工业以及安防巡检等领域实现了落地应用。

随着技术的不断进步和产业链的协同发展，宇树科技的机器人产品有望在未来实现更广泛的应用。公司正与本地企业合作，拓展电力巡检、特种装备维护等垂直领域，并计划推出轻量版H1-Lite，以更低的价格面向高端家庭与教育机构。尽管当前机器人的价格对普通家庭而言仍然较高，但随着国产核心部件的突破和人工智能技术的持续迭代，机器人价格有望大幅降低，从而推动机器人产业进一步发展。

五、混合智能

1. 混合智能的定义

混合智能（Hybrid Intelligence）是人类自然智能与人工智能的深度协同范式，其核心理念在于通过脑机接口、知识共享与动态反馈机制，将人类的直觉、创造力与机器的计算力、数据洞察无缝融合，形成"1+1>2"的决策闭环。这一概念的雏形可追溯至20世纪60年代,美国科学家曼菲德·克莱恩斯提出"赛博格"(Cyborg)理论,预言人类与机器的共生进化。但直到21世纪,随着脑机接口(BCI)技术、神经形态芯片与多模态AI的突破,混合智能才从科幻想象走向现实。

2. 混合智能的相关技术

(1)人机协同引擎。通过脑机接口与自然语言技术搭建双向认知通道,实现人类直觉与机器计算的实时交互。例如,外科医生可通过思维指令直接调阅AI标注的CT影像,系统则同步学习医生的诊断逻辑。系统还能根据任务复杂度智能分配主导权——数据清洗等重复工作由AI自动完成,而法律文书审核等复杂任务则优先交由人类专家处理。

(2)知识融合网络。构建跨模态知识转化体系,将工匠口诀等经验转化为机器可执行的参数模型,同时把AI发现的规律翻译成工艺指导手册。采用联邦学习技术,老师傅调试机床的手部动作数据可实时同步至数字孪生系统,在保护隐私的同时提升故障预判准确率。

(3)智能增强回路。当AI的语义理解置信度低于30%时,自动发起人工校验并将修正结果反馈给学习模型。通过持续对比人机在创意设计、风险评估等维度的表现,动态调整任务分配比例,如在产品设计初期增加人类设计师权重,量产阶段则侧重AI优化。

(4)伦理约束框架。利用对抗训练消除算法偏见,如信贷审批时自动屏蔽与性别相关的间接特征。通过区块链[①]完整记录自动驾驶决策中的人类干预记录,形成可回溯的责任链条,确保每个关键选择都有明确的伦理依据和追责路径。

3. 混合智能的应用

混合智能的核心在于构建"人机双向赋能"的交互系统,其具体的应用如下:

---

① 区块链(Blockchain)是一种去中心化的分布式账本技术,通过加密算法和共识机制确保数据不可篡改,其核心特点是透明性、安全性和去信任化,典型应用包括加密货币(如比特币)和智能合约。

（1）脑机接口。侵入式（如 Neuralink 的柔性电极阵列）与非侵入式（如 EEG 脑电帽）技术正双向突破。例如，脑机接口团队研发的"意念打字"系统，通过识别运动皮层电信号，帮助渐冻症患者以每分钟 12 字符的速度实现文字输入；智能假肢则将肌电信号与 AI 动作预测结合，实现仿生手的精准抓握与触觉反馈。

（2）群体智能。混合系统通过分布式协作机制，将人类专家的局部经验与 AI 的全局优化能力结合。例如，城市大脑的交通调度系统，通过交警实时判断与 AI 流量预测的动态协同，将高峰期拥堵指数降低 15%。

（3）医疗领域。混合智能正在改写诊疗规则，"AI 辅助肿瘤诊疗平台"中，医生通过脑机接口标记 CT 影像中的可疑病灶，AI 同步调用全球 300 万例病例数据库提供鉴别建议，双方通过增强现实（AR）界面实时交互，使早期肺癌诊断准确率提升至 92%。

（4）金融行业。通过"人机共管"模式重构风控体系，智能投顾系统由 AI 完成市场数据清洗与策略回测，人类分析师结合政策舆情调整资产权重，使投资组合的年化波动率降低 20%。

（5）教育领域。"脑波—学情分析系统"通过可穿戴设备监测学生注意力波动，AI 动态调整习题难度，教师则针对情感倦怠进行心理干预，实现学习效率与心理健康双提升。

混合智能核心目标始终是通过人机协同拓展人类潜能。杭州云栖大会的"记忆外骨骼"实验已展现生物—数字融合的突破性价值——脑机接口将短期记忆数字化存储并通过电刺激触发回忆，为认知障碍治疗开辟新路径。随着跨学科治理框架的构建与神经形态感知技术的迭代，混合智能正推动人类突破生物学限制，在医疗、教育等领域重塑能力边界。当机器理解情感、人类操控意念时，智能的协同进化将无限延展，重新定义"人机共生"的未来图景。

思考与练习

1. 为某民俗文化节设计感知智能安防系统

摄像头部署：实时捕捉人群密度（如篝火晚会区域）、火焰高度（如传统火把巡游）。

传感器融合：烟雾报警器数据、无人机热成像监控。

预警机制：通过 LBS 推送疏散建议至游客手机。

讨论：如何解决夜间灯光不足环境下，传统计算机视觉算法对民族服饰（如刺绣反光）的误判问题？

2. 某民宿集团推出智能客房系统

语言智能：方言交互设备（如粤语控制窗帘/空调）。

具身智能：送餐机器人根据声音定位＋视觉避障送达下午茶。

环境感知：温湿度传感器联动香薰机调节氛围。

实践任务：设计一个场景，说明如何通过人工智能提升游客满意度。

例如：游客说"我想看星星"，系统自动关闭室内灯光并打开天窗，机器人递上毛毯；传感器检测到暴雨，语音助手提醒"需要雨伞可联系前台"，机器人自主配送至房间。

3. 为某传统古村设计感知智能系统

环境监测：检测老宅木结构湿度（预防霉变）、游客触摸文物频率（保护脆弱墙面）。

行为引导：当检测到游客靠近禁止拍照区域，自动播放语音提示并点亮警示灯光。

讨论：如何在不使用人脸识别等争议技术的前提下，用感知智能实现"游客行为友好型监控"？

第二章

生成式人工智能认知与实践

2022年11月,美国OpenAI公司正式发布ChatGPT,以其突破性的深度语义理解、类人对话交互及多模态处理能力,在全球掀起人工智能革命浪潮。ChatGPT上线5天,便突破百万用户注册,两个月内月活跃用户飙升至1亿,不仅刷新了互联网产品用户增长纪录,更标志着自然语言处理技术迈入生成式人工智能(Artificial Intelligence Generated Content,AIGC)新时代。AIGC通过其强大的多模态内容生成能力,持续突破人类创意表达的边界,重塑内容生产模式。

面对AIGC技术带来的机遇与挑战,职业院校更需以前瞻的姿态,应对智能化社会转型,一方面要建立系统化的AIGC技术认知体系,另一方面需重点培养学生将使用人工智能工具的实践能力,转化为职业竞争力,推动人才培育与产业发展同频共振。

第一节 生成式人工智能概述

本节聚焦人工智能前沿技术,系统介绍大模型与生成式人工智能的核心概念,深入解析大模型的底层工作原理。通过剖析其技术架构与运行机制,帮助学习者既掌握技术应用，又理解设计原理。课程还将重点探讨结构化提示词（Prompt）的构建策略，揭示如何通过精心设计的交互方式，充分释放生成式人工智能在多模态创作、精准问答与创新赋能等方面的潜力，助力提升工作效率与学习效能。

一、大模型与生成式人工智能

1. 什么是大模型

大模型（Foundation Model）是指具有海量参数规模和复杂计算结构的机器学习模型。大模型通常由深度神经网络构建而成，通过千亿级参数练就"最强大脑"，能像人一样同时理解文字、画面和声音，精准处理复杂问题，兼具海量学习力、全局洞察力和高效执行力，让机器拥有深度思考和持续对话的能力。

大模型的"大"体现在三个维度：超大规模参数矩阵构建的认知容器（参数数量庞大）、多模态训练语料铸就的知识熔炉（训练数据量大）以及需要数千块 GPU 集群支撑的计算设备（计算资源需求高）。这使得大模型具备处理长文本生成、多轮对话推理等复杂任务的能力，其展现出的对语言规律、世界知识及专业领域的深度理解力，正重新定义人工智能的能力边界。

2. 大模型的分类

基于目标人群和适用场景的不同，大模型可分为通用大模型和垂直大模型两大类。

（1）通用大模型：指可以在多个领域和任务上通用的大模型。通用大模型的训练数据来源广泛，涵盖多个领域和任务，具备跨领域泛化能力，适用于日常对话、内容创作等广泛场景，目标人群为广大用户和需要通用能力的开发者。文心一言、通义千问、讯飞星火等都是国内通用大模型的代表，截至 2025 年年初，我国已备案大模型超 200 个。

（2）垂直大模型：指针对旅游、医疗、法律等特定行业或细分领域的大模型。它们通常使用行业场景数据或领域专属数据微调通用大模型，解决专业场景中的复杂问题。例如，携程集团定制的"携程问道"大模型，全量整合高质量旅游数据与实时信息，为用户提供个性化旅行规划、智能推荐及高效咨询服务；瑞金医院与华为联合发布的临床级多模态互动式病理大模型（RuiPath），依托瑞金医院的高质量医疗数据和华为 DCS AI 解决方案，覆盖 90% 癌种，实现秒级阅片，显著提升诊断效率与质量；幂律智能联合智谱 AI 开发的法律垂直大模型（PowerLawGLM），针对中文法律场景，具有丰富的法律知识和法律语言理解能力，能生成符合法律规范与格式要求的裁判文书、法规文本及专业法律问答内容等。

3. 什么是生成式人工智能

生成式人工智能是人工智能领域的重要分支，主要依托规模宏大、结构复杂的大模型，通过大量无标签或通用公开数据集的强化训练，获得类似人类的自然语言理解和生成能力，能够自动创造文本、图片、声音、视频等多模态内容。

自 ChatGPT 获得良好的用户反响并在全球范围引发关注以来，国内以深度求索、百度、阿里、腾讯、科大讯飞为代表的科技企业，依托数据规模与政策红利，陆续推出自研生成式人工智能大模型，包括 DeepSeek、文心一言、通义千问、讯飞星火、智谱清言、Kimi 等。它们凭借在自然语言处理、知识推理、多模态交互等方面的显著突破，正深度赋能教育、医疗、金融、政务等多元场景，助力行业智能化转型；同时，通过开放的 API 接口，提供丰富的 AI 模型和算法库，让开发者能够轻松调用大模型进行应用程序的开发，以鼓励更多的开发者加入人工智能生态，进一步激发全社会的创新潜能。

4. 大模型和生成式人工智能的关系

大模型与生成式人工智能相辅相成、相互促进。大模型为生成式人工智能构筑起核心技术基座，而生成式人工智能则是大模型聚焦内容创作的应用体现，二者形成技术迭代与应用创新的双向驱动闭环，如图 2-1 所示。

（1）大模型是生成式人工智能的核心支撑（技术载体）。一方面，大模型依托数十亿甚至上万亿的参数规模，形成强大的语义理解与生成能力；另一方面，通过超大规模数据集训练，掌握复杂内容的模式和规律，为生成式人工智能提供了知识学习根基。例如，GPT-4 的文本生成能力直接依赖于其 1.8 万亿参数的训练模型。

（2）生成式人工智能是大模型的应用体现（功能类型）。大模型的最终价值体现在生成式人工智能应用中，如文案生成、图像生成、语音生成、视频生成等。同时，用户对生成内容的丰富性、实用性、实效性等要求越来越高，也倒逼大模型在架构设计与训练范式上持续创新，不断拓展生成式人工智能的创造力边界。但无论如何，我们依然得清醒地认识到，人类创造力的不可替代性。

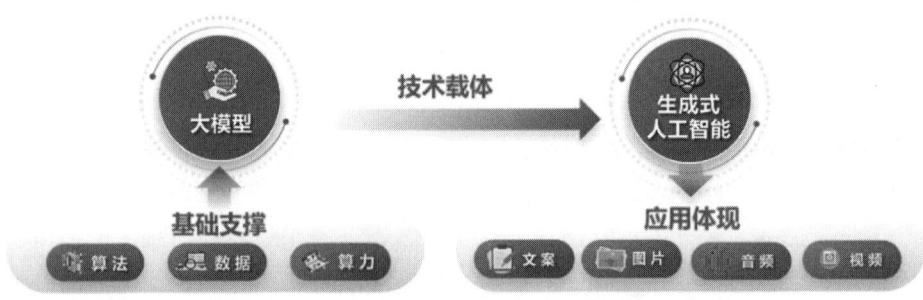

图 2-1 大模型与生成式人工智能内在联系

二、大模型的工作机制

大模型的工作机制可以概括为学习、记忆、理解、回答四个阶段。

在学习阶段，大模型"阅读"海量人类语言数据，将这些复杂多样的语言数据逐一转换为一个个语言单元（Token）；

进入记忆阶段，这些语言单元以权重矩阵（参数）的形式存储到神经网络之中；

理解阶段，借助自注意力机制（Transformer 架构），同时洞察输入内容的所有词汇，灵活地理解上下文把握语义脉络；

最终，在回答阶段，大模型依托积累的语言参数记忆，结合上下文语义实时解析，通过持续优化算法训练，生成逻辑合理、语义连贯的回应，如图 2-2 所示。

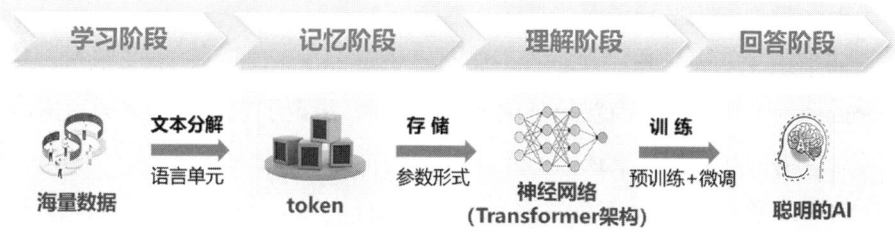

图 2-2 大模型工作机制

简单比喻，大模型就像一个"语言天才"，它先背下了整本百科全书（学习），然后在搜索答案时能快速翻到与问题相关的页面（记忆），还能同时看前后几页（理解），最后用自己的话总结答案（回答）。

围绕上述大模型"学习—记忆—理解—回答"的核心能力闭环，下面将系统解析各环节的支撑技术：从语言单元（Token）的向量化表示，到模型参数（Parameters）的分布式记忆机制；从 Transformer 架构的自注意力（Self-Attention）理解逻辑，到预训练（Pre-training）与微调（Fine-tuning）的协同优化。通过拆解这些关键技术要素，揭示百亿级参数大模型如何实现从数据感知到智能生成的完整认知链条。

1. 大模型的语言单元：Token

在信息技术领域，Token 被称为令牌，是一种用于身份验证、安全访问控制或数据完整性保护的数字标识符。它通常是一个随机生成的字符串或加密数据块，代表某个用户、设备或会话的授权信息。

在人工智能领域，Token 可翻译为词元，是指在自然语言处理过程中用来表示处理文本的最小单元或基本元素，它既可以是完整的单词，也可以是子词，甚至可以是单个字符。

例如，英文单词"unhappy"可能拆分为["un""happy"]两个子词Token；中文句子"我喜欢人工智能"可能被拆分为["我""喜欢""人工智能"]三个基础Token，也可根据子词形式进一步细化为["我""喜""欢""人工""智能"]。

2. 大模型的记忆神经元：参数

如果把 Token 比作"单词"，那么参数就是大模型的"脑细胞"。参数（Parameters）是大模型内部的可调节"开关"，决定了它如何理解输入内容并生成合理的回答、图片或视频。

（1）参数有什么作用？

像人脑的神经连接一样，参数帮助 AI 从海量数据（如书籍、网页）中学习规律，如语法、逻辑、常识。每个参数都像一个小齿轮，共同协作，让 AI 能写出流畅的文章、画出逼真的图像，或者回答你的问题。

（2）参数规模的影响有多大？

参数越多，AI 的"脑容量"越大，能记住更多知识，回答更复杂的问题。比如：GPT-3 有 1750 亿个参数（相当于 1750 亿个脑细胞）；DeepSeek-R1 有 6710 亿个参数，比 GPT-3 更强大。

简单来说：

- Token = AI 的"输入词汇"（你问的问题）；
- 参数 = AI 的"思考方式"（它怎么理解并回答你）；
- 训练 = 让 AI 调整参数，变得更聪明（就像人通过学习积累经验）。

以邮局分拣系统为例，参数就像智慧指挥官，它通过长期积累的分拣经验，将复杂的包裹处理流程提炼成一套动态可调的规则体系。

比如，当包裹条形码扫描到"33"开头的地区编码（此处可以理解为 token）时，参数会立即触发"浙江区域分拣通道"指令；若包裹重量小于 1 公斤，参数则自动匹配"空运优先"路径，而超过 1 公斤的包裹则切换至"陆运专线"。这些规则并非一成不变——系统会持续分析每日超百万件包裹的分拣数据（如区域包裹量波动、运输时效差异），通过基于数据反馈的持续学习与调整机制，动态优化参数阈值（如将"1 公斤"的空运标准调整为"1.2 公斤"以平衡成本），甚至在特殊场景（如"双十一"物流高峰）下临时启用"区域爆仓分流参数"，最终实现分拣效率与准确率的双重提升。

3. 大模型的核心架构：Transformer

大模型的技术飞跃核心在于 Transformer 架构的革命性突破。Transformer

是一种基于自注意力机制的深度学习架构（见图 2-3），其创新性地采用双塔式结构——左侧编码器（Encoder）负责提取输入序列的深层特征，右侧解码器（Decoder）则基于编码结果生成目标序列，解决了传统模型的长序列依赖和并行计算难题。自注意力机制（如多头注意力）作为 Transformer 的"神经中枢"，在解析序列时动态计算每个元素与其他元素的语义关联度，通过注意力权重分配机制，使模型能够聚焦关键信息、抑制无关噪声。

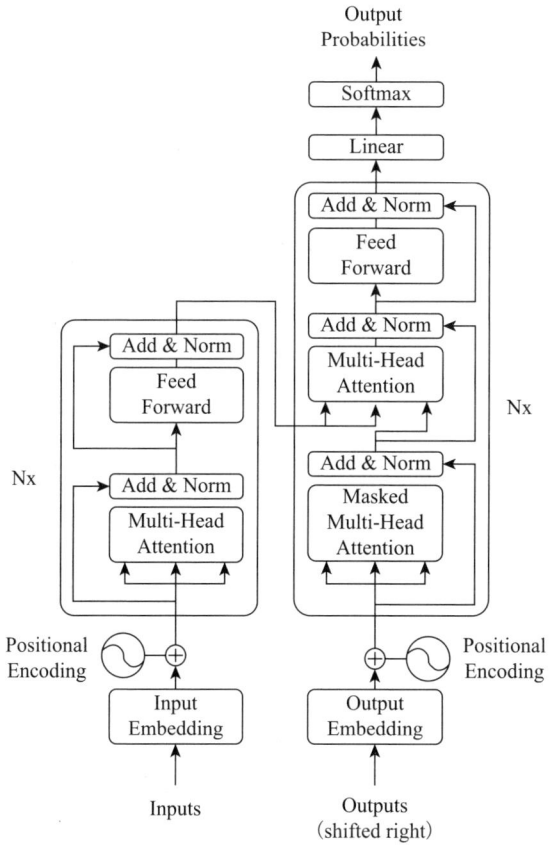

图 2-3　Transformer 模型架构

以一个"猫喜欢吃鱼"的例子来简单说明 Transformer 的工作原理：

第一步：拆解句子（输入编码）。用户把一句话（如"猫喜欢吃鱼"）传给模型。每个词（"猫""喜欢""吃""鱼"）变成一个数字密码（向量），并带上它的位置编号（否则模型不知道词的顺序）。

第二步：互相讨论（自注意力机制）。每个词会问其他词："我和你有没有关系？关系多深？"

"吃"会问"鱼"："你是不是我的动作对象？"（关系很强）；

"猫"会问"喜欢"："你是不是描述我的？"（关系中等）；

"猫"问"鱼"："咱俩有关系吗？"（基本没关系）；

计算权重：模型会给关系强的词（如"吃"和"鱼"）打高分，关系弱的词打低分。

第三步：汇总信息（加权融合）。每个词根据刚才的"讨论结果"，把其他词的信息按重要性加起来，变成一个新的升级版数字密码。比如，"吃"现在不仅代表自己，还融合了"鱼"的信息（知道自己是"吃鱼"）；"猫"也稍微带了点"喜欢"的情绪（知道"猫喜欢……"）。

第四步：逐层加工（多层 Transformer）。这个过程会重复很多遍，每一层都会让词之间的关系更清晰，比如：

第一层：学简单关系（"吃"+"鱼"=动作+对象）。

中间层：学复杂逻辑（"虽然猫喜欢吃鱼，但有的猫对鱼过敏"）。

最后一层：已经能完整理解句子的含义了。

第五步：生成回答（解码输出）。如果是聊天任务，模型会像"接龙"一样，一个词一个词地生成回答（比如，你问"猫喜欢吃什么？"它可能接"鱼"）。

4. 大模型的训练方式：预训练与微调

大模型之所以能够高效解决用户多样化的复杂问题，其背后核心支撑在于持续性的多阶段训练方式，主要包括预训练、微调两大关键阶段。

预训练（Pre-training）：大模型"学知识"阶段。在这个阶段，大模型会使用公开的互联网文本、授权的专业资料、网络爬虫数据等海量无标注数据进行训练，目标是让模型在超大规模文本语料中完成自主演化，实现语言规律的内化式学习。例如，GPT 系列模型在预训练阶段通过自回归方式学习预测下一个单词（例如，夕阳西下，海浪轻轻拍打着岸边的礁石，远处的海平面上泛起一抹淡淡的＿＿＿，模型输出候选词如"橙红色：夕阳余晖的典型颜色"（概率40%）"紫红色：傍晚天际线可能出现的色彩"（25%）"金黄色：接近日落时的阳光颜色"（20%）"霞光：自然景象中常用的诗意表达"（15%）等，最终选择最高概率的"橙红色"作为预测结果）。

微调（Fine-tuning）：大模型"学本领"阶段。通过在特定任务或领域的数据，继续训练预训练模型，使其适应特定需求的过程。例如，如果你想让大模型变成具备法律知识的合同起草助手，需要在预训练模型的基础上调整参数，让它"记住"法律领域的专业术语、相关条款和常见问题。当用户借助大模型生成房屋租赁合同时，微调前，模型可能生成通用条款，如"合同双方需遵守法律法规"，但未具体到中国法律细节；而微调后，模型可生成符合中国法律规范的条款，如"租赁期限不得超过二十年"（依据《中华人民共和国民法典》第七百零五条，教材案例仅作技术演示，实际法律条款应用以最新司法解释为准）。

三、生成式人工智能的密钥：提示词

在生成式人工智能的世界里，提示词不仅是沟通的桥梁，更是解锁AI潜能的钥匙，提示词的质量对AI大模型输出内容的可用性和相关性有着重要影响。

1. 什么是提示词

生成式人工智能提示词是指用户向大模型输入的文本内容，用于触发大模型的响应并指导其如何生成内容或回应，如图2-4所示。提示词可以是一个问题、一个指令，甚至是一段带有详细参数的文字描述，它们为大模型提供了生成对应文本、图片、音频、视频等内容的基础信息和指导方向。提示词在生成式人工智能执行任务的过程中发挥着至关重要的作用，具体如下：

（1）引导生成。提示词能够明确告诉大模型，用户希望生成的内容类型、风格、主题等，从而引导大模型生成符合需求的内容。

（2）提高准确性。通过详细的提示词，用户可以限制大模型的自由发挥，

减少生成内容的偏差，提高生成内容的准确性和相关性。

（3）增强交互性。提示词作为用户与大模型之间的桥梁，能够增强用户与 AI 系统的交互体验，用户能够直观地表达自己的需求并获得满意的回应。

图 2-4　生成式人工智能提示词示例

2. 提示词设计技巧：结构化提示词

结构化提示词是指按照一定的逻辑结构和要素框架编写的提示词。它通过对提示词中的角色、背景、任务、目标、步骤、示例等关键要素进行明确界定，使 AI 能够快速理解用户的意图，提高回答的准确性和针对性。与大模型对话时，使用结构化提示词能够适应复杂的任务场景、提升输出质量和降低沟通成本。常见的几种结构化提示词框架如表 2-1 所示。

表 2-1　常见的结构化提示词框架

框架缩写	关键要素
BROKE	背景（Background）、角色（Role）、目标（Objectives）、关键行动（Key Results）、预期输出（Evolve）
ROSES	角色（Role）、目标（Objectives）、场景（Scenario）、预期解决方案（Expected Solution）、步骤（Steps）
RACE	角色（Role）、行动（Acition）、上下文／背景（Context）、期望（Expectation）
ICIO	输入条件（Input Data）、背景（Context）、操作指令（Instruction）、输出规范（Output Indicator）
RISE	角色（Role）、输入（Input）、步骤（Steps）、期望（Expectation）

上述框架中普遍包含的角色、背景、任务、目标这几个要素可以汇总成一个通用的提示词四要素框架：【角色＋背景＋任务＋目标】，通过该框架的使用，

能够提升用户与 AI 的沟通效率。

例如，用户希望借助生成式人工智能来设计亲子体验活动的具体项目安排，为了引导其输出高质量的项目方案，可以设计如下提示词：

你是一名景区活动策划员【角色】，湿地公园周末要举办家庭亲子体验活动【背景】，请为该活动策划 5 项特色项目【任务】，项目内容适合 3 岁以上小朋友，以列表形式输出【目标】。

✓ 思考与练习

基于对本节内容的学习和理解，尝试通过合适的提示词引导大模型完成指定的任务，如制定个性化旅游路线。同时，围绕以下两个维度展开对比分析：

1. 同一大模型中使用不同格式提示词的回答效果对比；
2. 不同大模型使用相同提示词的回答差异分析。

第二节　AIGC 文案生成：妙笔生花，创意文案即时呈现

AIGC 在文案生成上的广泛应用，为写作这一依赖人脑创意的工作带来了前所未有的生产模式变革。从营销推广的广告语创意，到品牌故事的艺术化叙述，从社交媒体的热点话题策划，到专业领域的知识深度解读，不断催生出内容创作领域全新的商业生态。

本节将系统介绍 AIGC 文案生成的基本概念和多元应用场景，并对不同文案生成大模型展开对比分析。在此基础上，聚焦活动新闻报道与景点社交文案的撰写，介绍如何运用大模型高效完成创作。此外，通过了解旅游行业案例"AI 游贵州"，生动展示 AIGC 文案生成在旅游场景下的创新应用实践。

一、AIGC 文案生成介绍

AIGC 文案生成是指依托自然语言处理、深度学习、知识图谱等技术，以大语言模型为核心基座，通过对海量文本数据的深度剖析与学习，赋予机器语

义理解、风格模仿、情感分析、逻辑推理、表达优化等文本处理能力,从而辅助或替代人类完成从创意构思到文案输出的全链条创作任务。

AIGC 文案生成具备跨领域的广泛适用性,犹如一位全能型创作大师,在各个领域展现出强大的内容生成与场景适配能力。尽管 AI 尚无法完全取代人类创作者所拥有的情感深度以及独特的人生感悟,但它凭借强大的数据处理与分析能力,能够迅速梳理创作思路、挖掘创作灵感,成为各个领域文案创作者的得力助手。其常见应用场景如下:

新闻资讯报道领域。面对突发新闻事件时,AI 写作能够迅速整合多方信息源,高效提炼关键内容,即时生成结构完整、内容翔实的初步报道,显著提升新闻生产的时效性,助力新闻行业在信息爆炸的时代中保持高效与精准。

广告文案撰写领域。通过深度分析不同受众群体的用户数据,AI 写作技术能够精准捕捉用户的兴趣偏好、行为特征及潜在需求,自动生成高度个性化的广告文案,提升广告内容的吸引力和针对性。

文学创作领域。借助深度学习算法的强大能力,AI 能够系统地学习、剖析海量文学作品,从中汲取丰富的创作元素与技巧,进而生成具备一定文学价值的文本内容。

其他领域。AIGC 文本生成技术凭借其高效、精准的文本创作能力,广泛应用于合同草拟、数据分析、微博/推特等话题互动文案、小红书等新媒体种草笔记、促销通知、新品发布、客户关怀邮件的主题与正文、博客/公众号文章、行业分析方案等长文、提纲自动生成、段落扩写、结论总结、行业报告摘要、产品说明书、剧本对话脚本、推送通知、弹窗/浮层文案、拟人化回复模板、UGC 内容辅助撰写、动态创意文案、个性化推荐语、多语言文案等众多领域。

二、AIGC 文案生成大模型对比

当前具有代表性的 AIGC 文案生成大模型包括 DeepSeek、文心一言、通义千问、豆包、Kimi 等,如表 2-2 所示。这些大模型具备文本生成、语言理解、知识问答、逻辑推理等多种能力,这些能力的灵活使用,可以帮助文案创作者提升创作效率。

表 2-2 主流 AIGC 文案生成大模型分析对比

大模型	DeepSeek	文心一言	通义千问	豆包	Kimi
开发公司	杭州深度求索人工智能基础技术研究有限公司	百度在线网络技术（北京）有限公司	阿里云计算有限公司	抖音有限公司	北京月之暗面科技有限公司
产品特色	开发"深度思考"模式，帮助用户理解答案背后的逻辑，深化知识点掌握	与百度生态系统的深度融合，提供更为本土化和全面的知识服务	专注于理解和生成自然语言，能够处理复杂的语言任务	主打轻松交互、即时实用和趣味陪伴，适合日常场景的快速需求	长文本识别与生成方面表现突出，支持长达 20 万字的上下文输入
文案创作智能工具	写代码、读文件、写作各种创意内容	生活助手、垂直知识、办公提效、节日热点、官网精选	阅读助手、创意文案、办公助理、趣味生活、内容推荐	帮我写作、AI 阅读、学术搜索、解题答疑、网页摘要	办公提效、辅助写作、社交娱乐、生活实用、官方推荐
擅长领域	科技报告、市场分析、复杂逻辑推理	文学创作、商业文案、文化内容	智能客服、在线教育、多领域问答	艺术创作、学习辅助、企业办公	学术研究、新闻报道、长篇内容创作
收费方式	免费使用	免费使用	免费使用	免费使用	免费使用
登录方式	手机端：微信搜索"DeepSeek" 电脑端：https://www.deepseek.com	手机端：微信搜索"文心一言" 电脑端：https://yiyan.baidu.com	手机端：钉钉搜索"通义千问" 电脑端：https://qianwen.aliyun.com	手机端：应用商店"豆包 App" 电脑端：https://www.doubao.com	手机端：微信搜索"Kimi 智能助手" 电脑端：https://kimi.moonshot.cn

三、教学实践 1：撰写赛事活动新闻报道

新闻报道作为传递信息、引导舆论的重要工具，其重要性不言而喻。无论是在企业宣传时塑造品牌形象、在政府机构中传递政策声音，还是在校园里记录活动足迹，一篇合适的新闻报道都能让关键信息突破信息茧房，直达受众内心。对于在校学生而言，掌握撰写新闻报道的技能，更是未来走上工作岗位后的"隐形加分项"。当前，AIGC 文案生成正在帮助新闻创作者减轻采编负担、

提升创作效率。

以学校承办 2025 年浙江省职业院校技能大赛高职组旅游赛道"酒水服务"赛项为例，运用通义千问大模型撰写新闻报道，具体步骤如下：

步骤 1：设定 AIGC 角色，梳理创作思路

提示词：

你是一位经验丰富的新闻撰稿人，擅长撰写各种活动赛事的新闻报道。我现在需要你帮我撰写一篇关于学校成功举办了"酒水服务"赛项的新闻，请告诉我需要向你提供哪些内容。

通义千问大模型回答：

以下是我撰写关于学校成功举办"酒水服务"赛项新闻稿需要的内容：

【赛事基本信息】赛事名称、举办时间、举办地点。

【参赛人员信息】参赛选手来源、选手数量及构成。

【比赛内容与规则】比赛项目、比赛规则、是否有特殊的比赛要求。

【比赛组织情况】主办单位、协办单位（如有）、评委组成。

【比赛过程亮点】精彩瞬间描述、选手表现亮点。

【比赛结果】获奖名单（如已确定）、获奖比例或人数。

【后续影响与意义】对教学的影响、对学生的影响、对学校声誉的影响。

步骤 2：向 AIGC 咨询新闻撰写的语言风格

提示词：请说明常见新闻撰写的语言风格。

通义千问大模型回答：

【客观性风格】以数据、引语为主，避免主观表述。例如，据国家统计局数据，2025 年一季度 GDP 增长 5.3%。

【简洁性风格】信息密度高，句子简短。适用于快讯、突发事件报道（如"暴雨致高速封闭，多车滞留"）等场景。

【生动性风格】使用白描、比喻等手法，增强感染力。例如，老城区梧桐树下，张阿姨守着修鞋摊 30 年，针线穿梭间缝补着街坊邻里的记忆。

【专业性风格】使用术语,确保准确性。例如,财经新闻中"M2 同比增速""量化宽松政策"等表述。

【贴近性风格】口语化表达,融入地域文化。例如,上海本地新闻用"老克勒""弄堂"等方言词汇。

步骤 3:借助 AIGC 生成新闻报道

(1)准备新闻报道内容。

根据步骤 1 中大模型的回答,填充实际赛事开展情况:

【赛事基本信息】

新闻主题:我校承办 2025 年浙江省职业院校技能大赛高职组旅游赛道"酒水服务"赛项。

举办时间:2025 年 3 月 24~25 日

举办地点:浙江旅游职业学院

【参赛人员信息】

全省 16 所高职院校、29 支参赛队伍。

【比赛组织情况】

浙江省教育厅主办、浙江旅游职业学院承办。

【比赛过程亮点】

打破传统比赛框架,强调"自主性":选手自主定项目名称、设计内容、选设备。

【后续影响与意义】

职教改革、行业影响、发挥院校价值。

(2)明确风格和篇幅。

参考步骤 2 中大模型的回答,确定新闻报道风格为简洁性风格,文章篇幅为 800 字以内。

(3)创作新闻报道。

选择通义千问大模型,在对话框上方点击【指令中心】,选择【新闻稿编辑】,大模型会自动产生提示词,将提示词中新闻报道的内容修改为要撰写的报道内容，如图 2-5 所示。

注：各平台功能路径可能调整，请以实际界面为准，下同。

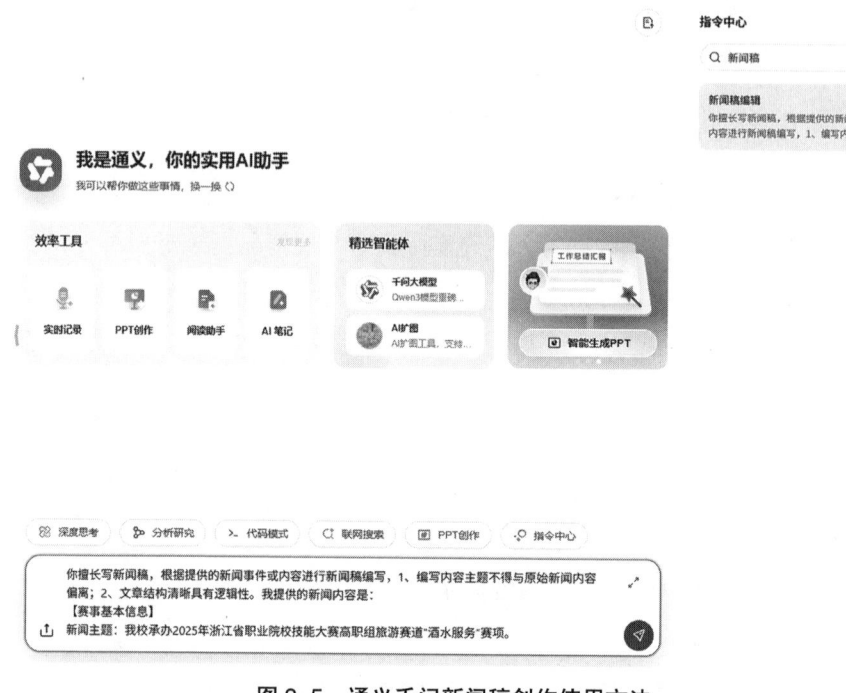

图 2-5　通义千问新闻稿创作使用方法

通义千问大模型生成内容如下：

2025 年 3 月 24 日—25 日，一场别开生面的技能盛宴——2025 年浙江省职业院校技能大赛高职组旅游赛道"酒水服务"赛项，在我校隆重举行。此次大赛会聚了全省 16 个高职院校的精英，共有 29 支参赛队伍同台竞技，展现了新时代职教风采与行业创新活力。

本次大赛打破传统赛事框架，以"自主性"为核心亮点。参赛选手不再局限于既定项目，而是根据个人专长与创意，自主确定项目名称、精心设计比赛内容，并亲自挑选所需设备。这一变革极大地激发了选手的创新思维与实践能力，使得比赛现场亮点纷呈。

从社会意义上看，此次大赛不仅是职教改革的一次生动实践，也是对职业教育与行业深度融合的有力推动。它不仅检验了参赛选手的专业技能与服务水平，更促进了院校之间的交流与合作，提升了职业教育的社会认可度与影响力。对于参与院校而言，这既是一次展示教学成果与学生风采的绝佳机会，也是推动专业建设、提升教育质量的重要契机。

我校作为承办方，深感荣幸与责任重大。我们精心筹备，确保赛事顺利进行，同时也借此机会，向全省乃至全国展示了我们在职业教育领域的探索与成就。未来，我们将继续秉承"以赛促教、以赛促学、以赛促改、以赛促建"的理念，深化教育教学改革，为培养更多高素质技术技能人才贡献力量。

随着最后一滴佳酿的完美呈现，这场充满激情与创新的"酒水服务"赛事圆满落幕。但留给我们的，不仅是赛场上的精彩瞬间，更是对职业教育未来无限可能的憧憬与期待。让我们携手并进，在职业教育的广阔天地中，共同书写更加辉煌的篇章。

步骤4：细节优化

新闻报道的初稿生成后，用户可以根据初稿内容，再与AIGC进行详细沟通，做细节上的进一步调整和优化。

例如：在第4段增加一些对学校的介绍，增进读者对学校的了解。比如，浙江旅游职业学院是全国唯一一所由文化和旅游部与省人民政府共建的公办高职院校、全国旅游院校中第一所通过联合国世界旅游组织旅游教育质量认证的院校和唯一一所旅游教育标准化示范院校等。

通义千问大模型优化后的第4段内容如下：

作为承办方，浙江旅游职业学院是全国唯一一所由文化和旅游部与浙江省人民政府共建的公办高职院校，也是全国旅游院校中第一所通过联合国世界旅游组织旅游教育质量认证的院校和唯一一所旅游教育标准化示范院校。学校深耕文旅教育四十余年，构建了以旅游为核心的全产业链专业群，拥有国内领先的实训设施和国际化教学标准。此次赛事中，学校充分发挥自身优势，将行业前沿理念与教学实践深度融合，为参赛队伍提供了高规格、专业化的竞赛平台，同时向全社会展示了其在职业教育领域的标杆作用。未来，学校将继续秉承"以赛促教、以赛促学、以赛促改、以赛促建"的理念,深化教育教学改革,为培养更多高素质技术技能人才贡献力量。

四、教学实践 2：撰写旅游景点社交文案

九溪十八涧是隐匿于杭州西湖群山间的小众秘境,溪流蜿蜒曲折,潺潺水声不绝于耳,周边茶园层层叠翠,弥漫着悠悠茶香,还有古树遮天蔽日,尽显岁月沧桑。这里四季皆景,春日繁花似锦,夏日清凉宜人,秋日色彩斑斓,冬日宁静祥和,是游人亲近自然、放松身心的绝佳去处。

为进一步提升景区文化的社交传播度,吸引更多年轻游客前往游玩,可以借助 AIGC 大模型提炼景区的文化特色,了解各大社交媒体平台的传播特性,创作引发年轻群体情感共鸣的推广文案,借助年轻群体的自发传播效应,带动更广泛客群到访,让九溪十八涧升级为"文化打卡地"。

下面以九溪十八涧景区为例,运用豆包大模型创作小红书宣传文案进行景区推广,具体步骤如下：

步骤 1：将 AIGC 设定成一位资深的社交媒体文案大师

提示词：你是一位经验丰富的社交媒体文案创作大师,对小红书、微博、公众号、抖音等平台的用户心理和传播规律有着深刻的理解,擅长用简洁有力的文字激发受众的兴趣和行动。

豆包大模型回答：明白了！接下来我会根据你的需求,结合不同平台的调性,为你创作精准触达用户心理的社交媒体文案。无论是小红书的种草风、微博的热搜体、公众号的深度文,还是抖音的爆款句式,我都能快速拿捏。你具体想策划哪个方向的内容？

步骤 2：向 AIGC 咨询九溪十八涧景区的特色打卡点

豆包大模型支持文本、图片等多模态内容输入,用户可以将九溪十八涧景区导览图导入,让大模型帮助提炼导览图内容,进而生成景区特色景点的介绍以及实用的打卡建议,如图 2-6 所示。

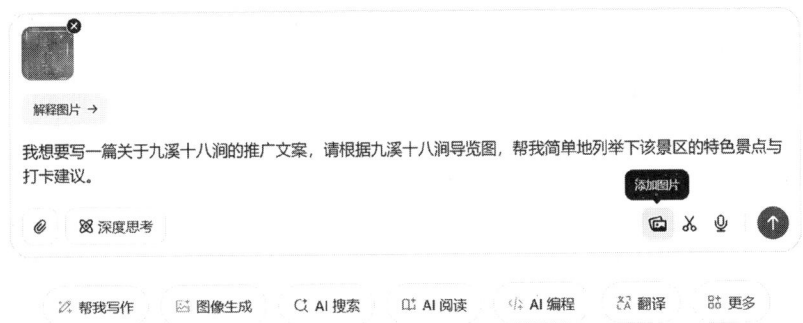

图 2-6　豆包多模态内容输入使用示例

提示词：我想写一篇关于九溪十八涧的推广文案，请根据九溪十八涧导览图，帮我简单地列举下该景区的特色景点与打卡建议。

豆包大模型回答：

九溪十八涧位于杭州西湖风景名胜区内，以九条溪流汇聚成涧、十八道山涧曲折蜿蜒而得名，溪水潺潺穿行于茶园、古树与竹林之间，形成"小桥流水、绿荫蔽日"的天然画卷。以下是必打卡的特色景点：

【九溪烟树】

景点特色：这里是九溪十八涧的起点，绿树成荫，溪水潺潺，烟雨朦胧时尤其美丽，宛如仙境。

打卡建议：适合拍照，尤其是清晨或雨后，雾气缭绕时更具诗意。

【九溪十八涧】

景点特色：由多条溪流交汇而成，沿途有18道山涧，溪水清澈，可涉水而行，充满乐趣。

打卡建议：穿防滑鞋或洞洞鞋，体验踩石过溪的乐趣，夏季尤其适合玩水。

【龙井村】

景点特色：著名的龙井茶产地，茶园绿意盎然，茶香四溢。

打卡建议：在茶农家品一杯正宗龙井，感受茶文化，俯瞰梯田式茶园。

【云栖竹径】

景点特色：以万竿青竹构筑生态长廊，竹影婆娑、遮天蔽日，其间清溪蜿蜒穿林，形成"竹径通幽、林泉相映"的自然与人文交融景观。

打卡建议：清晨或傍晚光线柔和时，拍摄竹林光影效果最佳。

步骤3：向AIGC咨询符合年轻群体兴趣偏好的景点潮流玩法

提示词：好的，我已经了解了九溪十八涧的特色景点了，请帮我列举这些景点适合年轻群体的潮流玩法。

豆包大模型回答：

【九溪烟树】仙气瀑布大片：清晨6~8点薄雾弥漫时，站在石碑右侧枫树下仰拍，"汉服+油纸伞"秒变武侠剧女主。

【九溪十八涧】溯溪挑战赛：组队完成5千米溪涧穿越，打卡隐藏"青蛙石""爱心潭"。

【龙井村】茶园剧本推理：结合龙井传说设计推理剧本，玩家可以在茶园找线索，NPC是戴斗笠的采茶姑娘。

【云栖竹径】荧光竹林隧道：午后阳光透过竹叶缝隙洒下，可身穿汉服，持竹灯走过竹径，无人机航拍"穿越时空"大片。

步骤4：向AIGC咨询不同社交媒体平台的传播特征

提示词：我想了解下小红书、公众号、微博、抖音等社交媒体平台的传播特征，请结合九溪十八涧的景点宣传。

豆包大模型回答：

【小红书】以年轻化、生活化、强互动为特点，风格侧重"治愈系视觉美学"。例如，文案聚焦"丁达尔效应下的溪涧光影""九溪烟树晨雾大片拍摄攻略"，搭配高饱和度滤镜与九宫格构图，用"逃离城市计划""小众秘境天花板"等标签唤醒Z世代对自然美学的向往，打造"出片率100%"的打卡胜地认知。

【公众号】以深度化、故事化、文化感为特点，风格侧重"情感共鸣与实用价值"。例如,文案强调"九溪烟树的晨雾是城市焦虑的解药""溯溪装备清单与安全指南",搭配暖色调实拍图与用户故事,以"治愈系旅行""家庭时光"等关键词引发情感共鸣,驱动社交传播。

【微博】以话题性、碎片化、强传播为特点,风格侧重"文化 IP 与热点借势"。例如,文案植入"西湖十景的千年文脉""西湖旅行攻略"话题下的隐藏玩法,搭配九宫格古风插画与长图文解析,通过"文化旅行""历史冷知识"等标签撬动兴趣人群的参与讨论。

【抖音】以短平快、强节奏、视觉化为特点,风格侧重"沉浸式场景体验"。例如,文案突出"瀑布飞溅的水珠在慢镜头下定格成钻石""无人机穿越茶田与溪涧的上帝视角",搭配自然音效与快剪节奏,以"夏日清凉天花板""山野心跳"等关键词激发用户对自然乐趣的即时共鸣。

步骤 5:借助 AIGC 生成一篇关于【九溪十八涧】景区、适合【小红书】平台传播、吸引【年轻旅行者】的宣传文案

提示词:前期你已经帮我梳理了"九溪十八涧"的景点特色、适合年轻人游玩的玩法,以及各大社交传播平台的特性,请你为我生成一篇能够吸引年轻群体的宣传文案,适合在小红书平台进行传播。

豆包大模型生成内容如下:

标题:杭州秘境暴击!九溪十八涧溯溪挑战 + 茶田航拍,解锁肾上腺素和出片率双爆表的逃离计划!

【轻装去玩!九溪十八涧徒步路线】

九溪烟树迷雾起航:从九溪烟树出发,雨后雾气缭绕,青石板路湿滑,需手脚并用跨过溪石,开启"轻户外"模式。

九溪十八涧溯溪挑战:沿着溪流逆流而上,跨越奇形怪状的石头,感受水花溅在身上的丝丝凉意,每一处转弯都藏着未知的惊喜,仿佛时间都慢了下来,让心灵在这自然的怀抱里得到治愈。

龙井村补给:抵达后品鉴地道龙井茶,茶园旁农家乐必点"茶香红烧肉",瞬间满血复活!

云栖竹径寻幽：踏入云栖竹径终点，翠竹摇曳似绿浪翻涌，竹影婆娑间光影斑驳，于竹亭静坐，听竹涛阵阵、鸟鸣啾啾，开启一场与自然的深度对话。

【刷爆朋友圈的拍摄打卡点】

九溪烟树"迷雾森林"：清晨 6~8 点，捕捉溪流穿林、薄雾缠树的魔幻光影，用慢门拍出丝绢流水，记得提前备好三脚架和减光镜，稳稳记录下这绝美瞬间。

九溪十八涧"灵动水韵"：潺潺溪涧蜿蜒石间，清泉溅玉、光影斑驳，手持长曝光镜头随溪而行，定格溪水灵动与山石静谧的相映成趣。

龙井茶田"翡翠矩阵"：层层叠叠的茶树像绿色的波浪，在阳光下泛着光，建议搭配汉服或纯白长裙，茶田中央小径奔跑抓拍，动态感拉满。

云栖竹径"侠客竹林"：无人机穿行竹海上空，模仿《卧虎藏龙》镜头，俯冲拍摄竹浪翻涌；地面用广角仰拍竹径通天，人物剪影点缀，国风大片轻松拿捏。

【流量密码 × 互动话题】

标签："逃离城市计划""小众秘境天花板""户外男孩女孩""九溪暴走"

粉丝挑战：带话题"九溪十八涧"打卡，发布溯溪/航拍视频，@官号抽奖送"探险套装"！

"没有爬过九溪十八涧的石头小径，不算见过杭州的奇趣与诗意！"——这个周末，切断微信，把自己扔进山涧！

步骤 6：借助 AIGC 文案润色工具优化生成内容

为提升文案初稿的质量与吸引力，用户可以对生成的初稿进行优化完善。例如，上述文案初稿缺乏能够迅速抓住读者目光的开头部分，可以借助豆包大模型的文章润色工具来生成合适的开头内容，如图 2-7 所示。

豆包大模型文案润色工具生成的开头内容如下：

谁懂啊，杭州竟然藏着这么绝的地方！九溪十八涧溯溪超刺激，茶田航拍美到炸裂！徒步、打卡、美食全安排，周末就来场肾上腺素与出片率拉满的逃离计划……

图 2-7　豆包大模型文案润色工具

五、行业案例："AI 游贵州"智能应用

2025 年 1 月 16 日，贵州省文化和旅游厅与马蜂窝旅游集团联合发布贵州旅游 AI 智能应用——"AI 游贵州"。

"AI 游贵州"是国内首个省级旅游 AI 智能体，基于 DeepSeek 等大模型，依托深度学习、自然语言处理、大数据分析等前沿人工智能技术，深度整合贵州省的文旅政策、旅游景点、文化资源、交通路线、住宿餐饮等数据资源，为游客提供旅游智能攻略交互问答、智能行程规划引导、多语言智能导游等服务。同时，基于游客画像的深度挖掘与多维度数据分析，为文旅政策制定提供前瞻性支撑。通过 AI 技术驱动数据要素流动与模型迭代，加速贵州省文旅行业大模型能力构建，推动全域旅游从"经验驱动"向"数据智能"转型升级。

游客可以通过微信搜索"AI 游贵州"小程序，体验交互式 AI 行程定制、景区实时门票政策咨询、多语言对话等功能，如图 2-8 所示。"我在贵州有 4 天时间，该怎么玩？""贵阳有哪些美食？""在贵州旅行，有哪些优惠政策？"

通过在小程序上的问答互动,游客可以获取个性化的行程规划。出发前,游客可以通过智能交互问答快速梳理海量信息,根据个人偏好定制专属行程,提供决策参考;旅游中,游客能实时获取周边详尽资讯、应对突发状况,确保旅途顺畅无忧;同时,多语言翻译能够为到访贵州的外国游客提供更加高效便捷的旅游服务。以规划"5天贵州亲子游"为例,"AI游贵州"会首先分析亲子用户对安全性、趣味性的需求,接着筛选黄果树瀑布、西江千户苗寨等适龄景点,再根据景点间距自动计算并罗列出行车或公共交通时间,生成劳逸结合的行程表,并针对冬季当地气候的特点给出穿衣、饮食健康等贴心提示,极大地提升了行程合理性和用户满意度。

该应用响应《关于推进国家文化数字化战略的意见》,通过"AI+文旅"深度融合,"AI游贵州"打造了以"数据智能"为内核、"全链服务"为形态的智慧旅游新范式,构建起涵盖"食、住、行、游、购、娱"的立体化服务矩阵,实现旅游体验从"标准化供给"向"个性化定制"的跨越式升级。

图 2-8 "AI 游贵州"使用示例

✓ 思考与练习

1. 基础任务

基于对本节内容的学习和理解，尝试通过选择合适的文案生成大模型。撰写一份关于文学社团成功举办趣味诗词活动的公众号文案，800字以内，具体要求如下：

（1）活动内容呈现。文案应包括活动的背景信息、举办目的、活动安排及参与人员等细节。

（2）活动亮点凸显。突出活动特点，展示本次社团活动的意义和价值。

（3）活动现场描绘。展现活动现场的热闹氛围和参与者专注投入、积极协作的精神风貌。

（4）社团风采展示。增加简单的社团介绍，让读者更深入了解社团，激发同学们对社团的兴趣，鼓励他们持续关注并积极参与后续社团活动。

2. 进阶任务

对比同一文案放在公众号、小红书等平台的效果差异。

3. 创新任务

AIGC 应用边界讨论：哪些文案类型不适合 AI 生成？

第三节　AIGC PPT 生成：智能排版，演示文稿高效生成

在现代办公与教育场景中，演示文稿已成为人们传递思想、展示成果和交流信息时不可或缺的表达工具。一份优质的演示文稿，如同一位出色的讲解员，能极大提升信息传达的效率与效果。然而，传统的演示文稿的制作过程常常面临诸多挑战。从精心构思内容框架、收集筛选合适的素材，到逐页设计排版、调整格式，每一个步骤都需要投入大量的时间和精力。如今，AIGC PPT 生成技术正悄然重塑着传统演示文稿制作模式，用户只需输入简单的文字内容或主题，就能快速生成逻辑清晰、设计精美的演示文稿，不仅极大节省了制作时间，还降低了制作门槛，让更多人轻松拥有高质量的演示文稿。

本节将系统介绍 AIGC PPT 生成的基本概念和特色功能，并对常用 PPT 生成大模型展开对比分析。在此基础上，聚焦杭州西湖景区介绍 PPT 和智慧旅游发展趋势分析 PPT 的制作过程，详细阐述如何运用这些大模型高效完成演示文档创作任务，通过以上课堂教学案例的实践，展示 AIGC PPT 生成技术在不同场景下的应用成效。

一、AIGC PPT 生成介绍

AIGC PPT 生成是指依托自然语言处理、机器学习、深度学习等技术，通过自动化分析用户需求，智能提取语义分析与关键信息，不仅能自动完成文本结构化排版，还可同步生成配套图表、图片等可视化元素，并根据内容逻辑与行业特性，智能匹配适配的模板风格、版面布局及色彩方案，最终在短时间内输出兼具专业性与视觉吸引力的完整演示文稿。系统支持用户通过交互式调整功能，实现内容与设计的个性化定制。

在演示文稿制作领域，AIGC PPT 智能生成工具如雨后春笋般涌现，它们凭借强大的算法和智能分析能力，改变了传统的演示文稿制作方式。与传统 PPT 制作相比，AIGC PPT 生成主要具备以下特色功能：

智能内容生成。基于自然语言处理技术，可精准解析用户输入的主题或文档内容，自动生成逻辑连贯、层次分明的 PPT 文本体系，涵盖标题序列、正文段落、要点提炼等核心要素。

自动配图与图表生成。拥有庞大的图片库和智能配图功能，可根据 PPT 的主题和内容，自动挑选出高质量的相关图片，省去用户寻找合适图片的时间和精力。同时，还能根据数据或文本内容，自动生成相应的图表（如柱状图、折线图、饼图等），直观地展示信息。

多样化模板与智能排版。提供丰富多样的模板选择，涵盖各种领域和风格（如简约商务、创意时尚、教育培训等），并且部分模板支持自定义，用户可以根据个人喜好进行修改和调整。此外，运用先进的 AI 技术实现自动排版，根据输入的内容和选择的模板，智能调整文字、图片和图表的布局，使 PPT 整体看起来更加美观、清晰。

二、AIGC PPT 生成大模型对比

目前市场上具有代表性的 AIGC PPT 生成大模型包括 WPS 灵犀、MindShow、讯飞智文、百度文库、Kimi 等，如表 2-3 所示。这些大模型普遍具备文本语义解析、视觉元素智能匹配、多模态内容协同生成等多种能力，在生成 PPT 内容时各有特点，用户可以根据具体需求选择合适的模型。

表 2-3　常见的 AIGC PPT 生成大模型功能对比

大模型	WPS 灵犀 AI PPT	Mindshow AI PPT	讯飞智文 AI 生成 PPT	百度文库 智能 PPT	Kimi PPT 助手
开发公司	北京金山办公软件股份有限公司	上海所思所见科技有限公司	科大讯飞股份有限公司	百度在线网络技术（北京）有限公司	北京月之暗面科技有限公司
输入方式	主题文字、大纲、文档、文本、模板套用	主题文字、文档、模板套用	主题文字、文档、文本	主题文字、文档、本	主题文字、文档、文本
输出格式	PPTX 格式，可免费导出	PPTX、PDF 格式，下载需付费	PPTX、DOCX 格式，可免费下载 6 次	PPTX、PDF 格式，下载需付费	PPTX、PDF、图片格式，可免费导出
易用性	关键词自动生成，可二次修改	关键词自动生成，可二次修改	关键词自动生成，可二次修改	关键词自动生成，可二次修改	关键词自动生成，可二次修改
排版功能	可简单调整布局、字体、配色、形状、动画等	可简单调整布局、字体、配色、形状、动画等	可简单调整布局、字体、配色、形状动画（只支持预览）等	可简单调整布局、字体、配色、形状等	可简单调整布局、字体、配色、形状等
模板数量	3000+ 模板，按行业分类	600+ 模板，按行业分类	500+ 模板，按行业分类	200+ 模板，模板未分类	3000+ 模板，按行业分类
配图能力	自动配图，可自行插入配图	自动配图（需收费），可自行插入配图	自动配图，可自行插入配图	自动配图，可自行插入配图	自动配图，可自行插入配图
多语言支持	支持中、英、日、韩等多种语言	支持中、英、日、韩等多种语言	支持中、英、日、韩等多种语言	支持中、英、日、韩等多种语言	支持中、英、日、韩等多种语言

续表

大模型	WPS 灵犀 AI PPT	Mindshow AI PPT	讯飞智文 AI 生成 PPT	百度文库 智能 PPT	Kimi PPT 助手
登录方式	WPS Office 软件	网址：https://www.mindshow.vip	网址：https://zhiwen.xfyun.cn/home	网址：https://wenku.baidu.com/ndlaunch/browse/chat	网址：https://www.kimi.com/kimiplus/conpg18t7lagbbsfqksg

三、教学实践 1：一键生成杭州西湖景区介绍 PPT

景区介绍 PPT 是展示和宣传旅游景区的演示文稿，通过整合图文、视频、数据等多媒体元素，以图文并茂的形式快速、全面地传播景区信息，从基本情况到特色景点，再到配套设施和游玩项目，生动直观地展现景区的自然风光、文化底蕴、特色活动及服务设施，让游客一目了然。在各类宣传营销推广活动中，PPT 作为辅助工具，能有效帮助讲解人员更系统、生动地介绍景区，激发游客对景区的兴趣和向往，吸引游客前去游玩。

假设你是一名景区的工作人员，部门领导要求你制作一份景区介绍 PPT，而且时间很急，只有半天时间。这时，你该怎么办？传统的做法先是收集大量的材料，寻找合适的模板，然后把素材整理到模板中，并进行排版美化，制作过程需要花费大量的时间和精力。但在 AI 时代，只要通过简单的操作步骤，就能生成一份精美的 PPT。

下面以制作杭州西湖景区介绍 PPT 为例，运用 WPS 灵犀智能办公助手生成 PPT 的创作步骤如下：

步骤 1：启动 WPS 灵犀应用

启动 WPS Office 软件，点击页面左侧菜单栏的灵犀图标，进入 WPS 灵犀智能办公助手主界面，如图 2-9 所示。

第二章　生成式人工智能认知与实践

图 2-9　开启 WPS 灵犀办公助手

步骤 2：进入 WPS 灵犀 PPT 生成页面

点击左侧菜单栏"AI PPT"进入 PPT 生成页面。同时，开启 DeepSeek R1 模型和联网搜索功能，提供更全面、更精准的分析推理过程，查找更详细、更实用的 PPT 资源，如图 2-10 所示。

图 2-10　WPS 灵犀 AI　PPT 生成界面

步骤3：输入PPT主题和要求

在对话框中，输入包括"身份、任务、内容、要求"等主题信息的PPT制作要求，点击发送按钮，开始PPT生成。例如，在对话框中输入：你是一名资深的杭州导游，需要制作一份关于杭州西湖景区介绍的PPT，内容包括杭州西湖的自然景观、地理特征、水文生态、名胜古迹等方面。PPT课件要求适合游客的认知水平，能激发游客的兴趣，帮助游客更好地了解西湖景区，如图2-11所示。

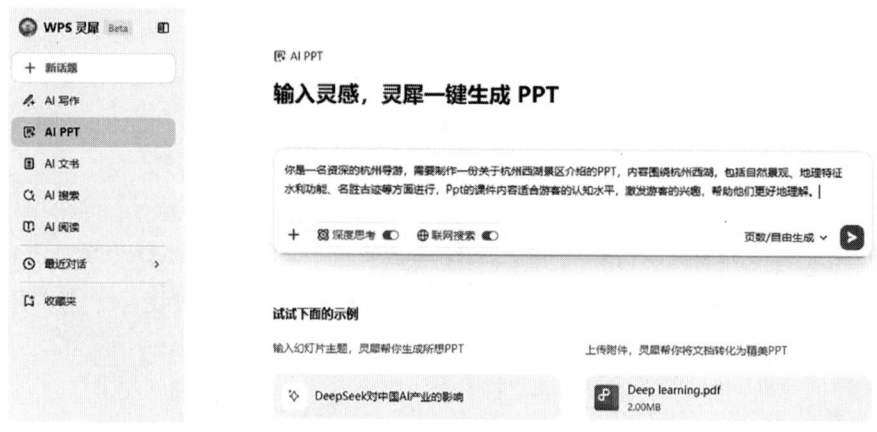

图2-11 输入PPT主题和要求

步骤4：一键生成大纲

WPS灵犀会自动根据输入的"杭州西湖景区介绍"主题和要求生成PPT大纲，如图2-12所示。

步骤5：选择PPT模板

点击"挑选PPT模板"后，弹出WPS灵犀自带的模板库，里面汇集了"简约风、中国风、商务风"等不同风格的模板，点击选择适合主题制作需求的模板，如图2-13所示。

已为你创建一篇关于人间天堂·杭州西湖全景解读的PPT大纲，你可以挑选模板并生成PPT。

- 封面 人间天堂·杭州西湖全景解读
- 目录
- 第一章 自然造化·湖山胜境
  - ▼ 潟湖演变的生命密码
    - 写作思路：通过竺可桢地质学说图解西湖从海湾到潟湖的演变过程，突出沧海桑田的时空魅力。
  - ▼ 三面云山一面城
    - 写作思路：用三维地形图展示环湖山势层次，解读宝石山—吴山地理屏障形成的景观格局。
  - ▼ 流动的诗意水文
    - 写作思路：动态演示金沙涧等四条溪流汇水系统，解析6.38平方公里湖面的生态循环机制。
  - ▼ 四季轮回的视觉盛宴
    - 写作思路：对比展示苏堤春晓/曲院风荷/平湖秋月/断桥残雪的季相变化，强化沉浸式体验。
- 第二章 千年智慧·水利史诗

[挑选PPT模板] < 2/2 >   分享   ⟳ ⋯

图 2-12　一键生成大纲

图 2-13　挑选 ppt 模板

步骤6：生成和修改PPT内容

在模板选择页面右上方点击"生成PPT"按钮，WPS灵犀根据生成大纲和选择模板智能生成一份图文并茂的PPT。同时，可直接在生成页面上对PPT进行修改，也可点击"去WPS编辑"启动WPS Office进行修改。修改完毕，点击页面右上方的"下载"按钮，一份完整的杭州西湖景区介绍PPT制作完成，如图2-14所示。

图2-14　生成的PPT演示文稿

WPS灵犀生成的PPT图文并茂，并且排版工整，PPT内容聚合了网络上多个搜索引擎的资源，为用户提供了丰富的基础素材和多种风格的设计模板，大大节省了查找资料和构思布局的时间成本。

此外，WPS灵犀集成在WPS Office软件中，从搜索资料、生成大纲到制作PPT以及后期优化，都在一个软件内完成，功能集成度高，操作便捷。

四、教学实践 2：智慧旅游发展趋势分析文档秒变 PPT

在日常办公场景里，时常会接到这样的工作任务：领导交给你一份涵盖各类信息（包括文字描述、数据图表、观点阐述等内容）的电子文档，要求根据文档的核心主旨、逻辑结构以及具体内容，将其制作为结构清晰、内容精炼、视觉效果良好且适用于汇报、展示等场景的 PPT 演示文稿。

为高质量完成这项任务，你可能会碰到关键信息难以提取、逻辑结构难以梳理、素材资料不够丰富、页面不够美观等诸多棘手的问题。而 AIGC PPT 生成工具的出现，为这些难题提供了全新的解决方案。它能全面深入地理解文档内容，精准地提取其中的关键信息，细致地梳理出文档的大纲结构，还能智能匹配相关图片、图表和文字，一键完成精美的页面排版，让 PPT 制作变得高效又轻松。

以制作"智慧旅游发展趋势分析 PPT"为例，在已有电子文档的基础上，运用 Kimi PPT 助手的创作步骤如下：

步骤 1：开启 Kimi PPT 助手

访问 Kimi 官网，点击左侧菜单栏"Kimi+"按钮，选择"PPT 助手"，进入 PPT 生成界面，如图 2-15 所示。

图 2-15　开启 Kimi　PPT 助手

步骤2：上传电子文档

在Kimi PPT助手对话框中，点击上传文件图标，选择智慧旅游发展趋势分析电子文档上传，如图2-16所示。

图2-16　上传电子文档

步骤3：整理文档核心内容

点击发送按钮后，Kimi PPT助手根据文件内容，快速识别并整理出文档核心大纲，大纲可根据实际需要进行编辑修改，如图2-17所示。

步骤4：一键生成PPT

点击"一键生成PPT"，跳转到模板库界面，里面搜集了总结汇报、教育培训、营销推广、商业计划等不同类型风格的模板，选择适合自己制作需求的模板后，点击页面右上方的"生成PPT"按钮，如图2-18、图2-19所示。

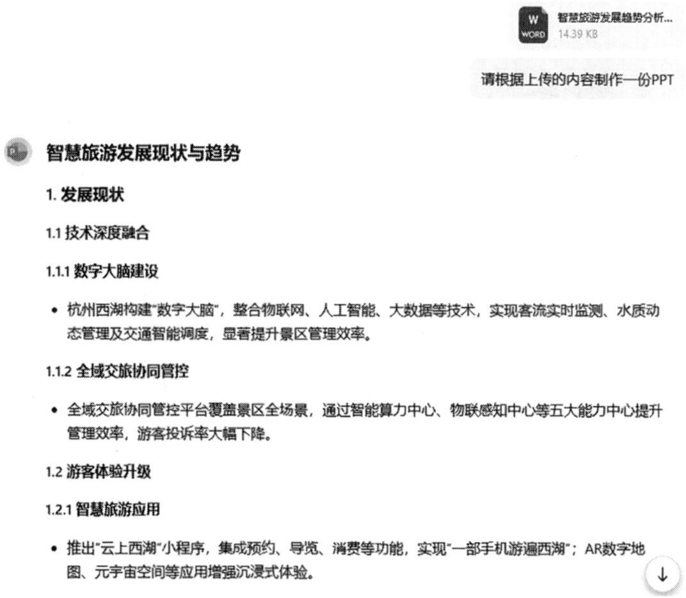

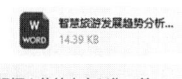

智慧旅游发展趋势分析...
14.39 KB
请根据上传的内容制作一份PPT
智慧旅游发展现状与趋势
1. 发展现状
1.1 技术深度融合
1.1.1 数字大脑建设
• 杭州西湖构建"数字大脑"，整合物联网、人工智能、大数据等技术，实现客流实时监测、水质动态管理及交通智能调度，显著提升景区管理效率。
1.1.2 全域交旅协同管控
• 全域交旅协同管控平台覆盖景区全场景，通过智能算力中心、物联感知中心等五大能力中心提升管理效率，游客投诉率大幅下降。
1.2 游客体验升级
1.2.1 智慧旅游应用
• 推出"云上西湖"小程序，集成预约、导览、消费等功能，实现"一部手机游遍西湖"；AR数字地图、元宇宙空间等应用增强沉浸式体验。

图 2–17　整理文档核心内容

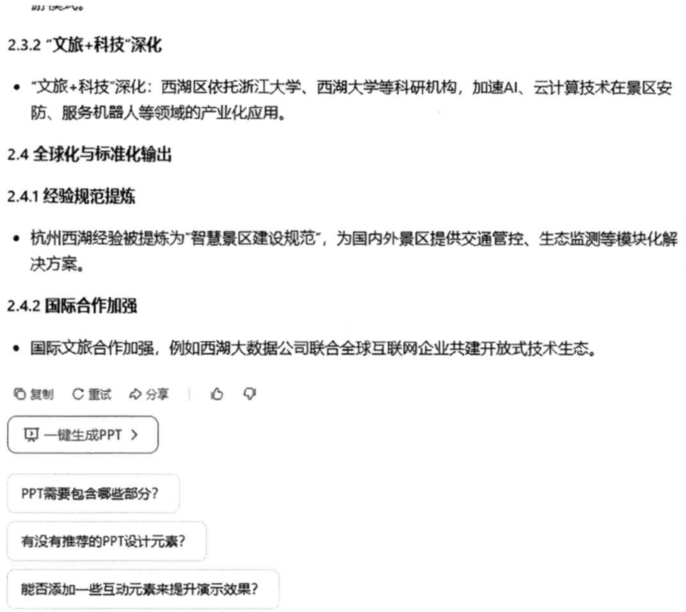

2.3.2 "文旅+科技"深化
• "文旅+科技"深化：西湖区依托浙江大学、西湖大学等科研机构，加速AI、云计算技术在景区安防、服务机器人等领域的产业化应用。
2.4 全球化与标准化输出
2.4.1 经验规范提炼
• 杭州西湖经验被提炼为"智慧景区建设规范"，为国内外景区提供交通管控、生态监测等模块化解决方案。
2.4.2 国际合作加强
• 国际文旅合作加强，例如西湖大数据公司联合全球互联网企业共建开放式技术生态。
复制　重试　分享
一键生成PPT >
PPT需要包含哪些部分？
有没有推荐的PPT设计元素？
能否添加一些互动元素来提升演示效果？

图 2–18　一键生成 PPT

图 2-19 选择 PPT 模板

步骤 5：生成和修改 PPT 内容

生成的 PPT 可点击页面右下方的"去编辑"按钮进行内容修改，编辑完成后，点击页面右上方"下载"按钮，直接下载生成的 PPT，如图 2-20 所示。

大纲编辑：可直接修改文案内容，调整每个部分的顺序。

模板切换：可根据主题需求，切换不同风格、颜色的模板。

插入元素：可插入文本、形状、图片、素材、表格、图表等多种类型素材，满足不同需求。

内容编辑：可直接点击 PPT 中的文本框或图像，修改内容或者替换图像。

Kimi PPT 助手生成的 PPT 在质量方面表现出色。它能根据主题快速生成逻辑清晰、层次分明的大纲，自动填充内容。配图贴合主题，模板丰富多样，可满足不同场景的需求。排版合理，色彩搭配协调，使得生成的 PPT 在整体风格上既专业又具有吸引力，能够有效增强 PPT 的视觉冲击力。Kimi PPT 助手通过其强大的功能和智能化的设计，极大地提升了 PPT 制作的效率和质量，为用户节省了大量时间和精力。

图 2-20　生成的 PPT 演示文稿

伦理规范：AI 生成的图文需人工核查事实准确性，商用场景须确认素材版权许可，核心观点需标注"AI 辅助生成"。

☑ 思考与练习

塘栖古镇位于杭州北部，是京杭大运河畔一座独具魅力的江南古镇。运河穿镇而过，为其赋予了深厚的水乡底蕴与商贸活力。古镇的标志性建筑广济桥，横跨运河，是古运河上仅存的一座七孔石拱桥，历经数百年风雨仍屹立不倒，见证着古镇的兴衰变迁。水北街是古镇的核心商业街区，街道两旁明清风格的建筑保存完好，众多百年老字号店铺汇聚于此，游客可在此品尝到枇杷蜜、粢（cī）毛肉圆等特色美食，感受地道的江南风味。夜晚的塘栖古镇别有一番韵味，华灯初上，灯光与河水交相辉映，营造出宁静而祥和的氛围。漫步其间，既能领略江南水乡的温婉，又能触摸历史的厚重。

基于对本小节内容的学习和理解，尝试通过选择合适的AIGC PPT生成工具，生成一份关于塘栖古镇景区营销方案的演示文稿PPT，内容包括项目背景分析、核心营销策略、产品体系设计、运营管理模式、营销推广方案等，要求突出塘栖古镇景区的特色和活动亮点，能够吸引目标受众，助力景区实现营销目标。同时标注AI辅助比例，分析人工优化环节。

第四节　AIGC图片生成：灵感捕捉，视觉画面即刻渲染

AIGC图片生成大模型以"意念成画"的神奇能力，为创作者开辟了全新的视觉灵感源泉。它不仅能缩短图片创作时间、节约人力成本，还可通过创新的艺术风格融合（如赛博朋克式古镇、水墨画风格城市）激发创作表达，让创作过程充满奇幻色彩。

本节将系统介绍AIGC图片生成的基本概念和多元应用场景，并对主流图片生成大模型进行对比分析。在此基础上，以旅游景点宣传海报与酒店客房多元素材的图片设计为具体案例，讲解如何借助大模型实现高效创作。此外，通过了解行业案例"淘宝AI试衣间"，生动展现AIGC图片生成在电商领域的创新应用实践。

一、AIGC图片生成介绍

AIGC图片生成是指依托生成对抗网络、扩散模型等技术，通过深度学习海量图像数据的分布规律与艺术特征，从图片样本库中提炼美学要素与结构逻辑，自主生成具备艺术感染力的图像内容，也可针对局部细节、风格迁移、瑕疵修复等需求，实现智能化图像优化，降低艺术创作的准入门槛。

AIGC图片生成功能多元且强大，主要包括图像生成、图像修复、图像增强和图像识别等，广泛应用于艺术创作、游戏开发、广告设计、文物保护等领域。AIGC图片生成技术目前正处于兴起阶段，尽管尚未深刻影响各行业，但

也初步显现出触发图片创作领域模式转变与多样化发展的潜力。其常见应用场景如下：

艺术创作领域。创作者能够借助 AIGC 技术生成风格多样、创意十足的草图，为作品构思提供丰富的灵感源泉，打破创作初期的思维局限。同时，依据创作者的创作主题与风格偏好，生成适配的色彩搭配参考方案，提升创作效率与作品整体质量。

游戏开发领域。AIGC 能够在短时间内生成风格各异、细节丰富的角色形象，以及不同风格、不同氛围的场景素材，为游戏增添丰富的表现形式，提升游戏开发效率。

广告设计领域。利用 AIGC 可批量生成不同风格与角度的商品图片，不仅能丰富素材储备，还能缩短图片制作周期，提升营销效率。

文物修复领域。AIGC 技术可以识别文物图像中的缺失区域，并依据周围图像的纹理、色彩等特征进行细致分析，智能填补图像中的缺失部分，使修复后的文物图像不仅在视觉上恢复完整，而且在整体风格和质感上达到自然和谐的效果。

其他领域。AIGC 还具备强大的图像识别能力，可以精准识别图像中的对象、场景和特征，如人脸识别、车辆识别等，在安防监控、智能搜索、自动驾驶等领域有广泛的应用。

二、AIGC 图片生成大模型对比

常见的 AIGC 图片生成大模型包括百度 AI、豆包（图像生成）、文心一言（智慧绘图）、通义万相、秒画等，如表 2-4 所示。这些大模型具备文字生成图片、图片风格模仿、图片编辑处理等能力，在功能上各有侧重，用户可根据具体需求选择合适的工具，以实现最佳图片呈现效果。

表 2-4　AIGC 图片生成大模型分析对比

大模型		百度 AI（画图修图）	豆包（图像生成）	文心一言（智慧绘图）	通义万相	秒画
开发公司		百度在线网络技术（北京）有限公司	抖音有限公司	百度在线网络技术（北京）有限公司	阿里云计算有限公司	青岛商汤科技有限公司
产品特点		接入 DeepSeek 大模型，具备深度思考模式，具有文本到图片生成、多风格迁移、场景化创作等功能，操作简单易上手	集文生图片、图片编辑、一键复制同款等能力于一体，用户通过豆包大模型直接登录使用，无须额外注册账号	提供文字生图、图片重绘、局部编辑等功能，用户通过文心一言大模型使用智慧绘图功能，无须额外注册账号	提供结构化的常用绘画类提示词，包括风格、光线、材质、色彩、构图等，简单勾选即可得到想要的图片效果	提供在线绘图、图片精选、模型广场等功能，支持自定义生图比例、生图数量
核心功能	文字生图	水墨人像、国风山水、卡通人物、梦幻插画、梵高风格、油画风格等绘画场景	人像摄影、艺术、国风插画、动漫、3D 渲染、商品、风景等绘画场景	文案配图、LOGO 设计、活动海报、壁纸、商品图等绘画场景	四格漫画、电影分镜、国风水墨、水彩卡通等绘画场景	平面插画、3D 渲染、中国风、游戏、电影艺术等绘画场景
	图像编辑	智能抠图、涂抹消除、局部替换、AI 扩图等功能	AI 抠图、擦除、区域重绘、扩图等功能	风格模仿、风格转换、背景替换、局部重绘等功能	高清放大、局部重绘、生成相似图等功能	图生图、局部重绘、图片扩展等功能
擅长领域		广告设计、文化创意、媒体宣传	平面设计、产品演示、广告营销	艺术创作、市场营销、电商运营	广告设计、影视制作、产品宣传	时尚创作、动画设计、游戏开发
收费情况		免费使用	免费使用	免费使用	每日上线签到送灵感值	每日上线送生成次数
登录方式		网址：https://www.baidu.com/	网址：https://www.doubao.com/	网址：https://yiyan.baidu.com/	网址：https://tongyi.aliyun.com/wanxiang	网址：https://miaohua.sensetime.com/

三、教学实践 1：设计旅游景点宣传海报

当前，AIGC 图片生成技术为传统艺术与现代科技的融合开辟了新的天地。它能精准捕捉景点的独特魅力与鲜明特色，巧妙运用绘画中丰富多样的画风风格与笔墨技法，将旅游景点的意境以一种全新的视觉形式淋漓尽致地表达出

来,在文创产品设计领域具有广泛的应用前景。例如,打造独具匠心的数字藏品、设计富有吸引力的主题海报、制作精美绝伦的文创周边等,为游客带来全新的视觉体验和文化感受,提升旅游景点的文化内涵附加值,推动文化与旅游产业协同发展。

在杭州西湖畔,雷峰塔以其"雷峰如老衲"的独特形态,吸引着八方来客慕名而至。作为西湖十景之一,雷峰夕照承载着千年的文化记忆与历史印记。每当夕阳西下,金色的余晖洒落在古朴的雷峰塔上,雷峰塔被镀上了一层耀眼的金辉,与天边的晚霞相互映衬,如梦如幻,故因晚霞镀塔,佛光普照,雷峰塔闻名世界。

下面以西湖"雷峰夕照"景点为例,借助百度 AI"画图修图"工具,创作一系列风格各异的雷峰夕照宣传海报,具体内容如下:

步骤 1:借助 AIGC 文本生成大模型了解各类画风风格

不同的画风风格适用于不同的海报场景,选择合适的风格能够更好地传达海报的主题和情感。创作者可以根据海报的目的、受众和内容,选择最合适的画风风格,以达到最佳的视觉效果,也可以借助 AIGC 文本生成功能,了解适用于海报绘制的各类画风风格,为海报创作注入灵感源泉。

提示词:请帮我列举适用于海报绘制的常见画风风格及其特色。

文心一言大模型回答:

【国风山水风格】

特色:运用水墨画的笔触和色彩,勾勒出山水的形态、肌理与神韵,极具艺术感染力与文化内涵。

应用场景:文化推广、艺术展览、节日海报设计等需要展现文化底蕴的场景。

示例:景点宣传海报,通过水墨画的笔触,展现自然山水、古典园林等。

【油画风格】

特色:凭借丰富多样的笔触塑造立体质感,运用绚丽浓郁且精准细腻的色彩,再现自然色彩变幻,营造强烈的视觉层次与独特的艺术氛围。

应用场景：人物特写、艺术展演、室内装饰等需要激发视觉冲击感的场景。

示例：人物视觉形象，以厚涂笔触与丰富色彩，细腻呈现人物的神态表情。

【写实风格】

特色：高度还原现实场景，细节逼真，色彩自然，给人真实可信的视觉感受。

应用场景：产品推广、文化展览、新闻海报等需要高度真实性的场景。

示例：化妆品广告海报，通过逼真的细节展现产品的质地和使用效果。

【卡通风格】

特色：造型夸张、色彩鲜艳，充满童趣和想象力，能够迅速吸引观众注意力。

应用场景：儿童产品、动漫活动、游戏宣传等需要活泼氛围的场景。

示例：迪士尼宣传海报，通过夸张的造型塑造角色形象，营造梦幻氛围。

【复古风格】

特色：运用陈旧色调、经典图案和复古排版，营造怀旧氛围，唤起情感共鸣。

应用场景：复古主题活动、老字号品牌宣传、历史题材海报等。

示例：复古咖啡馆海报，使用复古色调和经典字体，营造怀旧氛围。

【赛博朋克风格】

特色：以未来科技和霓虹灯为背景，色彩高对比，充满科幻感和未来感。

应用场景：科技展会、未来主题活动、游戏宣传等需要展现未来感的场景。

示例：科幻电影海报，通过科技感和超前感展现未来城市的景象。

步骤2：借助AIGC图片生成功能创作景点宣传海报

（1）登录百度官网。访问百度官网，选择左上方导航栏"AI"图标，进入百度AI界面，如图2-21所示。

| 第二章　生成式人工智能认知与实践 |

图 2-21　百度 AI 登录界面

（2）选择"画图"模式。在界面下方选择"画图修图"功能，在对话框里描述你想生成的画面场景、风格或细节要求。比如，根据上述 AIGC 文本生成大模型对于画风风格的简要介绍，确定采用国风山水风格创作西湖雷峰塔宣传海报，以展现其文化内涵与景观特色。用户可以输入提示词"帮我画：西湖雷峰塔的宣传海报，要求国风山水风格，场景为傍晚夕阳下"，如图 2-22 所示。

（3）完善图片细节。继续输入需求，让 AI 完善生成图片的细节内容，如"请添加一些飞翔的小鸟在海报中"，如图 2-23 所示。

图 2-22　百度 AI "画图"功能生成图片

图 2-23　添加细节后生成图片

步骤3：借助AIGC"一键画同款"功能创作景点宣传海报

（1）图片风格迁移。"画图修图"功能提供"一键画同款"图片风格库，包含梦幻插画、卡通人物、奇幻建筑、梵高风格等多种绘画风格。通过标准化风格模板，让非专业用户也能快速生成商业级视觉作品。

例如，选择"油画风格"选项，输入提示词"帮我画：图片风格为油画，雷峰塔在落日熔金般的余晖中矗立，塔身轮廓被炽烈的橙红与深紫漩涡云霞包裹，仿佛燃烧的火焰凝固成历史的剪影"，可生成油画风格的图片，如图2-24所示。

图2-24　选择"一键画同款"油画风格生成图片

（2）向AIGC提问生成图片的绘画步骤和技巧。若你想在现实中创作这幅油画作品，可继续向AIGC咨询这幅画的创作步骤和技巧，如输入提示词"能够提供绘画步骤和技巧"，接入 DeepSeek 深度思考模式后的百度 AI 大模型，能够为用户提供更为详尽的回答，如图 2-25 所示。

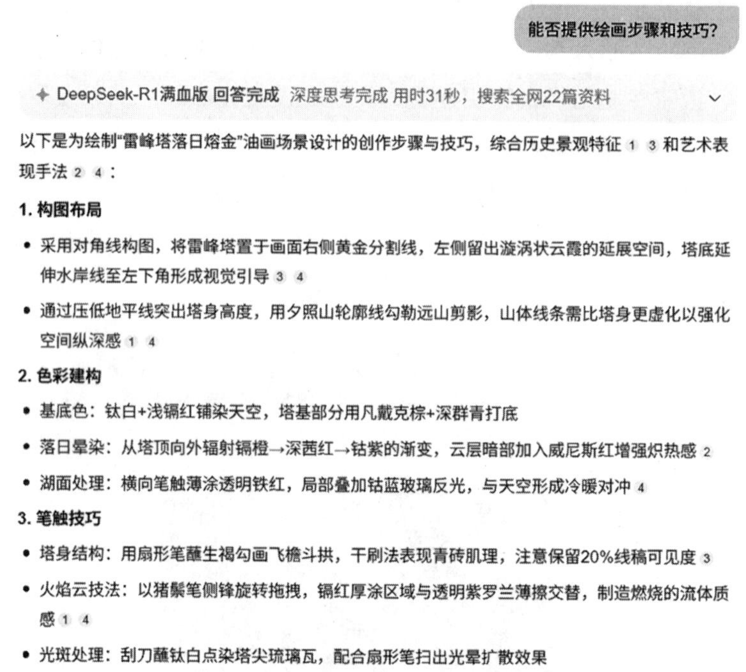

能否提供绘画步骤和技巧？

+ DeepSeek-R1满血版 回答完成 深度思考完成 用时31秒，搜索全网22篇资料

以下是为绘制"雷峰塔落日熔金"油画场景设计的创作步骤与技巧，综合历史景观特征 1 3 和艺术表现手法 2 4：

1. 构图布局
- 采用对角线构图，将雷峰塔置于画面右侧黄金分割线，左侧留出漩涡状云霞的延展空间，塔底延伸水岸线至左下角形成视觉引线 3 4
- 通过压低地平线突出塔身高度，用夕照山轮廓线勾勒远山剪影，山体线条需比塔身更虚化以强化空间纵深感 1 4

2. 色彩建构
- 基底色：钛白+浅镉红铺染天空，塔基部分用凡戴克棕+深群青打底
- 落日晕染：从塔顶向外辐射镉橙→深茜红→钴紫的渐变，云层暗部加入威尼斯红增强炽热感 2
- 湖面处理：横向笔触薄涂透明铁红，局部叠加钴蓝玻璃反光，与天空形成冷暖对冲 4

3. 笔触技巧
- 塔身结构：用扇形笔蘸生褐勾画飞檐斗拱，干刷法表现青砖肌理，注意保留20%线稿可见度 3
- 火焰云技法：以猪鬃笔侧锋旋转拖拽，镉红厚涂区域与透明紫罗兰薄擦交替，制造燃烧的流体质感 1 4
- 光斑处理：刮刀蘸钛白点染塔尖琉璃瓦，配合扇形笔扫出光晕扩散效果

图 2-25　向 AIGC 提问生成图片的绘画步骤和技巧

（3）图片下载。若对生成图片满意，可复制或下载图片。

四、教学实践 2：设计酒店客房多元素材

AIGC 图片生成技术为酒店营销提供了全新的创意可能，它不仅能快速产出既具有视觉震撼力又贴合品牌特色的酒店客房场景图（如为酒店打造融入潮流元素的赛博朋克风格的客房或传统文化与现代极简交融的客房），还能灵活适应不同社交媒体平台的传播特性（如创作适配小红书的"种草风"氛围图或精准定位商务客群的"智能办公场景"图），为酒店设计与营销推广注入内容动力。

以百度 AI"画图修图"工具为例，借助图片风格转换、局部替换、AI 扩

图、变清晰、AI去水印等编辑功能，设计一系列酒店客房多元素材，为酒店客房塑造多元风格魅力，支撑酒店运营管理和营销宣传工作。具体内容如下：

在启动图片编辑之前，可以借助百度AI图片生成功能，生成一张酒店客房图，作为后续编辑操作的对比参照，如图2-26所示。

图2-26 生成酒店客房对比参照图

1. 图片风格转换

为传统酒店客房赋予不同的装修风格。在"画图修图"栏目，选择"风格转换"，上传酒店客房对比参照图，可将图片转换为复古胶片、美式画报、奇幻卡通、童话镇等各种风格。例如，选择"法式风情"风格，点击"立即生成"，如图2-27和图2-28所示。

图 2-27　百度 AI "风格转换" 功能界面

图 2-28　原图（左）与"法式风情"风格酒店客房生成图（右）对比

2. 生成相似图片

生成四季窗景系列的酒店客房图。在"画图修图"栏目，选择"局部替换"，上传酒店客房对比参照图，涂抹要替换的区域，并描述修改内容，即可实现图片细节的修改。例如，涂抹图片中窗户的区域，修改内容设置为"将窗外的景色设置为冬天的景色"，即可生成冬季窗景系列的酒店客房图。如图 2-29 和图 2-30 所示。

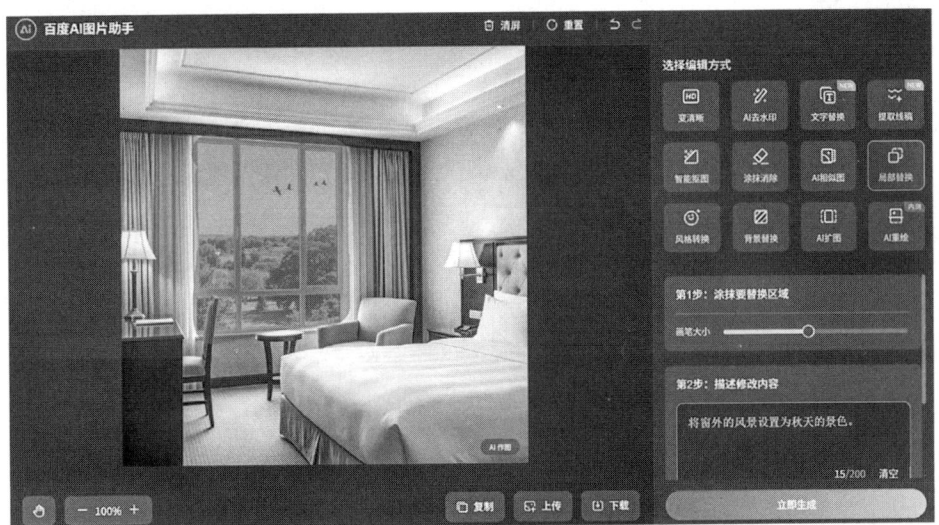

图 2-29　百度 AI "局部替换"功能界面

图 2-30　生成四季窗景系列酒店客房图

3. 图片局部优化

装饰酒店客房细节。若想对酒店客房的墙上、桌面等细节位置进行装饰，评估调整后的实际效果，同样可以选择这个"局部替换"功能。例如，涂抹图片中桌面、床面、墙壁的区域，将内容设置为"在桌子上放一盆红色的花，在墙上挂一幅山水油画"，如图 2-31 和图 2-32 所示。

图 2-31 百度 AI "局部替换" 功能界面

图 2-32 原图（左）与装饰后酒店客房生成图（右）对比

4. 图片变清晰、去水印

使模糊的酒店客房图变清晰。在"画图修图"栏目，上传一张由即梦 AI 生成的模糊、带有即梦 AI 水印的酒店客房图，选择"变清晰""AI 去水印"

功能，即可将模糊的酒店客房图变清晰，并且去掉水印，如图 2-33 和图 2-34 所示。

图 2-33　百度 AI "变清晰" "AI 去水印" 功能界面

图 2-34　原图（左）与 "变清晰" "AI 去水印" 酒店客房生成图（右）对比

5. 按比例拓展酒店客房图

在 "画图修图" 栏目，上传酒店客房对比参照图，选择 "AI 扩图" 功能，明确图片拓展比例，如 1∶1、4∶3、3∶4 等，即可获得按要求比例拓展的图片，如图 2-35 和图 2-36 所示。

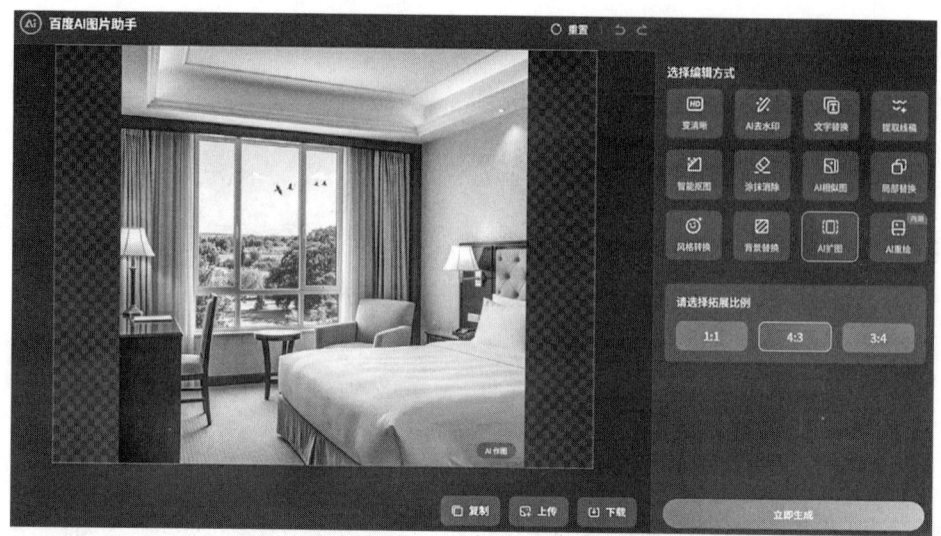

图 2-35 百度 AI "AI 扩图" 功能界面

图 2-36 原图（左）与"AI 扩充"酒店客房生成图（右）对比

6. 酒店客房图背景替换

若想将酒店客房场景从现有传统区域迁移至更具市场潜力的海边区域，评估其装修适配效果，可以在"画图修图"栏目，上传酒店客房对比参照图，选择"背景替换"功能，通过"智能选区"或"手动涂抹"识别图片背景，并描述需要替换的内容，如"请将背景替换成在海边"，点击"立即生成"，如图

2-37 和图 2-38 所示。

图 2-37 百度 AI "背景替换" 功能界面

图 2-38 原图（左）与海边背景的酒店客房生成图（右）对比

除了百度 AI 的"画图修图"工具，豆包大模型"图像生成"工具也具备人像摄影、国风插画、漫画等一键画同款功能，以及 AI 抠图、擦除、重绘、扩图等图片编辑功能，如图 2-39 所示。用户可以依据图片绘制需求及效果预期，灵活挑选契合的 AIGC 图片生成工具，开启个性化创作之旅。

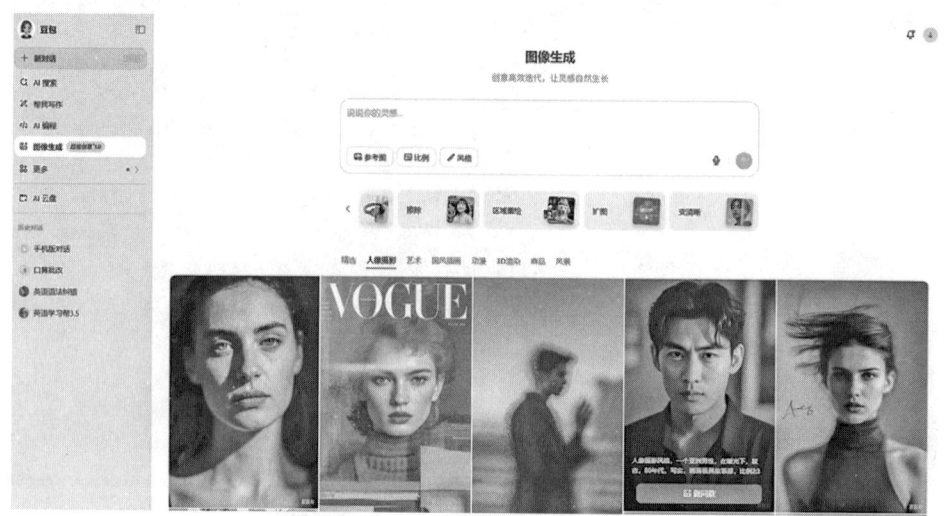

图 2-39　豆包大模型图片生成功能界面

五、行业案例：淘宝 AI 试衣间

随着电商行业的蓬勃发展，线上购物凭借其便捷性、高效性以及丰富的商品选择，已然成为大众主流的消费方式。然而，在服装类商品的线上销售领域，传统电商的模特图片展示与文字描述方式，在信息传递上存在明显局限性，难以让消费者直观感受服装的实际穿着效果，从而造成"所见非所得"的体验落差。当消费者收到实物后，发现与预期不符，购买决策中产生的犹豫情绪便会转化为退货行为，直接导致服装类商品退货率长期居高不下，不仅给商家带来了巨大的运营成本压力，也影响了消费者的购物体验。

作为国内电商领域的头部平台，淘宝推出"AI 试衣间"应用，依托前沿的 AIGC 图片生成技术，通过图片分割模型精准识别人像与衣服区域，利用图像修复技术实现衣服与人像的自然过渡，并结合消费者的真实体态数据，实现服装在不同脸部轮廓、体型姿态下的穿着视觉效果，为消费者打造"一键试衣、所见即所得"的沉浸式购物乐趣,提升消费者的购物决策效率,为线上服装购物带来了更广阔的发展空间。

在淘宝"AI试衣间",用户仅需上传照片或通过摄像头实时捕捉头像,即可精准识别脸部轮廓,让服装"上身"到用户的头像上,模拟真实试穿场景,为用户打造出接近线下实体店的试衣感受。在个性化定制服务方面,淘宝AI试衣间充分考虑到了用户对于身体形态的多样化需求,用户不仅可以实时调整身高、体重、三围等基础体态参数,还能够针对肩膀宽度、胳膊粗细、臀部曲线、腿部比例等细节部位进行逐项微调。通过这种精细化的调整,用户能够更加直观地预判服装的实际穿着效果。此外,为了进一步提升用户的购物便捷性,淘宝AI试衣间推出了一系列实用且富有创意的功能,如热门穿搭推荐、明星同款搭配以及地方特色服饰展示等。用户可以随心所欲地切换服装款式,一键生成适配通勤、约会、运动、休闲等多元场景的穿搭方案。为满足用户多元化时尚搭配需求,淘宝"AI试衣间"推出"AI发型"应用,用户可一键试换多种发型。同时,"色彩测试"功能能够根据用户的肤色,快速评估色彩类型,助力用户高效筛选出契合自身形象的发型风格与服饰配色。

淘宝"AI试衣间"以技术赋能线上消费场景,推动电商试衣模式从传统的"平面看图"向"场景化沉浸体验"转变,赋予消费者"一键切换百变造型"的自由度,为消费者提供更真实、更沉浸的试衣体验。让消费者在购买前就能对服装的穿着效果有清晰的认知,从源头上降低了因尺码、板型等问题导致的退货风险,极大地提升了消费者的购物满意度,让线上购物变得更加便捷、高效。

使用方式:打开淘宝,搜索"Lookie",进入"Lookie"AI试衣间,即可体验AI随心换装、AI试换发型、AI色彩测试等个性化功能,快速匹配多元风格,共同探索时尚穿搭的无限可能性,如图2-40所示。

图 2-40 淘宝"Lookie"AI试衣间使用示例

思考与练习

西湖醋鱼作为杭州地域美食文化的典型代表，承载着深厚的历史文化底蕴与独具一格的风味特色。其制作工艺历经岁月沉淀，凝聚着杭州人民对美食的执着追求与精湛技艺，彰显着杭州这座城市的独特韵味。从视觉呈现方面，西湖醋鱼色泽红亮，宛如天边绚丽的晚霞，鲜艳夺目且富有层次感。在味觉体验方面，西湖醋鱼精选的鱼肉鲜嫩爽滑，入口即化。其独特的酱汁是这道美食的灵魂所在，它将醋的酸香、糖的甜润以及多种调料的醇厚味道完美融合，酸甜适中，每一口都能带来味蕾的极致享受，让人回味无穷，沉醉其中。

高质量的图片能够精准地捕捉到西湖醋鱼的外观细节、色泽质感以及独特魅力，以直观、生动的方式将其呈现在消费者面前，激发他们对西湖醋鱼的好奇心与品尝欲望。基于对本节学习内容的理解，尝试借助AI图片生成工具，精心创作西湖醋鱼商品宣传图，在图片中精准呈现其外观色泽、质地纹理以及诱人魅力。同时，打造一系列风格多样、背景丰富的美食图片素材，涵盖不同的风格类型，包括但不限于传统国风、现代简约、时尚潮流等，适配微博、公众号、小红书等线上社交媒体平台的多样化展示需求,也能完美融入线下餐厅的宣传氛围,为西湖醋鱼的美食文化传播与商业推广提供多元化的图片视觉素材。

第五节 AIGC 语音生成:声线百变,情感表达自然流露

语音作为人类最自然的交互媒介,正依托 AIGC 技术完成从功能化实现到创造性表达的范式升级。AIGC 语音生成能力在诸多场景的广泛应用,不仅催生了全新的商业模式与服务形态,更通过高效的语音创作能力深刻改变着人们的生活方式。

本节将系统介绍 AIGC 语音生成的基本概念和多元应用场景,并对不同语音生成大模型展开对比分析。在此基础上,聚焦景点宣传语音包和景点推广音乐的制作过程,详细阐述如何运用这些大模型高效完成创作任务,最后通过深度解析故宫博物院的"AI 语音导览"系统,展示 AIGC 语音生成技术在旅游场景下的创新应用实践。

一、AIGC 语音生成介绍

AIGC 语音生成是指依托语音识别、自然语言处理和语音合成等技术,自动生成和处理语音内容。通过算法学习人类语音的产生和理解机制,进而模拟人类语音的特征(如音色、语调、节奏、情感等),最终实现将文本或非语音输入转化为高质量、自然流畅的语音输出,甚至直接生成符合特定场景需求的语音内容。

当前,AIGC 语音生成已广泛应用于生产生活的诸多领域,为用户带来更加便捷、高效和智能的语音交互体验。从个性化语音助手到多角色智能配音,从实时语音增强,到 AI 情感分析,AIGC 语音生成技术正在重塑人机协作的深度与广度,为用户提供优质的语音交互服务。其常见应用场景如下:

智能客服领域。个性化语音助手能够 24 小时不间断在线服务,为用户提

供及时、准确的解答和帮助。无论是解答产品使用疑问、处理订单问题，还是提供售后服务，都能迅速响应，为用户提供及时准确、个性化的解答。

在线教育领域。AI 学习助手可以根据学生的学习进度、兴趣爱好以及知识掌握程度，为学生量身定制生动有趣的语音教学内容，激发学生的学习兴趣和积极性，让学生在轻松愉快的氛围中学习知识，提升学习效果。

泛娱乐领域。AIGC 语音生成技术被广泛应用于新闻播报、有声阅读、电影配音、短视频创作等多个方面，极大地丰富了娱乐内容的表现形式，满足用户多样化的娱乐需求。

历史研究领域。通过电话录音修复、历史音频资料恢复等技术手段来恢复历史音频资料，研究人员可以对那些因年代久远、保存条件不佳而受损或模糊的历史音频资料进行修复和还原，为历史研究提供有价值的信息。

心理评估领域。通过识别语音中的情感倾向和语调变化，可以帮助心理咨询师更好地了解用户的心理活动状态，为用户提供更贴心的心理辅导，帮助用户更好地应对心理困扰。

二、AIGC 语音生成大模型对比

当前具有代表性的 AIGC 语音生成大模型有讯飞智作、豆包、魔音工坊、网易天音、腾讯 TME Studio 等，如表 2-5 所示。这些大模型具备高效生成高质量语音内容的能力，可以极大提升内容创作的效率与丰富性，它们的广泛应用，不仅推动着语音生成相关产业的创新发展，也为用户提供了更加个性化和便捷的服务体验。

表 2-5　AIGC 语音生成大模型对比

大模型	讯飞智作	豆包	魔音工坊	网易天音	TME Studio
开发公司	科大讯飞股份有限公司	抖音有限公司	北京小问智能科技	网易（杭州）网络有限公司	腾讯音乐娱乐集团

续表

大模型	讯飞智作	豆包	魔音工坊	网易天音	TME Studio
产品特色	依托讯飞强大的语音识别与处理技术，提供多语种、多情感、多风格语音合成与虚拟人形象定制服务	通过端到端实时语音对话系统，实现拟人化交互，支持多语言与方言，提供语音生成与智能对话体验	提供海量声音库与音色克隆功能，支持多语言切换与精准发音控制，满足多样化配音需求	主打AI音乐创作，提供作词、作曲、编曲全链路解决方案，支持一键生成歌曲与风格化编曲	聚焦AI音乐生成与音频处理，集成智能编曲、声音分离与音效增强功能
核心功能	支持多语种、多音色语音合成，具备虚拟数字人功能，可快速生成专属数字人形象，支持个性化语音交互，在声音克隆、情感表达方面有突出表现	支持中英文及方言流畅切换，提供"灵魂歌手""戏精本精"等特色语音模式，支持明星声线模仿与歌曲即兴创作，同时兼具口语练习、俚语教学等学习场景	提供海量声音素材，支持一键配音、去水印功能，具备文本转语音、音频编辑等多种语音合成功能，支持多音字、停顿、重读等近20个调音功能	可自动生成旋律、和声、节奏和配器，提供风格改写、缩写、总结、解释和多国语言翻译等AI文案辅助功能，拥有大量原创音乐作品和编曲模板	集成音乐分离、MIR计算、辅助写词、智能曲谱四大核心功能，智能推荐押韵词句，自动生成吉他曲谱，支持高精度声音分离和音乐分析报告生成
擅长领域	智能客服、在线教育、有声内容创作、数字人应用等	智能写作、对话、翻译、口语练习、娱乐等	短视频配音、直播配音、有声书制作等	音乐创作、有声内容制作等	音乐创作、音频处理、音乐教育等
收费方式	按单个作品字数收费和包月、包年两种收费方式	免费使用	按VIP等级收费	免费开放给网易云音乐所有用户使用	按VIP等级收费
登录方式	网址：https://www.xfzhizuo.cn	网址：https://www.doubao.com	网址：https://www.moyin.com	网址：https://tianyin.music.163.com	网址：https://y.qq.com/tme_studio

三、教学实践1：制作景点宣传语音包

旅行音频作为沉浸式旅游体验的重要载体，正通过AIGC技术实现从内容生产到场景适配的全面革新。这类音频以旅游指南、景点宣传、文化故事、安全提示、地域音乐等多元形式，将声音的叙事性与场景的实时性深度融合，为旅行者打造"声临其境"的个性化旅程。

语音类 AIGC 语音生成依托动态声纹建模、多语言适配与情感化语音合成能力，可快速生成多方言导览解说、情景化旅行故事、实时安全播报等内容，既突破传统音频制作的效率瓶颈，又能通过不同风格、不同语言的快速转换，满足旅行者的个性化需求。

作为杭州历史文化的缩影，南宋御街以其"御街如长卷"的典雅风貌，吸引着无数游人驻足流连。每当暮色降临，华灯初上，暖黄的灯光如流动星河，温柔地映照着青石板铺就的街道，御街被笼罩在一片朦胧古意之中，与两旁飞檐翘角的明清建筑相得益彰，美得如诗如画，故因古韵映街，市井繁华而闻名。

下面以南宋御街为例，使用讯飞智作大模型生成景点的导览语音包，具体操作步骤如下：

步骤1：借助 AIGC 文本生成功能获取讲解词内容

景点的语音讲解内容可通过不同路径获取，既可以是传统文案复用，即直接采用已有的标准化景点解说词，适用于历史遗迹、博物馆等需严谨考据的场景，也可以依托 AIGC 技术，借助 AIGC 文本生成功能为不同游客群体生成个性化讲解词。这里使用讯飞星火大模型为杭州南宋御街设计一段面向青少年的语音导览词。

提示词：请你为杭州南宋御街设计一段面向青少年的语音导览词，介绍南宋御街的景点特色，语言风格生动俏皮，300字左右。

讯飞星火大模型回答：

欢迎来到南宋御街，这里是时光与文化的完美交融之地！漫步在这条古色古香的街道上，两旁是青砖黑瓦、飞檐翘角的仿古建筑，仿佛穿越回了繁华的南宋时期。你可以品尝到地道的杭州美食，还能参与到各种传统表演中，感受那时人们的生活方式。别忘了打卡那些历史文化遗迹，每一块石板、每一座桥都诉说着千年的故事。在这里，你不仅是在逛街，更是在体验一场历史与现代交织的文化盛宴。快来南宋御街，让我们一起追寻那份独特的宋韵风情吧！

步骤 2：借助 AIGC 语音生成功能制作景点导览语音包

（1）进入讯飞智作官网，选择【AI 配音】，点击【立即制作】进入配音界面，如图 2-41 所示。

图 2-41　讯飞智作 AI 配音功能入口

（2）输入语音导览词的文字内容，如图 2-42 所示。

图 2-42　讯飞智作 AI 配音功能使用页面

（3）对导览词的文字内容进行 AI 处理。用户可以选中文本，点击界面上方对应按钮可按需对输入的文字内容进行 AI 纠错、改写和翻译，图 2-43 中的内容为讯飞智作的 AI 翻译功能。

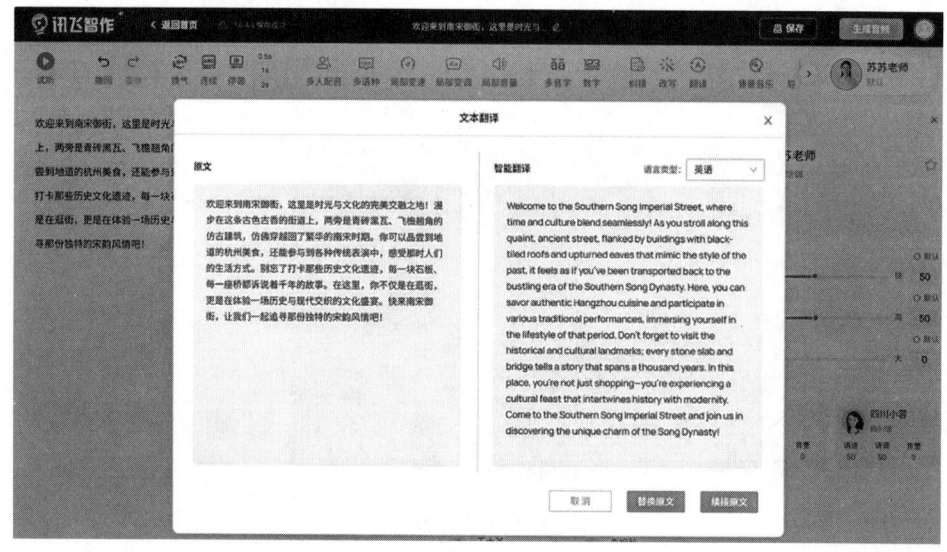

图 2-43　文字内容进行英文翻译

（4）选择主播。在导览语音包制作过程中，选择合适的主播声音是提升内容呈现效果的关键，用户可在页面右侧选择主播，选中后可以试听以及调整语速、语调和音量，如图 2-44 所示。

（5）处理特殊发音。对于多音字，可以选择在该段文本中恰当的发音，对于数字可以选择按照数值发音还是按照数字逐个发音，如图 2-45 所示。

（6）加入停顿、换气。用户可以在文字中的合适位置插入换气或停顿，使语音表达更加细腻，更加拟人化，如图 2-46 所示。

（7）完成音频制作。点击【生成音频】，选择合适的格式即可生成音频文件，支持根据文字内容同步生成 srt 字幕文件，如图 2-47 所示。

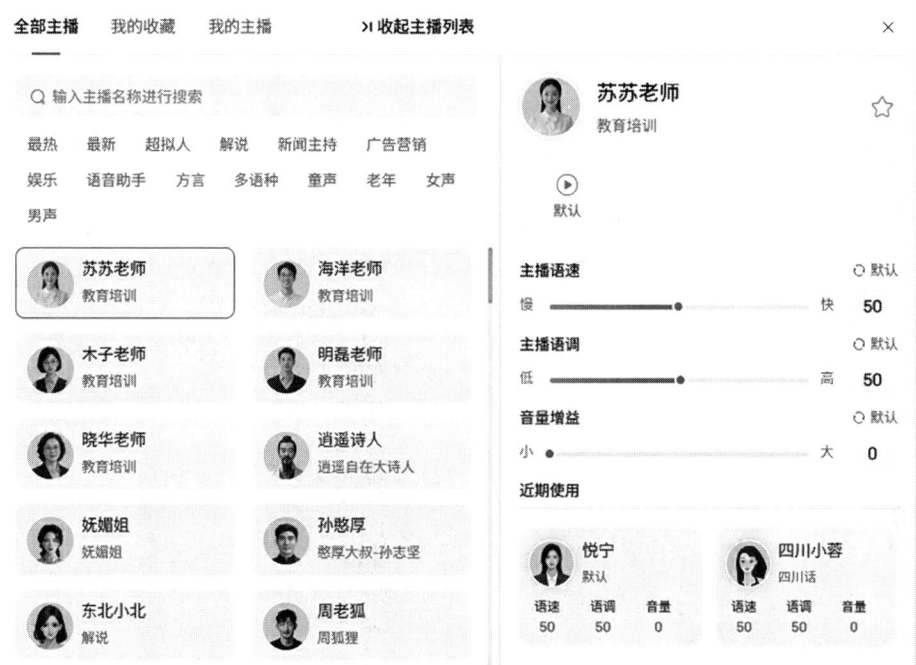

图 2-44　主播选择

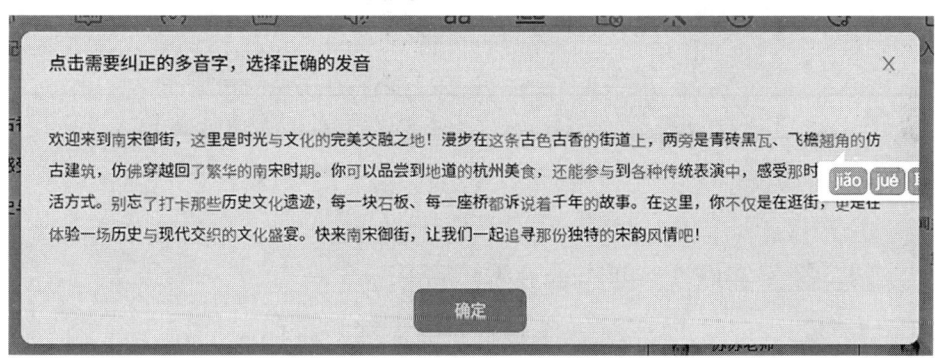

图 2-45　多音字发音确认

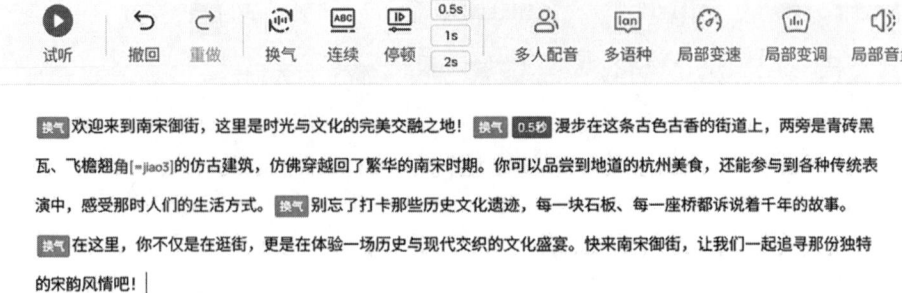

图 2-46 插入换气和停顿

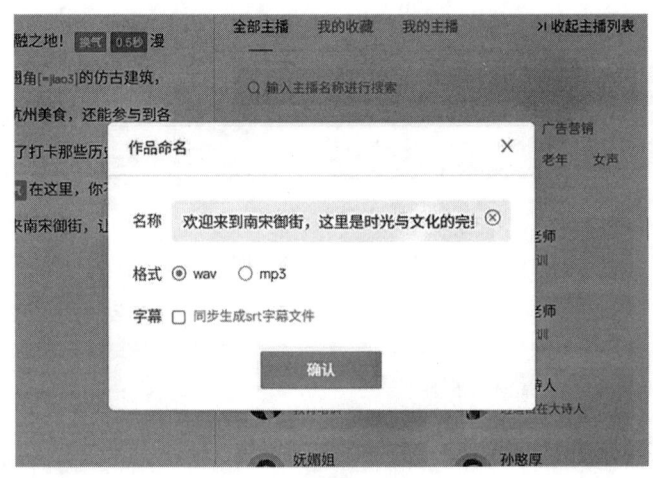

图 2-47 音频内容保存

四、教学实践 2：创作景点推广音乐

随着数字文旅的不断发展，景点宣传推广已突破传统图文模式的局限，全面迈入"视听融合"的沉浸式传播新纪元，歌曲凭借其独特的情感共鸣力与文化符号价值，正以"一首歌记住一座城"的独特魅力，成为各地文旅品牌塑造的突破口。而 AIGC 语音生成技术的突破，则为景点宣传音乐的制作带来了全新的可能，无须专业的乐理知识或昂贵的设备，非专业人士通过智能创作平台

即可将灵感火花转化为完整的音乐作品，提升了音乐创作效率。

乌镇作为中国江南著名古镇之一，素有"鱼米之乡、丝绸之府"之称。全镇以河成街、依水筑屋，完整保存了晚清至民国时期的水乡风貌，现存明清古建筑 25 万平方米，古桥 72 座，被誉为"中国最后的枕水人家"。这里保留着蓝印花布印染、乌陶烧制等 15 项非遗技艺，漫步古镇，就能感受传统技艺的魅力。

下面以乌镇为例，使用"网易天音"创作景点推广音乐，具体操作步骤如下：

步骤 1：借助 AIGC 文案生成功能生成音乐创作的灵感词

用户可以借助大模型能力，完成创作灵感构思。这里使用讯飞星火大模型生成 10 组用来创作乌镇宣传音乐的灵感词。

提示词：请为我生成 10 组用来创作乌镇宣传音乐的灵感词。

讯飞星火大模型回答：

【水墨江南】乌镇的建筑风格和自然景观如同一幅水墨画，以"水墨江南"为灵感词，可创作出具有中国传统文化韵味的音乐，体现乌镇的古朴与典雅。

【枕水人家】乌镇被称为"中国最后的枕水人家"，此词能让人联想到乌镇独特的水乡生活方式，音乐创作中可融入潺潺流水声和悠扬的民谣旋律，展现乌镇的宁静与温馨。

【蓝印花布】乌镇的蓝印花布是传统工艺的代表，蓝白相间的染布随风飘舞，晒场高杆悬挂的布匹是绝佳前景。音乐创作中可融入蓝印花布的色彩元素，用旋律展现其独特的魅力。

【乌篷船摇】乘坐乌篷船是乌镇的一大特色体验，摇橹声和水波荡漾的声音构成了独特的韵律。以"乌篷船摇"为灵感词，可创作出富有节奏感的音乐，让人仿佛置身于乌镇的水上。

【月夜乌镇】乌镇的夜景迷人，月光洒在水面上，与灯光相互辉映。以"月夜乌镇"为主题，可创作出浪漫、宁静的音乐，展现乌镇夜晚的独特魅力。

【茶香四溢】乌镇有许多历史悠久的茶楼，在茶馆里可以品尝当地的名茶，感受悠闲的生活方式。"茶香四溢"可作为灵感词，创作出舒缓、惬意的音乐，传达乌镇的悠闲氛围。

【木心遗韵】木心美术馆是乌镇的重要文化景点，其现代简约的设计与古镇古朴风格碰撞。以"木心遗韵"为灵感，可创作出融合现代与传统元素的音乐，体现乌镇在文化传承与创新方面的特色。

【姑嫂饼香】姑嫂饼是乌镇的传统名吃，其香味代表了乌镇的美食文化。以"姑嫂饼香"为灵感，可创作出具有生活气息的音乐，展现乌镇的烟火气。

【摇橹声声】乘坐摇橹船是乌镇的特色体验，摇橹声声，仿佛能让人感受到水乡的灵动与静谧。以此为灵感，可创作出节奏舒缓、富有韵律的音乐，展现乌镇的水乡风情。

【白墙黛瓦】乌镇的建筑以白墙黛瓦为特色，古朴庄重。以"白墙黛瓦"为灵感词，可创作出具有江南特色的音乐，体现乌镇的建筑之美和文化底蕴。

步骤2：通过网易天音平台进行音乐创作

（1）进入网易天音平台，点击【AI一键写歌】进入创作界面，如图2-48所示。

图2-48　网易天音AI写歌入口

（2）输入音乐的灵感内容进行创作。输入网易天音的灵感可以是关键字灵感，也可以是随笔灵感，将用户想要在歌词中讲述的故事告诉AI创作者。这里将步骤1中讯飞星火大模型生成的灵感词作为关键字灵感输入，点击【开始一键写歌】，等待AI完成歌曲创作，如图2-49所示。

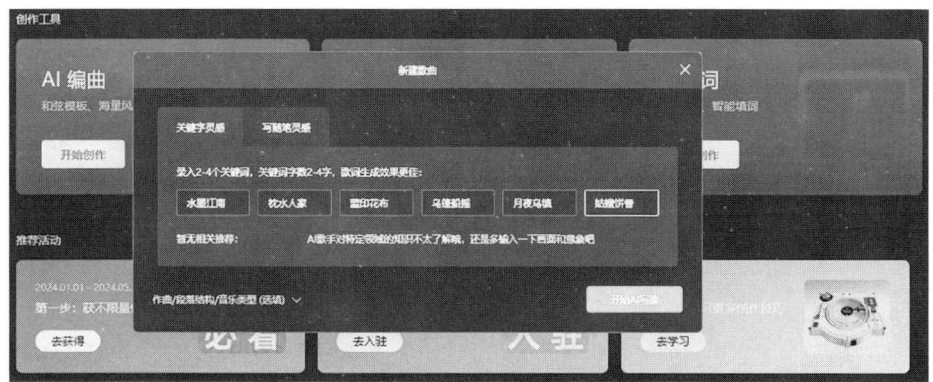

图 2-49 网易天音灵感输入页面

（3）音乐编辑。等待音乐创作完成后，进入编辑页面对音乐进行调整，如图 2-50 所示。歌曲的编辑页面顶部有试听按钮，试听按钮下方有 AI 人声选择模块和 AI 伴奏选择模块，左下方是旋律调节模块，右下方为歌词调整模块，创作者可以根据歌曲试听之后的感受，对演唱者、伴奏、歌词和旋律分别进行调整。

图 2-50 网易天音歌曲编辑页面

【选择演唱者】

网易天音提供多种虚拟歌手的声音供用户选择,每种声音都有其独特的音色和风格。用户可以通过歌手的切换使歌曲的演唱风格与歌曲情感相匹配,让歌曲演唱更加动人,如图 2-51 所示。

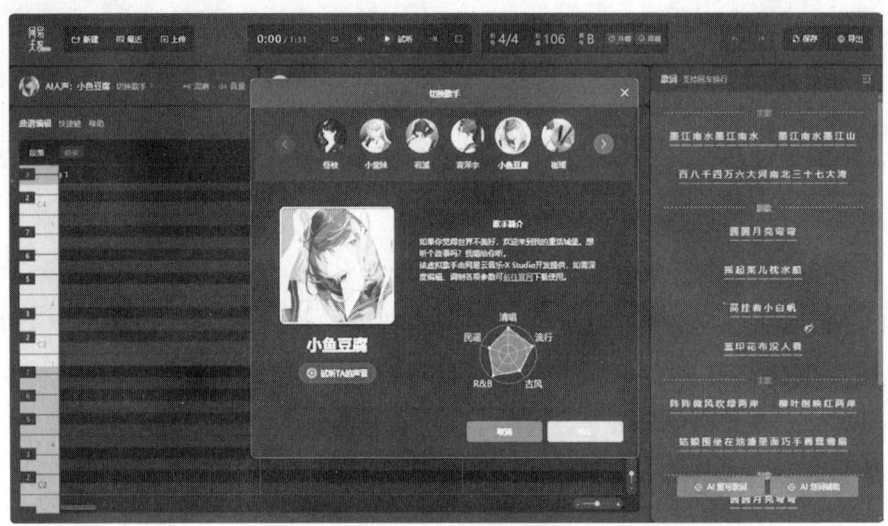

图 2-51 歌手选择

【选择伴奏】

用户可以在编辑页面上方的【AI 伴奏】模块中为歌曲选择合适的伴奏风格。网易天音提供多种风格的伴奏供用户选择,如流行、电子、民谣等,选择适合歌曲情感和氛围的伴奏,可以让歌曲更加生动和完整,如图 2-52 所示。

【调整歌词】

如果对歌词完全不满意,可以让 AI 全部重写。如果需要部分调整,可以自行编辑或者通过 AI 划词辅助推荐功能,选定不满意的歌词部分并从 AI 推荐的词语列表中选择最合适的词语进行替换,如图 2-53 所示。

【调整旋律】

移动音符位置、调整音高或节奏,可以改变歌曲的旋律。如果不具备一定的音乐基础,也可以通过尝试和试听来找到体验最佳的旋律,如图 2-54 所示。

第二章　生成式人工智能认知与实践

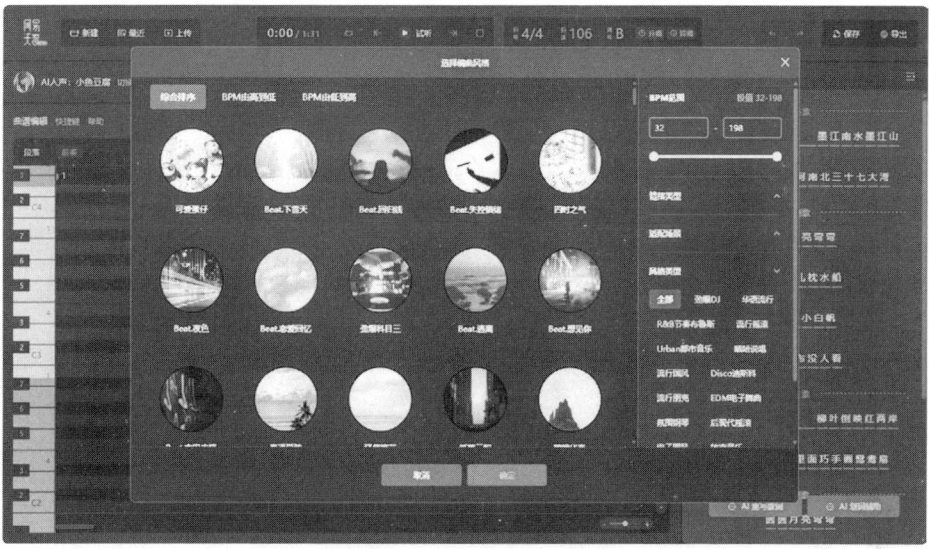

图 2-52　歌曲伴奏选择

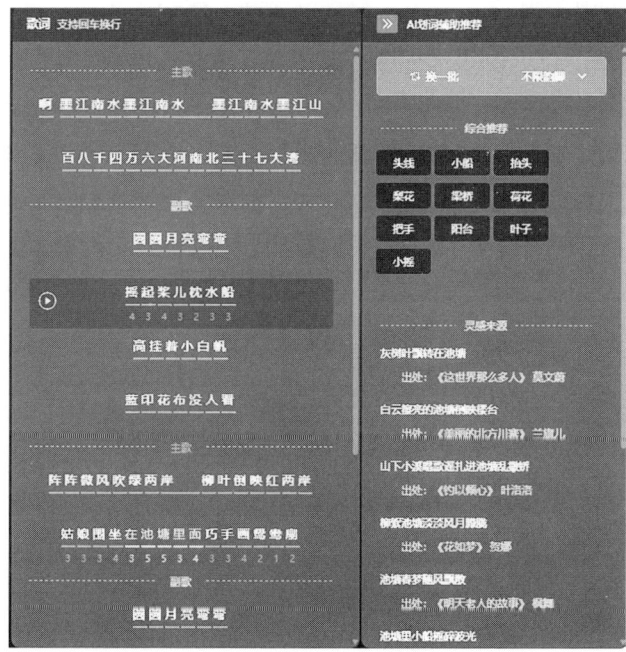

图 2-53　AI 划词辅助调整歌词

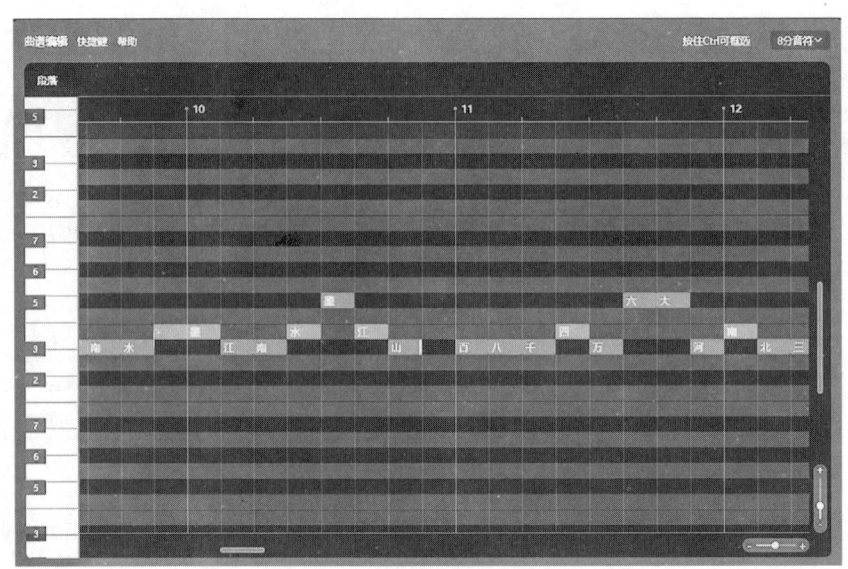

图 2-54 调整旋律

（4）完成创作。点击【导出】保存歌曲到工作台，或者进行分享。

针对音乐创作新手，如果觉得网易天音等专业平台操作略显复杂，也可以使用"零门槛"的豆包 AI 音乐生成工具来进行音乐创作。豆包提供接近完整的结构化提示词，用户只需要输入歌曲想要表达的主题，并选择合适的创作选项（歌词来源、音乐风格、情绪类型及音色）即可一键生成音乐，豆包音乐生成功能入口如图 2-55 所示。

图 2-55 豆包音乐生成功能入口

五、行业案例：故宫博物院的"AI语音导览"系统

故宫博物院的"AI语音导览"系统，创新性地融合角色扮演与场景化语音生成技术，通过每一处景点的AI配音设计，为游客打造"听得见历史心跳"的沉浸式空间。这一技术实践不仅让文化导览突破单向信息输出的局限，更通过沉浸式语音交互赋予游客"穿越时空"的参与感，为文化遗产的数字化传播开辟了新路径。

故宫博物院依托200余位专家撰写的10万字讲解词，以《清实录》《起居注》等一手史料，构建了角色化语音生成的强大知识图谱。同时系统拥有厘米级定位网络，通过蓝牙信标与UWB（超宽带）技术，在开放区域部署超2000个定位节点，实现游客位置定位误差小于50厘米，确保"AI导览系统"的讲解内容与游客所在空间场景的准确匹配。

通过语音合成、自然语言处理与情感计算技术的运用，AI导览系统支持30余种音色切换（如帝王威严声线、宫女柔美语调），并可根据场景动态调整语速、语调与停顿。例如，故宫选择在《千里江山图》展柜旁，用青年画师的温润声线讲述颜料研磨技法；在养心殿暖阁，以老太监的沙哑嗓音还原"御批朱笔"的深夜场景，通过不同声线特质构建历史场景的"听觉锚点"。当游客行至太和殿、乾清宫等特定区域时，系统通过精确的定位自动触发讲解内容。例如，在太和殿前，系统会以"皇帝"视角讲述登基大典的礼仪流程，并模拟殿内"金砖墁地"的声学回响效果。系统还可以结合游客移动轨迹，动态生成历史时间线。例如，在珍宝馆，语音导览会从"康熙年间珍宝入宫"讲到"慈禧太后用度"，形成"人在景中游，史在耳边流"的沉浸体验。此外，故宫博物院在1200余件重点文物旁设置了蓝牙信标，游客靠近时会自动触发对应场景的配音，同时支持"声控导览"——说出"我想了解九龙壁"，即可唤醒专属讲解。

AI导览的创新不仅在于语音生成技术的突破，更在于对"历史在场感"的深度诠释——游客不再是旁观者，而是以"剧中人"的身份参与文化叙事。这一实践为文旅行业提供了新范式：当AI语音技术与空间叙事结合，文化传

播将从"内容搬运"转向"体验共创",为文化遗产的数字化保护与传承注入新活力。

使用方式:微信小程序搜索"故宫博物院",用户可以点击【游故宫】选择游览线路,选定线路后,地图上会清晰标注沿途的宫殿、展馆等重要景点,点击任意建筑图标(如太和殿、乾清宫等),即可收听专业录制的多语种语音讲解,如图 2-56 所示。部分展区还支持 AR 实景导览,整个导览过程无须人工操作,游客靠近景点时会自动触发讲解,真正实现"走到哪,听到哪"的智能游览体验。

图 2-56　故宫博物院小程序语音导览功能界面

思考与练习

西溪湿地,坐落于杭州城西的"城市绿肺",是中国首个集城市湿地、农耕湿地、文化湿地于一体的国家湿地公园。这片 11.5 平方千米的生态秘境,以"一曲溪流一曲烟"的诗意闻名,千年的渔耕文化沉淀出洪园、秋雪庵等历史遗珍。漫步水网交织的生态长廊，可见芦苇荡中白鹭翩跹，梅竹山庄暗香浮动，柿林秋色染红天际。游客可乘摇橹船穿梭明清古建筑群，在观鸟节聆听200余种鸟类的自然交响，深秋时节更能体验"火柿映波"的丰收盛景。这片距西湖仅5公里的世外桃源，正以"水韵原乡"的生态智慧，续写着人与自然和谐共生的千年传奇。

基于对本单元内容的学习与理解，尝试选择合适的语音类 AIGC 大模型为西溪湿地设计一款景区导览语音包，让游客可以通过语音内容深入了解西溪湿地的景区特色。语音包需包括开场白、主体内容及结束语，同时制作男声版本和女声版本，并采用中英双语进行介绍。

第六节　AIGC 视频生成：场景融合，故事情节动态演绎

AIGC 视频生成大模型以"眼见未必为实"的奇幻魔力，激活视频创作的无限潜能。它不再受限于传统视频制作的烦琐流程与固定视角，凭借灵活多变的画片生成能力，对视频内容进行多角度的新颖诠释与精彩呈现，为创作者开辟出一片动态叙事的全新天地。

本节将系统介绍 AIGC 视频生成的基本概念和多元应用场景，并对主流视频生成大模型进行对比分析。在此基础上，以旅游景区宣传视频创作与历史照片场景动态复现为具体案例，讲解如何借助大模型实现高效制作。此外，通过了解行业案例"中国首部 AI 文生视频系列动画片《千秋诗颂》"，生动展现 AIGC 视频生成在影视制作领域的创新应用实践。

一、AIGC 视频生成介绍

AIGC 视频生成是指依托图像生成、动态渲染等技术，通过解析文本语义和整合图像素材，快速捕捉语义逻辑、图像信息与视觉风格关联性，实现视频内容的自动化创作与智能处理，自动生成兼具叙事连贯性与视觉表现力的视频内容，提升视频创作的制作效率和创意表达。

AIGC视频生成具有视频生成、视频内容识别、视频增强、视频风格迁移等功能，广泛应用于旅游推广、产品营销、游戏开发、影视制作、创意设计等领域。凭借其日益凸显的功能优势，AIGC视频生成正悄然重塑多个领域的视听呈现格局，为未来的创意潮流注入新的活力。常见应用场景如下：

文化旅游领域。依托AIGC视频生成与内容识别能力，深入挖掘旅游景区的特色文化，以细腻的视觉语言勾勒出绮丽多姿的景区画卷，为观众带来身临其境的旅游体验感知。

教育教学领域。通过快速生成适配多元教学场景、契合教学需求的视频内容，助力教师制作在线课程。还可生成虚拟实验视频，为学生打造虚拟实验环境，以沉浸式体验增强教学的互动性与实效性。

产品营销领域。借助灵动的叙事手法与丰富的视觉元素，将产品的特点、优势和使用场景巧妙融合，塑造出极具吸引力和辨识度的产品形象，激发消费者的购买欲望。

影视制作领域。通过挖掘故事内在逻辑，把握其叙事脉络与情感走向，以巧妙的镜头运用、恰到好处的音乐搭配以及细腻的音效处理，辅助影视作品制作，为观众提供具有吸引力的观影体验。

游戏开发领域。通过构建奇幻绚丽的虚拟游戏世界，以精妙的情节设计和人物塑造，为游戏赋予丰富的剧情内容和鲜明的角色个性，让玩家能够沉浸于游戏剧情中，与游戏角色产生共鸣。

二、AIGC视频生成大模型对比

常见的AIGC视频生成大模型包括即梦AI、可灵AI、智谱清言（智谱清影）、Vidu、海螺AI等，如表2-6所示。它们在视频生成的时长、质量、流畅度、创意性等方面展现出各自的技术能力，能够满足不同用户在视频创作领域的多样化需求。创作者可基于具体需求对各类工具进行评估与选择，实现最佳的视频呈现效果。

表 2-6　AIGC 视频生成大模型分析对比

大模型		即梦 AI	可灵 AI	智谱清言（智谱清影）	Vidu	海螺 AI
开发公司		抖音有限公司	北京快手科技有限公司	北京智谱华章科技有限公司	北京生数科技有限公司	上海稀宇科技有限公司
产品特点		主打视频生成功能，界面简洁，易操作，适合非专业用户使用。生成视频分辨率最高可达 1080p	集成文生视频、图生视频、多模态编辑等功能，生成视频分辨率最高可达 1080p	提供 AI 特效、视频精选等功能，用户通过智谱清言大模型使用智谱清影功能，无须额外注册账号	中国首个长时长、高一致性、高动态性视频大模型，具有参考视频、文生视频、图生视频功能，分辨率最高达 1080P	一站式视频创作平台，具有图生视频、文生视频、主体参考等功能，在画面质量、连贯性和流畅性方面表现优异
核心功能	文生视频	提供 DeepSeek 提示词优化，支持故事创作	提供镜头、景别、光影、画面等灵感词库	提供照片动起来、笑一个吧、比心等 AI 图片特效库	提供风格、时长、清晰度、运动幅度等设置	提供经典镜头、自由选择等方式的运镜控制库
	图生视频	支持上传 1 张图片生成视频	支持上传 1~4 张图片生成视频	支持上传 1 张图片生成视频	支持上传 1 图片和尾帧图片生成视频	支持上传一张图片生成视频
擅长领域		媒体宣传、创意设计、景点推广	影视制作、电商运营、市场营销	广告设计、媒体宣传、动画制作	游戏开发、影视制作、广告设计	宣传片制作、短视频制作、微电影制作
收费情况		每日登录送免费积分	首次登录送灵感值	免费	每日登录送免费积分	首次登录送贝壳值
登录方式		网址：https://jimeng.jianying.com	网址：https://app.klingai.com	网址：https://chatglm.cn	网址：https://www.vidu.cn	网址：https://hailuoai.com

三、教学实践 1：创作旅游景区宣传视频

当前，AIGC 视频生成技术正为旅游景点宣传领域注入蓬勃生机与无限可能，通过精准智能识别旅游景点的特色元素，高效整合相关景点素材，并巧妙运用风格迁移等前沿算法，为生成的视频赋予别具一格的艺术风格，让观众仿佛身临其境般感受景点的魅力，激发观众的旅游欲望。

西湖十景是浙江省杭州市西湖区境内的十处著名景点，这些景点基本围绕西湖分布，十景各擅其胜，组合在一起则代表古代西湖胜景精华。西湖十景是在南宋这一中国传统文化艺术的成熟期和鼎盛期创造的景观作品，反映了中国古代文化艺术中诗、画、景在审美和哲学层面上的有机结合、达到统一的重大特质，体现了人与自然的融合。西湖十景不仅是自然景观的杰作，更承载着千年的历史韵味与自然之美，每一处景致都宛如一幅徐徐展开的画卷，诉说着往昔的故事。2011年，包含西湖十景在内的"杭州西湖文化景观"被列入《世界遗产名录》，成为中国第41处世界遗产。2013年，西湖十景被中华人民共和国国务院公布为第七批全国重点文物保护单位。

AIGC视频生成技术能够让西湖十景以更加生动、多元的形式跃然于屏幕之上，引领观众沉浸于一场关于西湖之美的梦幻之旅，为文化遗产的数字化传播与旅游宣传注入新的活力与灵感。下面以西湖十景为例，借助即梦AI"视频生成"功能创作"西湖十景"宣传短视频，赋予西湖十景全新的生命力与艺术感染力，为游客们展现出一个既熟悉又新奇的西湖视觉盛宴。具体内容如下：

步骤1：借助AIGC文本生成功能了解"西湖十景"景点特色

西湖十景系列景观涵盖了春夏秋冬、晨晌昏夜、晴雾风雪、花鸟虫鱼等关于季节、时节、气象、动植物的景观特色，以及堤、岛、桥、亭、台、楼、阁、园林、宅院等较为丰富的景观元素，并各有侧重地表现出或生动，或静谧，或隐逸、闲逸、冷寂等审美意境。用户可以借助AIGC具体了解"西湖十景"的十处景点及其特点。

提示词：请你帮我介绍下"西湖十景"的十处景点。

文心一言回答：

【苏堤春晓】苏堤贯穿西湖南北，由北宋苏东坡疏浚西湖时以湖泥构筑而成，全长近3千米，由六座拱桥串联。堤上遍植桃柳，春日桃红柳绿，宛如画卷。清晨漫步堤上，湖光山色如画图般展开，可领略西湖初春的妩媚与生机。

【曲院风荷】曲院风荷位于西湖西北角，南宋时为官家酿酒作坊，附近池塘种满荷花，夏日和风送来荷香酒香。夏日水面上架设造型各异的小桥，人从桥上过，如在荷中行，是赏荷的绝佳去处。

【平湖秋月】平湖秋月位于白堤西端，背倚孤山，面临外湖，是湖北岸临湖观赏西湖水域全景的最佳地点之一。每当清秋气爽。湖面平静如镜，皎洁的秋月当空，月光与湖水交相辉映，颇有"一色湖光万顷秋"之感。

【断桥残雪】断桥位于白堤东端，以冬雪时远观桥面若隐若现于湖面而著称，是欣赏西湖雪景的佳地。每当瑞雪初霁，站在宝石山上向南眺望，断桥在雪后初晴时呈现出"雪残桥断"的奇妙景观。

【双峰插云】双峰插云中的南高峰与北高峰位于西湖之西南、西北，南高峰临近湖，峰高257米，北高峰海拔314米。在春、秋晴朗之日远望两峰，可见遥相对峙的双塔巍然耸立。每当云雾弥漫，塔尖于云中时隐时现。

【花港观鱼】花港观鱼地处苏堤南段西侧，是一座占地20余公顷的大型公园。以花、港、鱼为特色，园中红鱼池是全园游赏的中心区域。池岸曲折自然，池中堆土成岛，池上架设曲桥，倚桥栏俯瞰，数千尾金鳞红鱼结队往来。

【柳浪闻莺】柳浪闻莺位于西湖东南角，是占地17公顷的大型公园，南宋时为帝王御花园。园内垂柳成行，柳荫蔽日。春日里莺声婉转悦耳，犹如笙簧，青翠柳色与婉转莺鸣共同构筑起公园最为绮丽清幽的景观画卷。

【南屏晚钟】南屏晚钟指南屏山处傍晚的钟声，南屏山一带的山岭由石灰岩构成，山体多孔穴。每当晚钟敲响，钟声振荡的频率传到岩石、洞穴，形成共振效应，钟声悠远清扬，经久不息。

【雷峰夕照】雷峰塔位于西湖南岸夕照山之上，每当夕阳西照，塔影横空，亭台金碧，故得"雷峰夕照"之名。2000年雷峰塔重建，对古塔遗址实行玻璃天棚覆盖，使古塔重生新塔，新塔彰显古塔，创下中国古塔遗址原地保护的全国第一。

【三潭印月】三潭印月是西湖中最大的岛屿小瀛洲的主景，岛西南水域有三座石塔，相传为苏东坡所创设。若在月明之夜，洞口糊上薄纸，塔中点燃灯光，洞形映入湖面，可呈现许多月亮，真月和假月其影难分，故得名"三潭印月"。

步骤 2：借助 AIGC 文本生成功能了解视频镜头的运动方式

视频拍摄和制作时，镜头运动方式对画面的动态表现力与叙事感染力起着决定性作用。从精准控制节奏、逐步推进叙事进程的推拉镜头，到灵活转换视角、展现空间全貌与局部细节的摇移镜头，再到突破常规视觉框架、营造强烈视觉冲击的升降镜头，每一种镜头运动方式都承载着创作者的独特意图与情感表达，它们通过科学合理的组合与运用，共同构建起具有高度动态表现力与叙事感染力的视频作品，使观众在沉浸式的视觉体验中，深刻感受故事的魅力与内涵。用户可以借助 AIGC 了解镜头的运动方式。

提示词：你能帮我介绍下主要的几种镜头运动方式吗？

文心一言回答：

【推镜头】

定义：镜头沿光轴方向向前移动，使被摄主体在画面中逐渐放大。

作用：聚焦观众注意力，强调关键细节（如人物表情、物品特征），营造紧张感或悬念。

应用场景：悬疑片中揭示关键线索，纪录片中展示工艺细节。

【拉镜头】

定义：镜头沿光轴方向向后移动，使被摄主体在画面中逐渐缩小。

作用：展示主体与环境的关系（如人物走出房间，展现空间布局），引导观众情绪从紧张到舒缓。

应用场景：电影结尾揭示全貌，纪录片中呈现自然景观。

【摇镜头】

定义：摄像机位置固定，通过水平或垂直旋转镜头改变拍摄方向。

作用：扩展画面视野，展示广阔空间（如城市全景、战场全貌），引导观众视线，模拟人眼观察环境。

应用场景：旅游宣传片中展现地标建筑，战争片中展现战场局势。

【平移镜头】

定义：摄像机沿水平或垂直方向移动，保持与被摄主体的相对位置。

作用：跟随主体运动节奏流畅切换场景，增强画面连贯性（如跑步者、车辆），营造沉浸式体验。

应用场景：体育赛事直播、动作片追逐戏。

【升降镜头】

定义：摄像机通过升降设备改变拍摄高度。

作用：改变观众视角，制造视觉冲击（如俯拍城市、仰拍巨人），强调空间纵深感（如宫殿、峡谷）。

应用场景：自然纪录片森林生态场景、奇幻冒险电影神秘遗迹场景。

【旋转镜头】

定义：摄像机围绕被摄主体进行360°旋转或倾斜拍摄。

作用：展现物体的立体感（如珠宝、建筑），营造眩晕、迷幻的视觉效果。

应用场景：艺术电影、广告创意拍摄。

【跟镜头】

定义：摄像机与被摄主体保持相对静止的移动关系。

作用：强调主体的运动状态（如自行车骑行、舞蹈动作），增强代入感。

应用场景：纪录片跟拍、体育赛事特写。

【甩镜头】

定义：摄像机快速水平或垂直旋转，画面产生模糊过渡效果。

作用：表现时间流逝或空间转换（如日转夜、场景切换），制造紧张、混乱的氛围。

应用场景：动作片打斗场景、悬疑片转场。

步骤3：借助AIGC文生视频功能生成视频片段

以生成一段西湖十景之一曲院风荷的5秒视频片段为例：

（1）登录即梦AI。注册登录即梦AI官网，选择"AI视频"—"视频生成"功能，如图2-57所示。

图 2-57 即梦 AI 官网界面

（2）编写视频片段提示词。选择"视频生成"—"文本生视频"功能，输入提示词"西湖曲院风荷的夏日清晨场景，画面风格是水墨国画风格，运镜方式为跟随"，点击对话框下方的"DeepSeek-R1"按钮，可生成一系列大模型优化的"推荐提示词"。例如，"夏日清晨的西湖曲院风荷，水墨国画风格勾勒出粉荷轻摇，晨雾缭绕柳枝间，镜头跟随蜻蜓掠过湖面，露珠从荷叶边缘缓缓滑落，展现东方园林的静谧之美"，如图 2-58 所示。

（3）生成视频片段。设置视频生成时长 5 秒，选择视频比例 16∶9，点击"生成视频"，即可生成 5 秒视频片段，如图 2-59 所示。

（4）AI 视频配乐。点击生成视频右下角"AI 配乐"功能，选择"自定义 AI 配乐"，即可通过场景、流派、情感、乐器等要素进行个性化配乐设置，如图 2-60 所示。

（5）视频片段下载或发布。完成视频创作后，可点击视频右上角，支持下载到本地或发布至即梦 AI 平台，如图 2-61 所示。

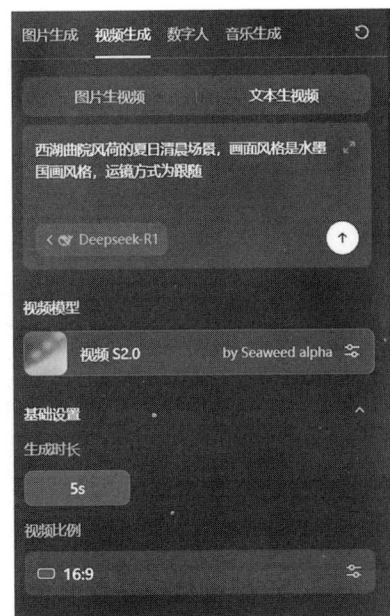
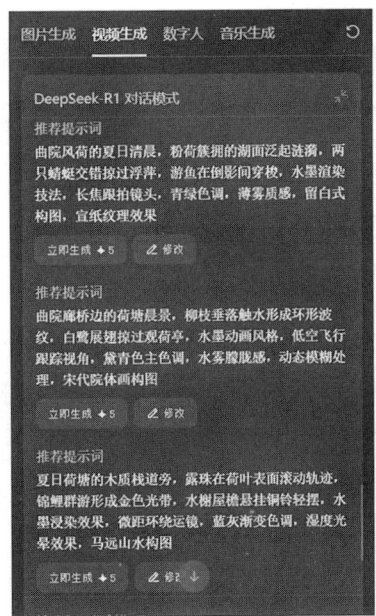

图 2-58 原提示词（左）与使用 DeepSeek 大模型优化后提示词（右）对比

图 2-59 即梦 AI "文本生视频" 生成视频

图 2-60 即梦 AI "AI 配乐" 功能

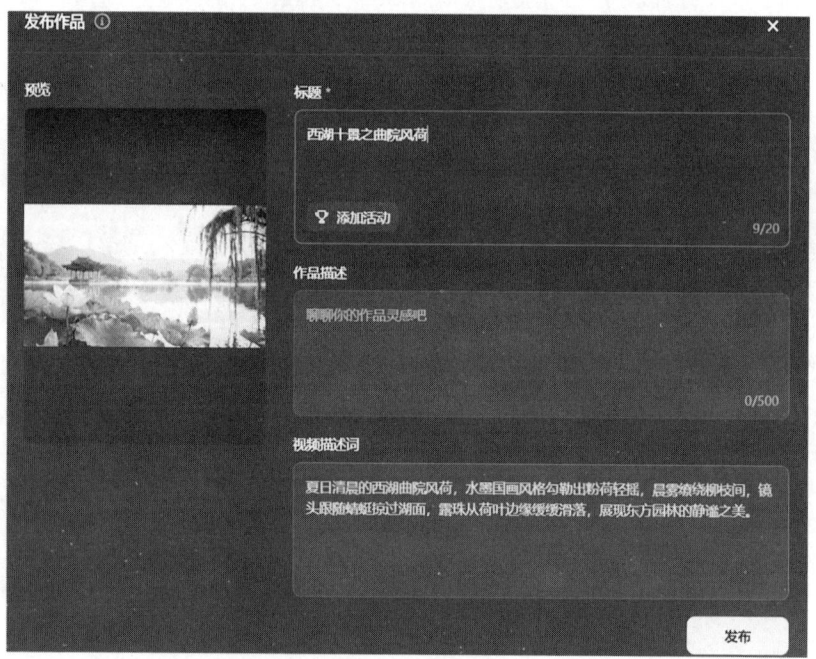

图 2-61 即梦 AI 生成视频发布界面

步骤4：借助 AIGC 故事创作功能拼接视频片段生成短视频

（1）拼接视频片段生成短视频。点击即梦 AI"AI 视频"中"故事创作"功能，选择"创建空白分镜"，逐一创作西湖十景的十个景点，参考分镜头如表 2-7 所示。

表 2-7　西湖十景分镜头

序号	景点	季节	镜头	风格
1	苏堤春晓	春季	推镜头	水墨国画
2	花港观鱼	夏季	平移镜头	水墨国画
3	柳浪闻莺	春季	跟随	水墨国画
4	雷峰夕照	秋季傍晚	环绕	水墨国画
5	南屏晚钟	夏季傍晚	推镜头	水墨国画
6	曲院风荷	夏季	推镜头	水墨国画
7	三潭印月	夏季傍晚	航拍	水墨国画
8	双峰插云	夏季傍晚	固定镜头	水墨国画
9	平湖秋月	秋季夜晚	固定镜头	水墨国画
10	断桥残雪	冬季	环绕	水墨国画

最后，通过拼接西湖十个特色景点的视频片段，形成"西湖十景"水墨国画风格的 50 秒短视频，如图 2-62 所示。

（2）优化短视频细节。上述步骤生成的视频内容，支持导出成片或导出草稿至剪映。剪映作为一款专业级的视频剪辑软件，在视频转场剪辑、字幕添加等功能模块上能力更强大，用户可以借助剪映优化宣传视频细节，最终生成完整的西湖十景宣传视频，如图 2-63 所示。

图 2-62　即梦 AI "故事创作"界面

图 2-63　剪映平台优化宣传短视频细节

四、教学实践 2：动态复现历史照片场景

杭州，这座浸润着千年吴越风华的江南名城，其历史街巷与古桥恰似时光长河中沉淀的璀璨明珠，既封存着往昔的市井烟火，又流淌着今朝的脉脉温情。

翻开一张张泛黄的历史照片，历史街巷的青石板路在光影中蜿蜒，两侧老宅白墙黛瓦，木门铜锁镌刻着岁月痕迹，街角儿童的欢笑奔跑与邻里街坊的低语交谈交织成市井协奏曲；古桥桥身石栏历经风雨侵蚀却愈发古朴厚重，桥下，货船往来穿梭，桨声欸乃，尽显昔日商贾云集、贸易繁盛的历史繁华气象。这些珍贵的瞬间都被永恒地定格在了照片之中，成为后人追溯往昔、品味时光的珍贵印记。

借助 AIGC 视频生成技术可以让这些凝固的旧时光被赋予动态生命力——历史街巷的蓝布幌子随风轻扬，馄饨摊的蒸汽裹挟着鲜香升腾，孩童在弄堂口追逐嬉戏；古桥下，货船缓缓驶去，船身划过水面，在河面留下清晰的航迹。历史与科技交融，让杭州的千年文脉变成可感知的生动场景。

以静态老照片历史场景复现为例，运用即梦 AI "视频生成"工具将一张承载着满满回忆的静态老照片转换成一段充满情感表达的动态视频，具体操作如下：

进入即梦 AI 平台，选择"AI 视频"，点击"视频生成"中的"图片生视频"功能，上传图片，并描绘你想生成的画面和动作，最后点击"生成视频"，并选择配乐，如图 2-64 所示。

图 2-64 即梦 AI "图片生视频"界面

五、行业案例：中国首部 AI 文生视频系列动画片《千秋诗颂》

2024年2月26日，《千秋诗颂》在总台央视综合频道（CCTV-1）档开播，它是CCTV-1与人教社合作制作的小学语文课本诗词动画故事系列片，也是中国首部文生视频AI系列动画片。2024年11月，《千秋诗颂》入围第六届海南岛国际电影节"金椰奖"竞赛单元短片。

《千秋诗颂》是国内首部以我国自主AIGC技术支撑制作的系列动画片，聚焦国家统编语文教材中的200多首诗词，依托中央广播电视总台"央视听媒体大模型"，综合运用可控图像生成、人物动态生成、文生视频等前沿技术，实现从视觉美术设计、动态效果生成到后期剪辑成片的AI全链条辅助，将教材中的诗词内容及相关背景故事转化制作为唯美的国风动画。例如，《咏鹅》画面中学童们在池塘边你一言我一语讨论着白鹅姿态，老夫子见状，笑着说起骆宾王七岁作诗的趣事，那日家中来客，小骆宾王见池中白鹅红掌轻拨、曲项欢歌，灵思一动便吟出《咏鹅》。随着学童们齐声背诵，池中白鹅随声而动、翩翩似舞，生动还原《咏鹅》这首诗创作情境；《池上》以细腻笔触勾勒出白居易晚年悠然自得的园林生活，动画里池边垂柳依依，荷叶田田，忽见一少女撑着木筏，摇摇晃晃划入莲花深处，她采了一朵白莲轻轻簪在发间，脸上洋溢着欢欣与愉悦的神情。这份灵动童趣让观者仿佛穿越千年时光，亲身感受白居易笔下宁静淡泊的池上景致。《望岳》以晚年杜甫饱经沧桑的视角为引，在时空交错的叙事中，让诗人跨越岁月长河，回望年轻时"会当凌绝顶，一览众山小"的豪情。画面于历史与现实的交织里，将杜甫不同时期的情感脉络紧密相连，凸显出其一生对家国命运的关怀与担当。在严格遵循历史真实性的基础上，《千秋诗颂》创新性地重构了诗词故事的叙事剧本，最大限度还原诗词所蕴含的意境之美与情感深度，让传统文化以全新的视听语言焕发时代光彩。

《千秋诗颂》首播收视率居动画类第一，2024年3月10日，《千秋诗颂》英文版在中央广播电视总台CGTN正式上线发布。10月17日，《千秋诗颂》新一批节目于总台央视综合频道（CCTV-1）18点档播出（央视频App同步推出）。2025年2月6日，《千秋诗颂》第三辑于总台央视综合频道播出，央视频 App 同步推出。《千秋诗颂》实现了"有声言诗和无声画意"的有机融合,通过趣味动画形式,帮助青少年全方位沉浸在古诗词悠远的意境中理解诗词内涵,感受独属于中国诗词的浪漫,为传统文化传承与"AI+文化"跨界融合提供了范例(见图 2-65)。

图 2-65 《小儿垂钓》场景中的陶罐来自陕西历史博物馆"唐三彩罐"动画复原

☑ 思考与练习

基于对本节学习内容的理解,尝试运用 AIGC 视频生成工具,制作一部以"在学校的一天"为主题的短视频。视频时长设定在 1~2 分钟,充分发挥个人创意与无限想象力,深度融合校园学习、社交互动、多彩活动等多元丰富场景。运用富有表现力的镜头语言,细腻且生动地勾勒出青春洋溢的蓬勃活力,清晰呈现学生在校园生活中逐步成长的轨迹,让每一个画面都传递出青春的独特魅力与成长的动人故事。具体参考脚本如表 2-8 所示。

表 2-8 "在学校的一天"视频脚本设计参考

时间段	场景描述	镜头	音效/背景音乐
清晨校园	阳光透过树叶洒在操场上,学生跑步、晨读,校车驶入	航拍校园全景→特写露珠→跟拍跑步学生	鸟鸣声+轻快的钢琴曲
课堂学习	课堂上老师讲解课本知识,学生互动讨论,窗外鸟群飞过	教室全景→黑板特写→学生举手镜头(中近景)	粉笔写字声+翻书声+轻柔的风声

143

续表

时间段	场景描述	镜头	音效/背景音乐
午休时光	篮球场上的比赛、图书馆的安静阅读、食堂的午餐聊天	蒙太奇（运动镜头→固定镜头）	篮球撞击声+翻书声+餐具碰撞声
社团时光	戏剧社排练话剧、咖啡社研磨咖啡、茶艺社茶艺表演	近景+特写+多人物互动镜头	话剧排练声+咖啡研磨声+茶具碰撞声
黄昏校园	夕阳下的教学楼、实训室的灯光、操场上的吉他弹唱	剪影镜头+慢动作+特写表情	吉他声+晚风声+轻柔的哼唱
夜晚校园	星空下的操场、自习室的灯光、宿舍的晚安对话	星空延时摄影+室内暖光镜头	虫鸣声+翻书声+轻柔的背景音乐

第七节　AIGC 数字人生成：动态模拟，虚拟分身灵动交互

当 AIGC 与数字人技术深度碰撞，一场虚实共生的革新悄然开启。传统的数字人制作是一项融合多领域技术的复杂工程，从数字人的形象设计到动作捕捉、纹理映射、语音采集、情感表达等，整个制作过程耗时较长，成本高昂，且对创作者的专业技能和经验要求颇高。AIGC 数字人不再需要大量传统的手工建模工作和专业技术人员的参与，借助人工智能和机器学习算法，能够快速生成高精度的数字人模型，大大缩短制作周期，降低制作成本。

本节将系统介绍 AIGC 数字人生成的基本概念和特色功能，并对主流的数字人生成大模型进行对比分析。在此基础上，以制作景区讲解数字人和导游培训数字人为案例，详细讲解 PC 端和移动端运用大模型生成数字人的操作步骤。最后通过国家博物馆数字人"艾雯雯"案例，展示 AIGC 数字人生成技术在旅游行业中的创新应用实践。

一、AIGC 数字人生成介绍

AIGC 数字人生成是指依托生成对抗网络、自然语言处理等技术，通过深

度学习模型对海量人脸图像、动作捕捉数据、语音文本等多模态数据进行训练，自动或半自动化创建具备人类外观特征、动态行为甚至语言交互能力的虚拟数字人。生成的数字人不仅能呈现逼真的面部表情、自然的肢体动作，还能基于语义理解生成对话响应，实现与用户的实时交互。

数字人以其多样化的功能在众多领域发挥着重要作用，如数字人化身虚拟教师，提供个性化教学服务；数字人作为虚拟偶像或虚拟主播，带来新颖的娱乐体验；数字人充当智能客服、虚拟导购，快速响应客户咨询；在文化传承中，数字人能够再现历史人物，讲述历史故事，让人们更直观地感受历史文化的魅力。AIGC数字人生成主要具备以下特色功能：

虚拟形象生成。能依据用户给定的文本描述、图片示例或简单的特征参数，生成不同外貌、年龄、性别、种族的数字人形象。例如，基于大量的人脸图像数据训练，模型可以生成具有独特面部特征、发型、肤色的虚拟人物形象，还能生成不同的服装、配饰等，以满足各种应用场景对数字人外观的需求。

动作与表情生成。借助动作捕捉数据和深度学习模型，AIGC能够为数字人生成自然流畅的动作和丰富的表情。可以模拟人类的各种日常动作，如行走、跑步、坐立、挥手等，以及更复杂的舞蹈、武术等动作。例如，在虚拟直播中，数字人主播可以根据直播内容和氛围，自然地做出相应的动作和表情，增强直播的吸引力和感染力。

语音与语言生成。结合语音合成（TTS）和自然语言处理（NLP）技术，AIGC数字人可以将输入的文本转换为自然流畅的语音，并具备语言理解和对话能力。例如，在智能客服场景中，数字人可以用专业、亲切的语音为用户解答问题；在虚拟故事讲述中，数字人可以根据故事角色的性格特点，使用不同的语音风格来讲述故事。

内容生成。通过给定的脚本，自动生成相应的动作、表情和语音，完成内容的生成和创作。例如，在文学创作中，数字人可以作为虚拟角色，通过与作者或其他数字人的交互，推动故事的发展。此外，数字人还可以在音乐创作、绘画创作等领域发挥作用，为创作者提供灵感和辅助。

场景融合。AIGC 数字人可以与各种虚拟或现实场景进行融合。通过计算机图形学技术，将数字人放置在不同的背景环境中，实现场景切换和交互。例如，在教育领域，数字人可以在虚拟的历史场景中为学生讲解历史知识，让学生仿佛身临其境。

二、AIGC 数字人生成大模型对比

目前市场上具有代表性的 AIGC 数字人生成大模型包括剪映、百度曦灵、必剪、即梦 AI、闪剪等，如表 2-9 所示。它们凭借差异化的技术路径和市场定位，形成了多维竞争格局。这些大模型普遍具备数字人定制、口播文案生成、多轨道视频合成等能力，但在生成数字人时各有特点，用户可以根据具体需求选择合适的模型。

表 2-9 常见的 AIGC 数字人生成大模型功能对比

大模型	剪映	百度曦灵	必剪	即梦 AI	闪剪
开发公司	北京剪映科技有限公司	百度在线网络技术有限公司	上海哔哩哔哩动画有限公司	深圳市脸萌科技有限公司	深圳市闪剪智能科技有限公司
数字人形象	提供多种模板形象，支持图片上传作为数字人形象定制	支持克隆照片数字人，支持用户通过文本生成 3D 数字人	支持真人克隆数字人，可生成高度逼真的虚拟人像	支持上传图片生成数字人，8K 超清形象生成能力突出	提供数字人克隆功能，提供标准公模形象
动作/表情自然度	中文口型匹配精度高，基础表情自然流畅，动作库有限	中文口型精准，表情细腻，动作模板有限	基础表情和口型同步方面表现稳定，动作稍显僵硬	基础表情和口型同步稳定，复杂动作存在关节延迟	基础表情自然流畅，情绪传递稍显生硬
文案生成方式	支持手动输入文案或关键词，支持导入视频提取文案进行仿写，内置抖音/快手热门文案模板	支持用户输入关键词，生成口语化文案脚本	支持输入主题词自动生成文案；支持上传已有文案进行优化调整	支持手动输入文案或关键词，支持豆包提取爆款视频文案并仿写	支持语音输入实时转文字，支持关键词联想扩展，支持热门模板调用

续表

大模型	剪映	百度曦灵	必剪	即梦 AI	闪剪
生成方式	上传照片、视频等素材生成数字人或平台自带数字人模型	平台自带数字人模型	平台自带数字人模型	上传照片、视频等素材生成数字人或平台自带数字人模型	上传视频素材生成数字人或平台自带数字人模型
多语言支持	支持中、英文	支持中文	支持中文	支持中、英、日、韩等多种语言	支持中、英、日、韩等多种语言
擅长领域	电商直播、虚拟主播、教育培训	企业直播、品牌营销	"B 站"二次元内容、虚拟主播	跨境电商、多语种直播	电商直播、方言播报
登录方式	剪映 App	网址：https://xiling.cloud.baidu.com/main/home	必剪 App	网址：https://jimeng.jianying.com/ai-tool/activity	闪剪 App

三、教学实践 1：剪映电脑版生成景区讲解虚拟数字人

景区讲解虚拟数字人是智慧旅游的创新服务载体。借助三维建模、人工智能等技术，数字人拥有逼真的外貌和生动的表情动作，能够以亲切自然的形象迎接游客。通过接入大数据模型，数字人具备强大的自然语言处理能力，能快速理解游客的问题，并依托其海量的知识储备，准确且详细地讲解景区内的文物、建筑、历史文化、风土人情等内容，无论是深奥的历史典故还是有趣的民间传说，都能信手拈来。同时，还可以根据游客的需求，提供个性化的服务，如定制旅游路线、推荐特色美食和小众景点等，就像一位专业、贴心的导游，随时陪伴在游客身边，为游客带来智能、便捷、个性化的旅游体验，让游客在游览过程中更加深入地了解景区的魅力。

下面以生成景区讲解虚拟数字人为例，介绍剪映电脑版 AIGC 数字人生成的详细操作步骤：

步骤1：启动剪映电脑版应用

下载安装剪映专业版软件，双击剪映图标，启动剪映视频编辑应用，如图2-66所示。

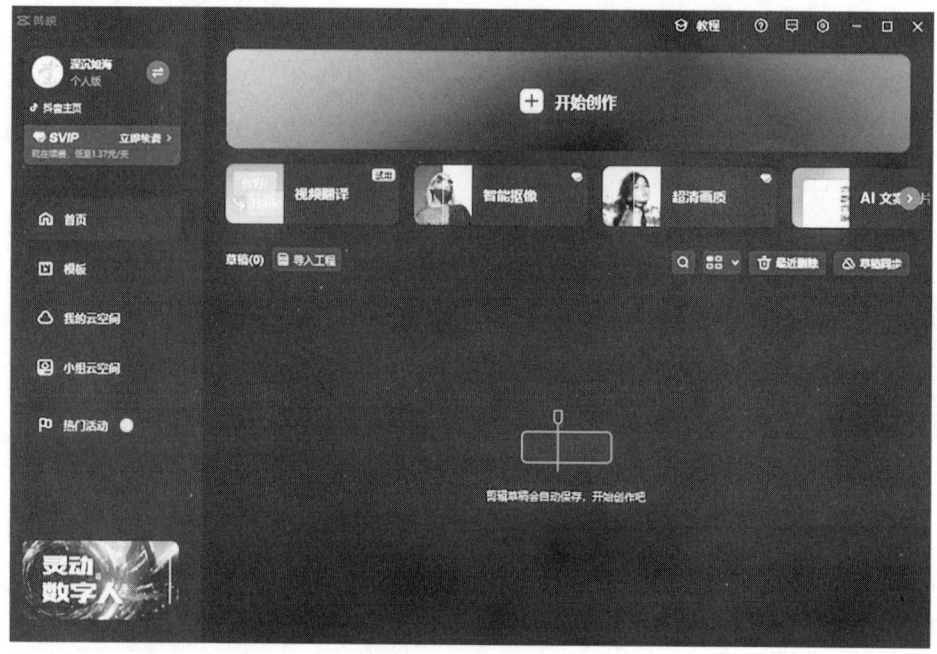

图2-66　剪映主界面

步骤2：选择数字人背景

点击剪映主界面"开始创作"按钮，进入视频编辑制作页面。第一步导入景区背景素材，选择页面左上方"素材"菜单，点击导入景区素材，支持视频、音频、图片等格式文件导入，如图2-67所示。导入完毕，点击素材右下角"+"图标，把素材添加到轨道，如图2-68所示。

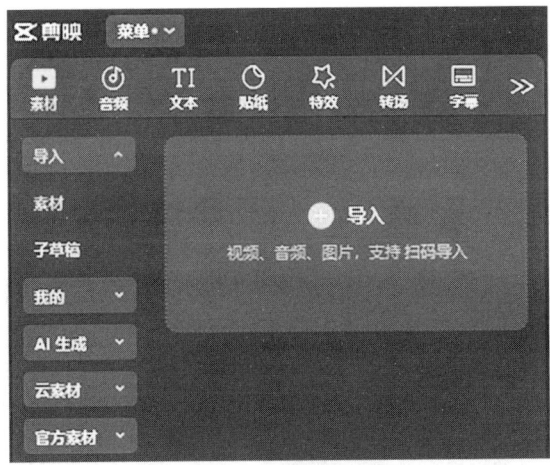

图 2-67　导入背景素材

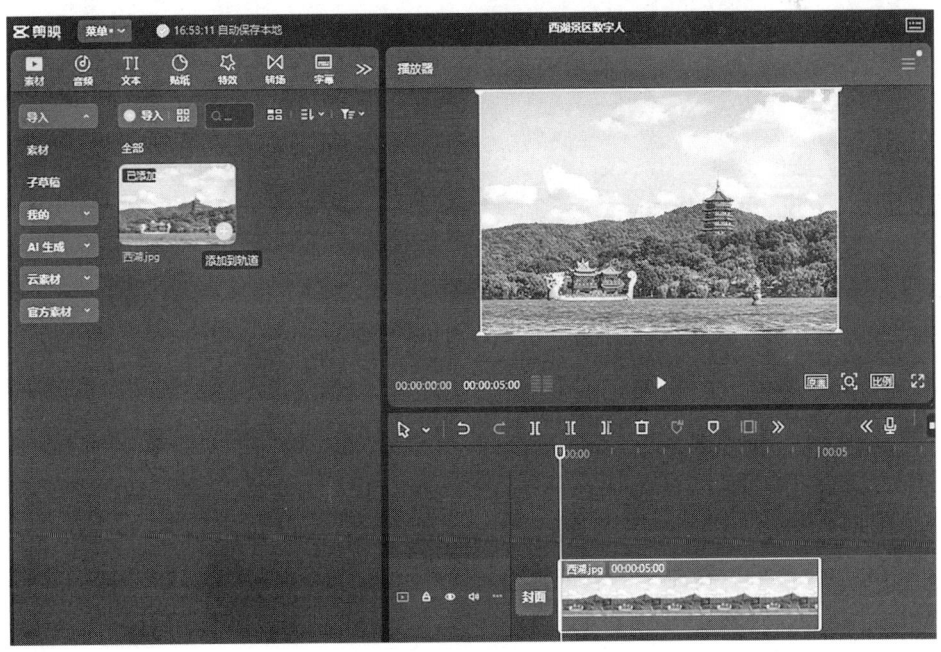

图 2-68　添加素材到轨道

步骤3：选择数字人形象

点击页面左上方菜单栏滚动图标，选择"数字人"菜单，根据制作要求，选择合适的数字人形象。系统支持数字人形象定制，同时提供"营销、知识、职业、休闲"等不同类别的数字人形象库，供用户选择，如图2-69所示。

图2-69 选择数字人形象

步骤4：输入文案

数字人形象选择完毕，点击"下一步"，输入口播文案。系统支持文案直接输入，同时提供智能文案生成服务，点击文案输入框中的"智能文案"按钮，在弹出对话框中，输入文案要求。例如，输入"请以打造西湖景区讲解虚拟数字人为主题，写一段口播文案，100字左右"，点击"发送"图标，开始创作文案。文案生成后，点击面板右下角的"确认"按钮，即可使用生成的文案，如图 2-70 所示。

步骤 5：选择音色

文案生成后，在音色功能区选择数字人语音风格。系统支持音色克隆，同时提供"男生、女生、解说、新闻、娱乐"等不同类型的音色，也支持多语言的外语音色，如图 2-71 所示。

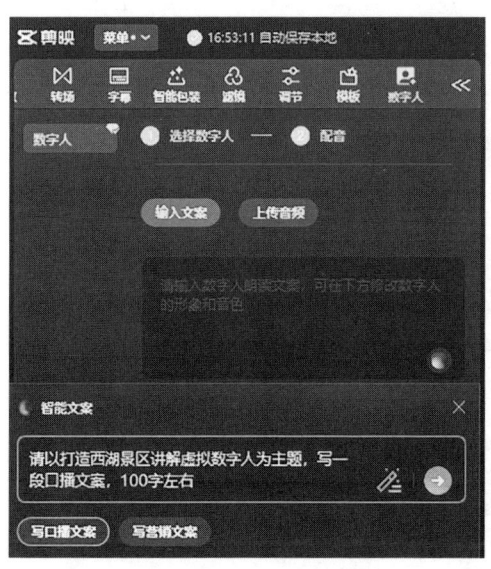

图 2-70　生成口播文案

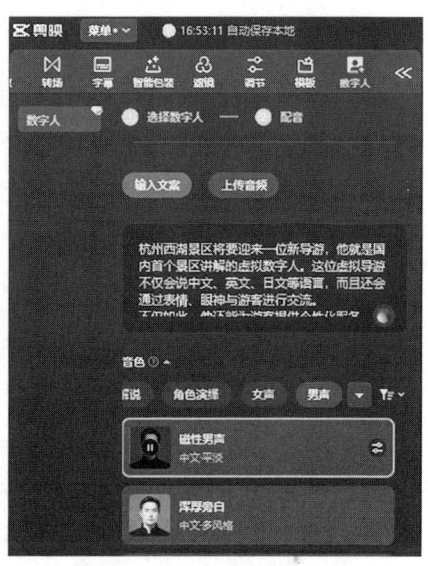

图 2-71　选择音色

步骤 6：渲染素材

音色确认后，选择"同时生成字幕"，点击"生成"按钮，开始渲染素材，渲染过程中会弹出是否"确认合成"数字人对话框，确认后，系统自动把背景、文案字幕、数字人进行合成，如图 2-72 和图 2-73 所示。

图 2-72　合成字幕和数字人

图 2-73　渲染数字人素材

步骤 7：调整数字人景别和位置

在页面右上方工具栏中，点击"数字人形象"按钮，弹出数字人"景别"面板，选择调整"远景、中景、近景"显示效果。点击"画面"按钮，直接拖拉画面中的数字人，调整数字人位置，如图 2-74 和图 2-75 所示。

图 2-74　选择数字人景别

图 2-75　调整数字人位置

步骤 8：调整字幕

在播放器画面点击选中字幕，可新增、修改或删除字幕，同时能对字幕的"字体、字号、样式、颜色、字间距、对齐方式"进行格式调整，如图 2-76 所示。

图 2-76　调整字幕

步骤 9：效果优化

根据字幕的时长，通过"拖拉、裁剪、分割"等工具，使背景素材对准数字人和字幕的结束位置，完成整体效果优化，如图 2-77 所示。

步骤 10：生成导出

点击页面右上方的"导出"按钮，在弹出对话框中设置视频导出的"分辨率、码率、编码、格式、帧率"等选项，即可生成一份完整的景区讲解虚拟数字人视频，如图 2-78 和图 2-79 所示。

第二章 生成式人工智能认知与实践

图 2-77 效果优化

图 2-78 设置视频导出选项

图 2-79 景区虚拟讲解数字人效果

四、教学实践 2：剪映移动版打造导游培训虚拟数字人

培训是导游职业发展的"加速器"，从知识技能的"输入"到服务价值的"输出"，导游培训不仅是弥补知识技能短板的"补课"，更是适应行业变革、提升服务价值的"投资"。在旅游行业升级与技术革新的双重挑战下，唯有通过持续学习，导游才能在激烈的竞争中立足，实现个人成长与行业发展的双向赋能。

导游培训数字人是一种利用先进技术创造的数字化形象，拥有逼真的外貌、生动的表情和丰富的语言表达能力。她不受时间和空间的限制，能为导游学员展示标准规范的讲解内容。学员可随时随地进行学习和训练，能有效提升导游培训效率和质量。

下面以生成导游培训虚拟数字人为例，介绍剪映移动版 AIGC 数字人生成的详细操作步骤：

步骤 1：启动剪映移动版应用

打开剪映移动版应用，在"热门工具"视频制作菜单中点击"数字人"，进入数字人视频编辑制作页面,如图 2-80 所示。

图 2-80　启动剪映移动版数字人应用

步骤 2:上传背景素材

根据数字人制作场景需求,上传相应的背景视频或图片。可选择移动端本地存储的视频或图片上传,也可从剪映提供的素材库中选择素材上传,如图 2-81 所示。

图 2-81　上传背景素材

步骤 3：选择数字人形象

结合数字人制作主题，选择对应的数字人形象。可从剪映提供的形象库中选择，也支持通过"克隆视频、上传相册图片、AI 生成图片"三种方式定制数字人形象，如图 2-82 所示。

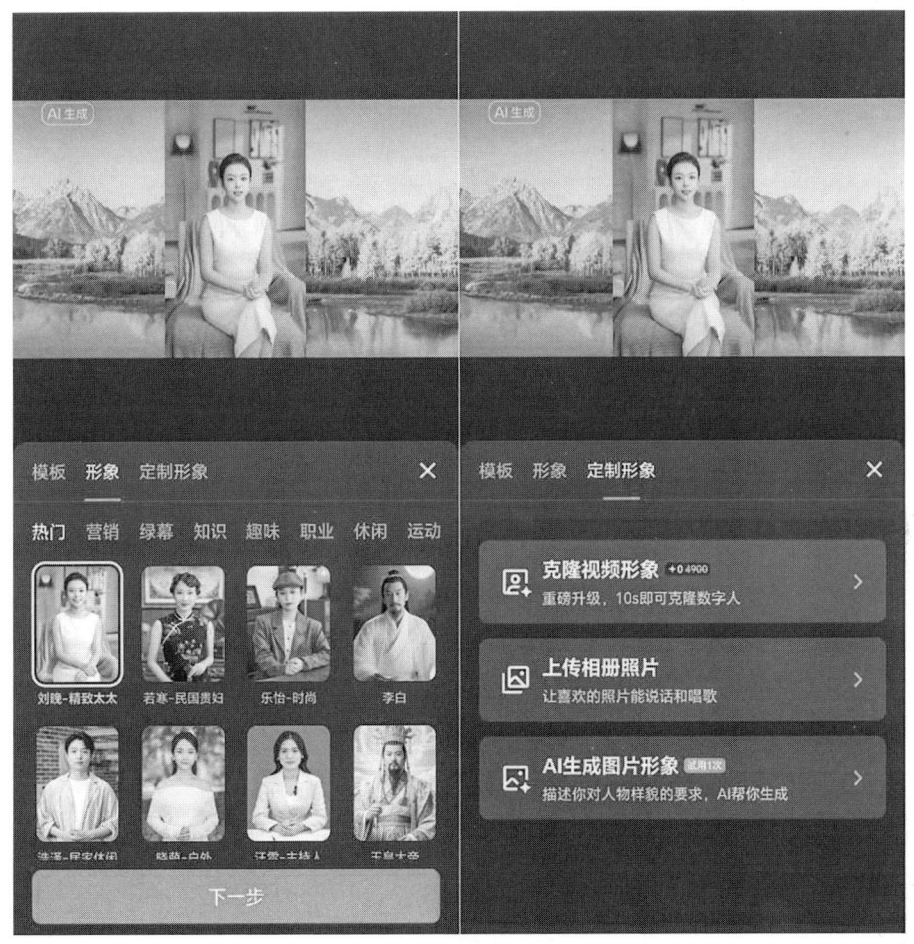

图 2-82 选择数字人形象

步骤 4：输入文案

在文案对话框中输入需要数字人讲解的文案内容，系统支持文案直接输入，同时提供智能文案生成服务。点击文案输入框，在弹出的对话框中，粘贴文案内容，或者点击页面底部"智能文案"按钮，选择智能文案的主题，例如，输入自定义主题"导游培训讲解"，点击"生成文案"开始智能创作内容。创作完毕，点击"应用"即可使用生成的文案，如图 2-83 所示。

图 2-83　输入文案

步骤 5：选择音色和生成模式

在"换音色"栏目中，选择数字人讲解的音色风格。系统自带多种类型的音色，并支持"视频提取、音乐库选择、自己录音"等不同类型的自定义音频上传。音色确认后，选择"生成模式"，系统提供了"普通模式和灵动模式"，普通模式仅改变口型，生成耗时短。灵动模式画面表情更生动，但生成耗时较长。选择完音色和生成模式，并勾选"同时生成字幕"选项，点击页面底部"生成"按钮，系统自动把背景、文案字幕、数字人进行渲染合成，如图 2-84 所示。

第二章 生成式人工智能认知与实践

图 2-84 选择音色和生成模式

步骤 6：调整数字人设置

在编辑页面选中数字化人轨道，滑动底部工具栏，选择"抠像"，点击智能抠像，即可消除数字人背景。点击景别，调整数字人效果（如近景、中景、远景），选中数字人。直接拖拉页面中的数字人，调整数字人显示位置。同时，也可以进行调整数字人形象、编辑文案、换音色、增加动画、美颜美体等操

161

作,如图 2-85 所示。

图 2-85　调整数字人设置

步骤 7:生成导出

根据字幕的时长,通过"拖拉、裁剪、分割"等工具,使背景素材对准数字人和字幕的结束位置,完成整体效果优化。点击页面右上方的"1080P"按钮,在弹出对话框中设置视频导出的"分辨率、帧率、码率"等选项,最后点击"导出"按钮,即可生成一份完整的导游培训虚拟数字人视频,如图 2-86 所示。

第二章 生成式人工智能认知与实践

图 2-86　生成导出图

五、行业案例：国家博物馆数字人"艾雯雯"

2022 年 7 月 22 日，中国国家博物馆首个虚拟数字人"艾雯雯"通过短视频正式和游客见面。这是国家博物馆在创建 110 周年之际，创新展览展示，推动文物活化利用，培育文化产品数字化传播方面新的探索，为文化传播和博物馆的数字化发展注入了新的活力。

作为国内首个博物馆数字人，"艾雯雯"集合了骨骼绑定、动作捕捉、布料毛发解算、语音合成等技术，外观设计精妙绝伦，融合了汉代女性的古典美与现代审美。服饰细节栩栩如生，从轻盈的襦裙到精致的配饰，每一处都参考了国博丰富的古代服饰藏品，展现出对历史的尊重与传承。她的妆容，如点绛红唇与细致的眉形，都经过精心研究，还原了汉代女子的优雅妆容。而她的耳畔，点缀着灵感源自国家博物馆珍藏"海晏河清尊"的特别耳钉，不仅增添了几分灵动，也成为连接古今的符号。"艾雯雯"不仅是一名优秀的讲解员，更是一位文化的传播者。她熟知国家博物馆的百万余件文物，能够深入浅出地解析文物的历史背景与文化价值。通过VR和AR技术，她引领观众进入一个沉浸式的文化体验空间，让文物"活"起来，使观众能够跨越时空的界限，与古代文明进行对话。

自2022年"入职"以来，"艾雯雯"不断迭代升级，从智能语音讲解到短视频制作，再到虚拟云展的导览，她的每一次进化都标志着国家博物馆在数字化道路上的坚定步伐。"艾雯雯"不仅提升了博物馆的服务质量，也以她独有的方式，让传统文化在现代科技的助力下焕发新生，成为连接古老文明与现代社会的桥梁，向世界展示中华文化的独特魅力（见图2-87）。

图2-87　国家博物馆数字人"艾雯雯"

✅ 思考与练习

故宫博物院位于北京市东城区景山前街，成立于1925年，是在明清皇宫及其收藏基础上建立起来的集古代建筑群、宫廷收藏、历代文化艺术为一体的大型综合性博物馆。这里不仅拥有世界上规模最大、保存最完整的紫禁城木结构宫殿建筑群,还收藏着数以百万计的珍贵文物,涵盖书画、陶瓷、青铜器等多个类别,展示了中国悠久的历史和灿烂的文化。每年,无数游客和学者前来,探索这座宫殿的历史秘密,感受中华文明的博大精深。

基于对本节内容的学习和理解,尝试运用 AIGC 数字人生成工具,制作一个北京故宫博物院虚拟数字人讲解视频。具体要求如下:数字人外貌形象要契合故宫文化风格,可参考故宫文物中的经典人物特征或宫廷画像元素,打造兼具古典韵味与亲和力的面容。服装配饰需具古代宫廷特色且注重色彩对比,选取明黄、绛红、石青等传统宫廷正色。文本内容要适配故宫场景,围绕故宫的历史沿革、建筑特色、珍贵文物进行撰写,语言风格需兼具专业性与通俗性,便于不同游客理解。同时嵌入中英双语 AI 语音及自适应字幕,语音需符合数字人形象设定,中文语音温婉大气、英文语音标准流畅,字幕要确保在不同设备及光线环境下清晰可读,满足国内外游客的讲解需求,展现故宫文化的深厚底蕴与独特魅力。

第八节　AIGC 3D 模型生成:三维重构,设计模型精彩再现

AIGC 3D 模型生成技术的应用,实现了从文本描述或二维图像到三维模型的端到端生成,大幅降低技术门槛的同时,促使建模效率实现量级跃升,推动高质量三维建模向游戏开发、虚拟现实、工业设计等更广泛的应用场景开放。

本节将系统介绍 AIGC 3D 模型生成的基本概念和多元应用场景,并对不同大模型展开对比分析。在此基础上,通过生成马踏飞燕 3D 模型与白娘子文创 3D 模型,介绍如何运用 AIGC 智能生成 3D 模型。此外,通过深入剖析文旅行业应用案例"北京箭扣长城 AI+3D 修复",展示 AIGC 3D 模型生成在文旅场景下的创新应用实践。

一、AIGC 3D 模型生成介绍

AIGC 3D 模型生成是指依托深度学习、生成对抗网络、扩散模型等技术，通过算法从海量数据中学习三维物体的几何结构、纹理特征及空间关系，构建出从语义理解到几何重建、从二维像素到三维体素的双重跨模态映射体系。凭借文本指令或二维图像，即可快速解析物体的几何拓扑逻辑、材质反射特性及空间关联关系，最终实现将文本描述、二维图像或草图等输入信息自动转化为三维数字模型的过程。

AIGC 3D 模型生成技术凭借其简单高效的模型生成能力，重塑了三维模型制作的底层逻辑，在多个领域都展现出巨大的应用价值。随着技术的不断进步，AIGC 3D 生成技术正以智能化、低门槛的优势，推动三维模型创作从专业小众走向大众，逐渐成为驱动相关产业变革的核心引擎。其常见应用场景如下：

电子商务领域。可以生成可旋转、拆解的商品模型，如电子产品、家具等，实现在线购物场景下的 3D 商品展示。也可以生成服装、眼镜的 3D 模型，实现虚拟试穿、试戴功能，让用户通过在线试穿、试戴，提升购物转化率。

建筑与室内设计领域。根据设计草图或文字描述，高效生成建筑外观、室内布局的 3D 模型，让客户直观查看设计方案，清晰了解空间结构、色彩搭配和装饰风格，加速决策过程。

工业设计与制造领域。能够快速生成汽车、家电等产品的 3D 概念模型，助力产品原型设计，设计师可直观评估产品的外观、尺寸和结构，及时发现问题并进行调整，缩短研发周期。

文化遗产保护领域。通过扫描或照片生成文物、古迹的 3D 模型，实现数字修复与存档，同时，可以借助 AIGC 技术构建线上 3D 展厅，让用户远程观赏文化遗产，感受历史的厚重与文化的魅力。

二、AIGC 3D 模型生成大模型对比

在 AIGC 驱动三维重构内容创作生态蓬勃发展的进程中，腾讯混元 3D、

VAST Tripo 以及影眸科技 Rodin 等大模型依托各自差异化的技术路径，成为推动行业迈向高效化与智能化转型的关键力量。它们在技术突破、应用场景拓展以及商业化策略制定等方面展开激烈角逐，这一过程不仅淋漓尽致地展现出人工智能 3D 技术蓬勃的创新活力，更为未来虚实融合创作范式的演进方向提供了重要参照。针对当下几个主流的 AIGC 3D 生成大模型，表 2-10 展开了详细的对比分析。

表 2-10 主流 AIGC 3D 生成大模型分析对比

大模型	腾讯混元 3D	VAST Tripo AI	影眸科技 Rodin
开发公司	深圳市腾讯计算机系统有限公司	上海瓦嘶特科技有限公司	影眸科技（上海）有限公司
产品特色	支持多模态输入一键生成 3D 模型，开源生态兼容主流软件并开放 API 接口，工业级拓扑自动优化网格结构，能够实现专业级 3D 内容高效生产	生成速度最快，1 分钟内即可完成 3D 模型生成，轻量化部署，支持云端和本地灵活运行，适配各类硬件环境，与 GPT-4o 深度联动，通过自然语言交互实现建模—渲染—导出的全流程自动化	擅长面部细节（如毛孔、微表情）的 3D 建模，基于物理的渲染（PBR）材质，实现皮肤、布料等真实感表现，支持通过单目摄像头驱动 3D 角色，降低动作捕捉门槛
擅长领域	游戏开发（角色/道具）、工业设计（3D 打印）、虚拟人骨骼动画	快速原型设 UGC 内容、3D 打印玩具轻量级游戏资产	影视级资产（高精度角色/场景）、工业设计（CAD 类模型）、动画制作
收费方式	免费，每日可生成 20 次	免费版每月 600 积分（约 24 次生成）	免费版每月 10 次生成（仅文生 3D）
登录方式	网址：https://3d.hunyuan.tencent.com	网址：https://www.tripo3d.ai	网址：https://hyper3d.ai

三、教学实践 1：生成马踏飞燕 3D 模型

马踏飞燕（现正式定名为"铜奔马"），于 1983 年被国家旅游局确定为中国旅游标志，它以昂首嘶鸣、三足凌空、右后蹄精准踏于飞鸟之上的超凡姿态，展现了汉代工匠突破静态桎梏的智慧。飞鸟的扭转脖颈与马腿绷紧的肌肉线条，形成精妙力学闭环，既暗合物理平衡之理，又以"天马行空"的动态

意象传递出自由奔放的生命力，其青铜材质下流淌的不仅是匠人巧夺天工的技艺，更将华夏文明中"驰骋万里、超越时空"的精神内核，熔铸成跨越千年的视觉史诗，恰与旅游者探索未知、追寻诗意的行旅之心，形成灵魂共振。

通过 3D 建模技术复现铜奔马"飞鸟承驮、骏马凌空"的动态瞬间，能够以高精度还原汉代匠人"以形写神"的造物智慧，更可借虚拟展厅与沉浸式交互场景，让全球观众"触碰"青铜纹路中流淌的文明基因。在博物馆的数字化展览中，观众可以通过触摸屏或 VR 设备，对马踏飞燕 3D 模型进行 360°旋转、放大缩小等操作，深入了解其艺术特点和历史背景。这种"数字转译"不仅为文化遗产保护开辟了新维度，更让"驰骋万里"的探索精神传达至每个人。

以生成马踏飞燕 3D 模型为例，通过腾讯混元大模型进行 3D 模型制作的步骤如下：

步骤 1：进入功能页面

访问腾讯混元 3D 官网，登录后在首页左侧选择图生 3D 功能，如图 2-88 所示。

图 2-88　腾讯混元大模型图生 3D 页面

步骤2：通过图像生成3D模型

在图生3D框内上传马踏飞燕建筑三视图2D图纸，上传完成后开始生成（上传参考图要求背景简单，且没有俯仰角的标准视角图片，正视图为必须），如图2-89所示。

步骤3：调整3D模型展示效果

3D模型生成完成后，在模型下方可选择纹理、白模、法线三种状态，方便用户进行后期制作，在右侧编辑栏可以选择其他几何风格和打光；可以减弱平面光强度，使其更具有青铜质感，如图2-90所示。

图2-89　上传三视图

图2-90　生成马踏飞燕3D模型

步骤 4：作品保存

编辑好之后，选择下载格式进行下载，常用 3D 模型格式为 GLB、OBJ、FBX、STL、DAE 和 USDZ。

四、教学实践 2：生成西湖白娘子 3D 模型

《白蛇传》作为中国民间爱情传说之瑰宝，历经千年时光雕琢，从唐宋时期朦胧的人妖相恋雏形，到明清话本戏曲中情节丰满、情感浓烈的定型之作，再到近现代影视动漫的多元演绎，始终焕发着独特魅力。故事里，修炼千年的白蛇白素贞为报恩化身人形，与善良憨厚的许仙在西湖畔缔结姻缘，他们悬壶济世、琴瑟和鸣，却遭法海以"人妖殊途"之名棒打鸳鸯，白素贞为护爱人水漫金山、被镇雷峰，许仙也在爱恨纠葛中逐渐觉醒，小青则始终忠心相伴、仗义相助。这一传说不仅交织着缠绵悱恻的爱情、惊心动魄的冲突，更承载着封建礼教下女性对自由爱情的勇敢追求、对压迫的奋力抗争，成为中华文化中跨越时代、直抵人心的精神图腾。白娘子作为这一传说的灵魂人物，其"断桥相会""水漫金山"等经典叙事场景，早已深度融入杭州西湖文化景观的集体记忆，成为不可磨灭的文化印记。

AIGC 3D 模型生成领域的技术突破，为白娘子传说带来了全新的生机与活力，使快速生成白娘子的三维立体化模型成为可能。游客无须再凭借文字的描绘或戏曲舞台的抽象演绎去想象她的模样，而是能通过栩栩如生的 3D 形象，直观感受她的美貌与神韵。在文化创意产品开发中，可以将白娘子的 3D 模型进行缩小和优化，制作成精美的钥匙链、手机壳等小饰品，或者将其与其他元素进行结合，创作出具有创意的家居装饰品，供游客挑选购买。白娘子形象的立体化呈现，既让白娘子这一人物的形象从传说幻梦走向现实，也使得《白蛇传》这一国家级非遗传说转化为可触摸的实体，为其他传统文化的传承与创新提供了宝贵的借鉴经验。

以生成白娘子的立体化形象为例，使用腾讯混元 3D 大模型辅助制作白娘子的 3D 人物模型，具体步骤如下：

步骤 1：借助 AIGC 文案生成功能生成白娘子形象的文字描述

创作者既可基于自身对白娘子形象的认知，对白娘子的外貌特征、性格特质及文化内涵进行简要描述，也可以借助大模型（如文心一言大模型），生成一段对白娘子形象的完整描述，为 3D 模型生成提供灵感。以使用文心一言大模型来获取白娘子形象的文字描述为例。

提示词：我想要生成白娘子的 3D 立体化模型，请根据白娘子的故事，描述她的形象，包括衣着和发饰等细节，帮助大模型生成更符合传说故事中白娘子人物形象的 3D 模型。50 个字以内。

文心一言大模型回答：

【古典婉约风】

白娘子一袭素白长裙飘逸，外罩薄纱，发髻高挽，饰以银簪珠花，眉眼温婉，尽显古典仙韵。

【灵动飘逸风】

白娘子身着雪白纱裙，裙摆绣着银丝云纹。发髻上插着灵动的银簪，几缕青丝随风舞，似仙子临凡。

【端庄大气风】

白娘子身着纯白锦缎长裙，裙上绣着金色牡丹。发髻上插着华丽的金步摇，尽显端庄大气，雍容华贵。

步骤 2：借助 AIGC 3D 模型生成功能制作白娘子三维模型

（1）进入 3D 模型生成功能页面。访问腾讯混元 3D 官网，登录后在页面左侧选择文生 3D 功能，如图 2-91 所示。

（2）通过文字内容生成 3D 模型。在文生 3D 功能中输入要生成的内容以及提示词，选择 3D 生成 -V2.5 模型，同时勾选生成 PBR 贴图，除基本纹理颜色外，PBR 贴图（基础颜色贴图、金属度贴图、粗糙度贴图）可以提供更逼真的光照和材质效果，如图 2-92 所示。

图 2-91 腾讯混元大模型文生 3D 页面

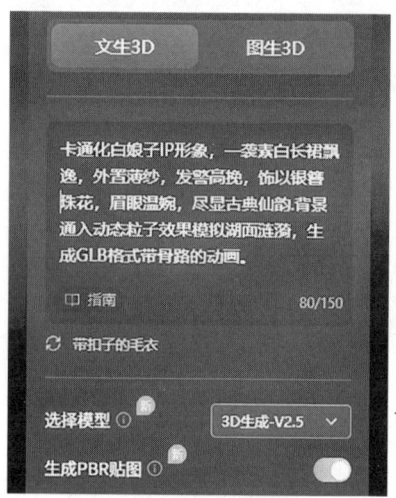

图 2-92 输入提示词

（3）调整 3D 模型展示效果。生成完成后，在模型下方可选择纹理、白模、法线三种状态，方便用户进行后期制作，在右侧编辑栏可以选择其他几何风格和打光，如图 2-93 所示。

图 2-93　生成 3D 白娘子模型

（4）作品保存。3D 模型展示效果编辑完成后，选择下载格式进行下载，常用 3D 模型格式为 GLB、OBJ、FBX、STL、DAE 和 USDZ。

五、行业案例：北京箭扣长城 AI+3D 修复

北京箭扣长城位于怀柔区，是明代长城的重要遗迹，以其险峻和原始状态著称。然而，长期风雨侵蚀和人为破坏导致部分结构损毁严重，传统的修复方式难以兼顾历史真实性与结构安全两个核心诉求——过度干预可能破坏历史肌理，而保守处理又难以抵御持续风化。

在此背景下，2018 年启动的箭扣长城数字化修复工程，成为中国文物保护领域"科技赋能遗产保护"的标志性实践。该项目依托 2018 年中国文物保护基金会启动的"长城保护修缮计划"，针对箭扣长城风化严重、地形险峻的特殊性，开创性地构建了"AI+3D+考古"三位一体的协同修复体系，成功破解了传统修缮的技术瓶颈。

在箭扣长城修复过程中，技术团队构建了三维技术矩阵：通过配备 AI 视觉识别系统的高空无人机，完成毫米级精度的多光谱扫描，采集了超过 120 万张高分辨率影像；运用三维点云建模技术重构长城表面形态，结合建筑信息模型建立数字孪生体；开发文物病害 AI 诊断系统，通过深度学习分析结构损伤

程度，自动生成修复方案。针对坍塌的垛口墙体，创新采用"碎砖数字拼图"技术，利用3D扫描定位残砖空间坐标，AI算法推演原始砌筑逻辑，最终实现87%的残损砖石原位归安。

截至2024年年底，北京箭扣长城五期保护修缮项目取得了显著进展，成为中国"科技+考古+修缮"融合的典范。修缮范围包括117号至122号敌台及其间的5段边墙，全长约915米。目前，已完成450米边墙和3座敌台的修缮，占整体工程量的40%，完成部分均实现了"原工艺、原形制"复原，墙体倾斜率由12%降至3%以内。更突破性地建立了全息数字档案，通过VR技术实现云端长城漫游，使公众能直观感受"数字孪生长城"的修缮细节。修缮过程中，采用的碎砖拼接复原残垛口墙等创新技术，既保留了长城的古朴沧桑，又兼顾了现代工艺的精细化需求。

北京箭扣长城AI+3D修复工程的开展标志着中国文物保护进入智能时代。不仅开创了"数字化勘察—智能诊断—虚拟预修复—实体施工"的全链条模式，还构建了基于数字孪生的遗产价值评估体系，AIGC 3D模型生成技术贯穿于整个修复流程，为长城的精准修复、科学评估与高效展示提供了强有力的支持。

2024年联合国教科文组织将其收录为"亚洲文化遗产保护创新案例"，彰显了中国从"文物大国"向"文物保护技术强国"的转型（见图2-94、图2-95）。

图2-94　无人机航拍扫描

图 2-95　数字化 3D 建模

思考与练习

哪吒是中国神话中极具代表性的传奇人物，形象鲜明且多面：既有孩童的叛逆不羁与天真顽皮，又兼具少年英雄的果敢坚毅与重情重义，传统故事里的他，剔骨还父，莲花化身反抗宿命，展现抗争精神；《哪吒之魔童降世》等现代改编作品里，他虽被贴上"魔童"标签，却心怀善念、逆天改命，更凸显出突破偏见、自我救赎的成长弧光，其形象跨越时代不断焕发新生。

哪吒手办作为神话传奇的立体呈现，不仅具有极高的收藏价值，还能满足粉丝们对于哪吒形象的喜爱与追求。哪吒的 3D 模型可以作为精准的原型参考，为手办设计师们开发形态各异、独具创意的哪吒形象提供直观、立体的创作依据。基于对本小节内容的学习和理解，尝试通过腾讯混元 3D 平台，生成不同风格、不同神态的、不同动作的哪吒 3D 模型。具体要求如下：生成至少 3 种不同风格的哪吒 3D 模型（如传统神话风、现代潮流风、Q 版卡通风、赛博朋克风等），每种风格需体现鲜明的视觉差异（如服饰、配色、材质等），并为每种风格的哪吒设计 2 种不同神态和 1 个标志性动作（如脚踏风火轮、手持火尖枪、施法手势等），通过调整面部表情、眼神、肢体语言等传递角色情绪，动作需符合角色性格。

第九节 AIGC 多模态工具链：协同创作，多模态内容智能生成

AIGC 正以破竹之势重塑内容创作的格局，从文本的精妙构思到图像的奇幻渲染，从语音的百变声韵到视频的动态演绎，其创新能力为创作者们开辟了前所未有的创作空间。然而，面对丰富多样的 AIGC 多模态工具，以及复杂多样的项目需求，如何科学合理地设计协同创作路径，让不同 AIGC 工具各展所长、高效协作，成为提升创作质量与效率的关键所在。

本节将系统介绍 AIGC 工具协同创作路径设计，涵盖项目需求拆解分析、AIGC 多模态大模型匹配等关键内容。为使理论与实践紧密结合，便于更好地理解和掌握，本节内容将以国潮非遗文化"越剧"推广为具体教学案例，巧妙借助各类 AIGC 工具，高效协同创作，为非遗文化的传承与创新提供新思路。

一、AIGC 工具协同创作路径设计

在启动 AIGC 工具协同创作项目前，用户需以系统性思维和多维度视角对项目整体综合考量。

具体而言，深度解析项目内容的颗粒度与场景化，精准锁定创作目标与适配的内容场景；同时，细致拆解文本、图像、音频、视频等多模态创作内容，确保其与各类 AIGC 工具实现精准适配与高效协作。在此过程中，要着重培养跨模态创作思维，突破单一模态的创作局限，构建多模态信息交互与协同创新的创作范式。

1. 项目需求拆解分析：明确项目目标与内容场景

厘清项目需求是开展 AIGC 工具协同创作的基础，它要求全面且精准地界定项目类型、核心内容、目标受众以及输出形式等要素，从而为后续多模态工具的适配与协同提供明确方向。具体内容包括如下：

（1）项目类型定位：明确创作内容的类型范畴。例如，用于品牌推广的宣

传文案、视觉冲击力强的宣传海报，或是具有叙事性的短视频、生动逼真的数字人播报等，以此确定创作的基本方向与风格基调。

（2）核心内容规划：深入挖掘项目所承载的核心信息。例如，聚焦自然风光的景点推荐、突出产品特性的产品介绍、传承文化内涵的文化讲解，或是引人入胜的故事叙述等，为内容创作提供核心素材与主题框架。

（3）目标受众分析：精准界定创作内容的受众群体。例如，针对充满活力与好奇心的青少年、具备专业知识的行业人士以及广泛的普通消费者等，以便根据受众人群的特点调整内容表达方式与语言风格，增强内容的吸引力与针对性。

（4）输出形式设计：综合考虑项目需求与传播渠道，设计多样化的输出形式组合。例如，将宣传文案与宣传海报搭配呈现，或在短视频开头引入数字人主持提升互动性，或制作1分钟精炼短视频配合恰当的背景音乐等，形成丰富多元的内容传播矩阵。

例如，为某家居公司制作一条1分钟的AI生成短视频，介绍其新产品"智能家居助手"，要求包含产品功能介绍、应用场景演示，并以虚拟数字人作为主持人。具体需求分析如表2-11所示。

表2-11 项目需求分析

需求分析	具体内容
项目类型	1分钟短视频
核心内容	项目名称（智能家居助手）、核心要点（远程智控、场景联动、节能环保）
目标受众	家庭用户、普通消费者
输出形式	开场引入（数字人主持）→宣传视频（核心功能介绍、应用场景演示、购买引导建议）

2. 多模态AIGC大模型匹配：匹配多模态内容与AIGC大模型

在深入理解项目需求后，为各类多模态内容精准匹配合适的AIGC工具，从而保障项目内容创作的质量与效率。可以上述内容为主题制作一个短视频，如表2-12所示。

表 2-12　多模态内容与 AIGC 大模型匹配

项目需求	多模态内容	AIGC 工具选择	具体内容
视频脚本	文本	DeepSeek、文心一言等	生成文案脚本、视频分镜头脚本
数字人播报	数字人	腾讯智影、讯飞智作等	导入文案脚本，生成口型同步的虚拟主持人
视频片段	视频	可灵 AI、海螺 AI 等	基于视频分镜头脚本，生成相应的视频素材
背景音乐	音频	网易天音、魔音工坊等	根据视频节奏生成适配音乐
素材合成	视频	剪映、即梦 AI	整合所有素材（视频片段、音乐），生成连贯的短视频

二、AIGC 工具协同创作教学实践

文旅融合蓬勃发展，传统文化焕发新机，非遗文化作为传承与弘扬优秀传统文化的重要载体，正吸引着越来越多人的目光。越剧作为中国第二大剧种，以其婉转细腻的唱腔、优美典雅的表演和深厚的文化底蕴，成为非遗宝库中一颗璀璨的明珠。推广越剧非遗文化项目，不仅能让更多人领略到越剧的独特魅力，感受传统文化的博大精深，还能促进当地旅游经济发展，实现文化与经济双赢。

为全方位展现越剧非遗文化的独特魅力，激活年轻群体对传统文化的兴趣与热爱，吸引他们前来感受越剧韵味，可以借助多模态 AIGC 工具，协同创作一系列涵盖宣传文案、宣传海报、宣传短视频等多元形式的宣传内容。通过这些丰富多样、生动有趣的内容呈现，让越剧这一古老艺术，在新时代焕发出新的活力，实现非遗文化的广泛传播。

1. 拆解分析项目需求

在正式开启项目创作流程之前，围绕非遗文化"越剧"推广这一核心目标，全面细致地梳理项目需求，明确推广越剧文化需要达成的具体效果、目标受众群体、主要传播渠道以及输出形式等关键要素，为后续项目创作提供清晰的方向指引。具体需求分析如表 2-13 所示。

表2-13 非遗文化"越剧"推广需求分析

需求分析	具体内容
项目类型	宣传文案、宣传海报、宣传音乐、宣传短视频
核心内容	项目名称(非遗文化"越剧"推广)、核心要点(文化传承、沉浸体验、青年参与)
目标受众	年轻群体
输出形式	宣传文案:以Z世代语言编写小红书文案,唤醒文化认同感 宣传海报:融入新中式美学元素设计宣传海报,打造视觉记忆点 宣传音乐:融合数字音频巧思制作宣传音乐,奏响活力国风旋律 宣传短视频:以"数字人开场主持+沉浸式文化介绍"讲述越剧文化,降低传统文化的认知门槛

2.筛选匹配多模态AIGC大模型

经过上述项目需求分析,非遗文化"越剧"推广项目呈现出多元化的宣传内容形式,具体涵盖了文案撰写、海报设计、短视频制作等多个方面。不同模态内容在创作过程中对技术能力有着独特需求,因此精准匹配并选用合适的大模型,能够显著提升创作效率,确保项目顺利推进,如表2-14所示。

表2-14 非遗文化"越剧"推广多模态内容与AIGC大模型匹配

项目需求	多模态内容	AIGC工具示例	具体内容
宣传文案	小红书文本	DeepSeek	了解越剧非遗文化,生成小红书文案脚本
宣传海报	图片	即梦AI(文生图片)	生成与文案风格一致的宣传海报
宣传音乐	音频	豆包	生成风格统一的宣传音乐
宣传视频	短视频脚本	DeepSeek	生成视频分镜头脚本,包含画面内容、解说词、时长、角度等要素
	数字人播报	腾讯智影	导入台词脚本,生成口型同步的数字人
	视频片段	即梦AI(文生视频)	基于视频分镜头脚本,生成相应的视频素材
	视频合成	即梦AI(故事创作)	整合数字人、视频片段以及背景音乐等各类素材,生成连贯流畅的短视频

3. 协同创作多模态内容

内容一：宣传文案撰写

项目聚焦"越剧"非遗文化宣传，精准锚定年轻群体这一核心受众，同时基于年轻群体高度活跃于小红书社交媒体的传播特征，明确通过小红书平台发布宣传文案，以创新内容形式与互动机制实现非遗文化的破圈传播，构建起年轻群体与传统文化之间的情感联结。以 DeepSeek 大模型为例，创作一篇宣传"越剧"非遗文化的"小红书"文案：

步骤1：借助 AIGC 文本生成大模型了解越剧。

提示词：你能以简单易懂的方式介绍下越剧非遗文化吗？

DeepSeek 大模型回答：

越剧是中国第二大剧种，国家级非物质文化遗产，发源于浙江嵊州，发祥于上海，在国内外都享有盛誉，以下从其历史、艺术特色、经典剧目等方面进行介绍：

【历史渊源】

起源：越剧前身是浙江嵊县一带流行的说唱形式"落地唱书"，1906年春开始演变为在农村草台演出的戏曲形式，曾称小歌班、的笃班、绍兴文戏等，艺人初始基本上是半农半艺的男性农民，故称男班。

发展：1917年5月13日，小歌班初次进入上海，在十六铺"新化园"演出，但因艺术上粗糙简陋，观众寥寥。后来艺人们学习绍兴大班和京剧的表演技巧，艺术上有所提高，1919年小歌班始在上海立足。1925年9月17日上海《申报》演出广告中首次以"越剧"称之。

演变：越剧经历了由男子越剧到女子越剧为主的历史性演变。1923年7月，嵊县籍商人王金水请男班艺人金荣水回乡办起第一个女班，招收13岁以下的女孩二十余人。此后，女子越剧在上海立足，并逐渐取代男班。

【艺术特色】

唱腔优美：越剧长于抒情，以唱为主，声腔清悠婉丽、优美动听，极具江南灵秀之气。其唱腔流派纷呈，公认的就有十三大流派之多，如袁雪芬的袁派、尹桂芳的尹派、范瑞娟的范派等，各流派都有其独特的风格和韵味。

表演细腻：表演真切动人，唯美典雅，多以"才子佳人"题材为主，通过精妙的唱腔和细腻的表演，生动地展现人物的形象和情感，引发观众的共鸣和感动。在表演方面，越剧一方面向话剧、电影学习刻画人物性格、心理活动的表演方法，另一方面向昆曲、京剧学习优美的舞蹈身段和程式动作，逐渐形成了写意与写实相结合的风格。

舞台精美：越剧的服装华丽，色彩鲜艳，舞台布景精美，给人以视觉和听觉的双重享受。在舞台美术方面，采用立体布景、五彩灯光音响和油彩化妆，改革服装式样和色彩，质料柔和淡雅，成为舞台艺术整体的有机组成部分。

【经典剧目】

传统经典：《梁山伯与祝英台》《红楼梦》《西厢记》《祥林嫂》等是越剧的代表作，这些剧目不仅在国内广受欢迎，还在国际上产生了深远影响。例如，小提琴协奏曲《梁祝》就是以越剧《梁山伯与祝英台》为蓝本创作的。

创新剧目：近年来，越剧也在不断创新，推出了一些新编历史剧和现代戏，如《新龙门客栈》等，这些剧目在保留越剧艺术特色的基础上，融入了现代元素，受到了年轻观众的喜爱。

步骤2：为宣传文案撰写结构化提示词

本章第一节详细介绍了结构化提示词的四要素框架【角色＋背景＋任务＋目标】，可尝试通过这个框架编写项目宣传文案撰写的提示词，例如：

你是一名非遗文化推广策划师【角色】，越剧作为国家级非物质文化遗产，承载着中华民族独特的艺术记忆与精神内涵。在文化多元发展的当下，扩大其在年轻群体中的影响力，不仅是传承文化根脉的必然要求，更是推动文化创新、增强文化自信的关键举措【背景】，撰写一篇宣传"越剧"非遗文化的文案【任务】，通过小红书平台发布文案，扩大越剧在年轻群体中的知名度和影响力【目标】。

步骤 3：借助 AIGC 文本生成大模型撰写文案

输入上述步骤编写的结构化提示词，生成宣传"越剧"非遗文化的小红书文案。

DeepSeek 大模型回答：

越剧风潮来袭！非遗美学暴击，年轻人速来解锁新潮流！

【吸睛妆造】

越剧妆容 = 中式美学天花板！柳叶眉、杏眼贴、点翠头饰……每一处都是颜值暴击！无须专业功底，模仿经典手势、唇镜片段，随手一拍就是国风大片！

【神仙 BGM】

《梁祝·十八相送》《红楼梦·黛玉葬花》……越剧旋律一响，DNA 直接沸腾！谁说戏曲沉闷？这些洗脑神曲早该出圈！评论区求安利更多"上头"选段~

【新中式穿搭灵感】

越剧服饰 = 高级感穿搭模板！淡雅水袖、刺绣云纹、腰间丝绦……日常搭配汉服、新中式外套，秒变"行走的名画"！蹲一波神仙博主复刻教程~

【打卡新地图】

杭州越剧院、上海越剧院、嵊州越剧艺术学校……这些宝藏地标不只有戏看，还能体验描戏妆、学水袖！CityWalk 新路线 get，打卡拍照 + 文化充值两不误~

【跨界彩蛋】

非遗 × 潮流双向奔赴！当越剧遇上国风歌、二次元……碰撞出限定皮肤、戏曲主题奶茶杯……谁说传统不能玩出花？评论区蹲一个脑洞联名！

【互动挑战】

越剧仿妆大赛 # 神仙旋律翻唱

用扭扭棒 DIY 头饰 / 剪影手势舞 / 戏腔翻唱……秀出你的"非遗力"！点赞 top 送剧院门票~

标签：#非遗越剧#国潮文化#戏曲美学#新中式穿搭#年轻人非遗图鉴

非遗不老，潮味正浓！关注+打卡，一起让越剧血洗热搜榜！

基于上述初稿所涵盖的越剧特色内容、表达风格以及传播效果等要素，用户可以加入自己的创造力，对文案的细节内容进行进一步优化。

内容二：宣传海报设计

为满足小红书用户对高颜值视觉内容的偏好，可以打造一系列兼具美学与传播力的宣传海报，设计涵盖时下流行的极简 ins 风、多巴胺活力风、新国潮水墨风等风格，结合动态排版、创意字体和质感叠加等设计手法，使每一张图片都能在信息流中脱颖而出，激发用户的停留、点赞和收藏欲望。具体步骤如下：

步骤 1：借助 AIGC 图片生成大模型生成宣传海报

（1）登录即梦 AI 平台。进入即梦 AI 官网，选择"AI 作图"创作工具，如图 2-96 所示。

图 2-96　即梦 AI 平台界面

（2）进入"绘画"模式。选择"图片生成"功能。在输入框中输入生成的图片要求，如"我要制作一张越剧非遗宣传海报，海报中要有水墨元素，戏曲元素，排版要高级简单，既能体现出越剧的发源地嵊州，也能体现出越剧"。点击对话框下方的"DeepSeek-R1"按钮，可生成一系列大模型优化的"推荐提示词"，如"越剧女演员身着水袖戏服在古戏台上表演，背景是嵊州山水古镇水墨晕染，标题'越剧'，中国风工笔画，对称式构图，青黛色调，宣纸纹理质感，留白处理，金色书法边框"，如图2-97所示。

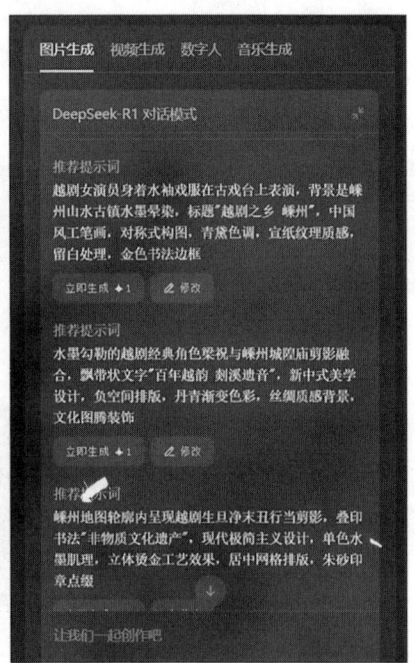

图2-97　原提示词（左）与使用DeepSeek大模型优化后提示词（右）对比

（3）生成图片。选择生成海报的比例（21∶9、16∶9、3∶2、4∶3、1∶1、3∶4、2∶3、9∶16等），点击"立即生成"，如图2-98所示。

图 2-98　即梦 AI 图片生成功能生成的海报

步骤 2：借助 AIGC 图片生成大模型优化生成图片

即梦 AI 大模型提供图片优化功能。点击任意生成的图片即可进入编辑界面，支持细节修复、局部重绘、扩图、超清、消除等美化功能。例如，点击"细节修复"功能，修复后的图片在细节处理上显得更精致，如图 2-99 和图 2-100 所示。

图 2-99　即梦 AI 图片生成编辑功能界面

图 2-100 原图（左）与"细节修复"后生成图片（右）对比

内容三：宣传音乐制作

音乐作为一种极具感染力的艺术形式，能够以其独特的魅力，将越剧的文化内涵和艺术价值传递至用户。因此，通过宣传音乐进行推广也是推动越剧传承与创新发展的重要方式。音乐中悠扬婉转的曲调和深情动人的歌词仿佛都在诉说着越剧背后的故事，用户只需沉浸在这美妙的音乐之中，便能透过音符的缝隙，窥见越剧那历经岁月沉淀却依然熠熠生辉的独特魅力。制作宣传音乐具体步骤如下：

步骤1：进入豆包平台音乐生成页面

登录豆包平台，点击"音乐生成"按钮，如图 2-101 所示。

第二章 生成式人工智能认知与实践

图 2-101 豆包平台界面

步骤2：明确创作要求，生成音乐

明确歌词来源（AI 帮写还是自定义歌词）、表达的主题、音乐风格、传递的情绪以及音乐音色，点击"发送"按钮一键生成越剧的宣传音乐，如图 2-102 所示。

图 2-102 豆包平台界音乐创作页面

步骤 3：音乐试听、下载与分享

音乐生成后，可以点击"播放"按钮进行试听，根据试听感受让豆包继续做出调整。生成的音乐也可以保存至本地以及分享至相关平台或好友，如图 2-103 所示。

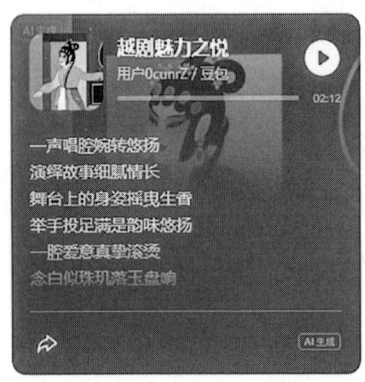

图 2-103　豆包平台界音乐试听页面

内容四：宣传短视频制作

宣传片是文化宣传领域中兼具信息传播与艺术感染力的关键载体，它通过精心编排的视听语言，系统且生动地呈现文化的多元维度，有效提升文化宣传的覆盖面、影响力与传播效能。越剧非遗文化宣传短视频创新性地运用"数字人播报 + 视频动态演绎"的沉浸式呈现模式，由 AI 数字人"越越"化身文化使者，以生动播报与专业解说串联全程，同时结合 AI 视频生成技术，对越剧非遗文化内容进行动态化、艺术化演绎，实现传统艺术与数字科技的跨界对话，为观众带来一场身临其境、别开生面的文化体验。

步骤1：借助AIGC数字人生成大模型制作数字人播报

（1）登录腾讯智影平台。进入腾讯智影官网，选择"数字人播报"功能，如图2-104所示。

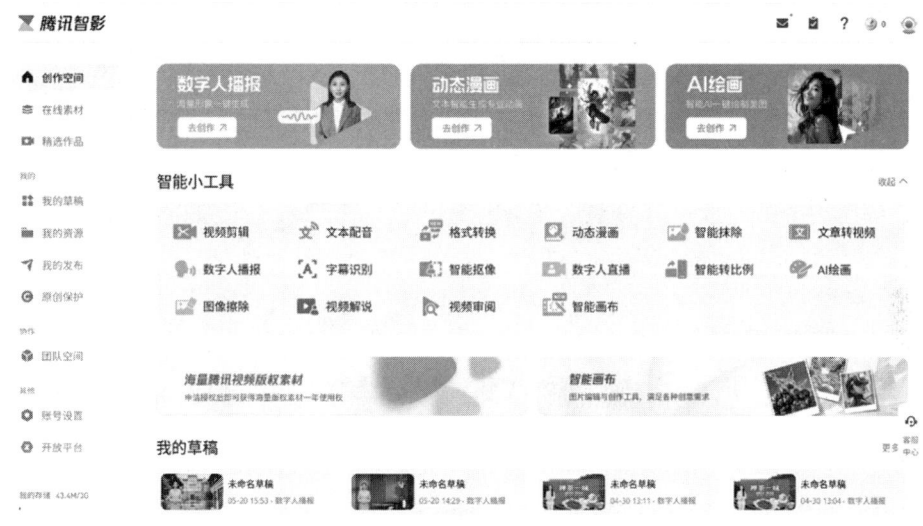

图2-104 腾讯智影平台界面

（2）设置数字人背景。选择"背景"功能，支持图片背景、纯色背景和自定义。例如，本次项目围绕宣传越剧非遗文化，因此选用嵊州越剧小镇古戏楼的图片作为数字人的背景图，如图2-105所示。

（3）设置数字人。选择"数字人"功能，在上传好的背景上添加数字人，并根据需求调整数字人服装、服装颜色、动作等形象以及大小和位置，如图2-106所示。

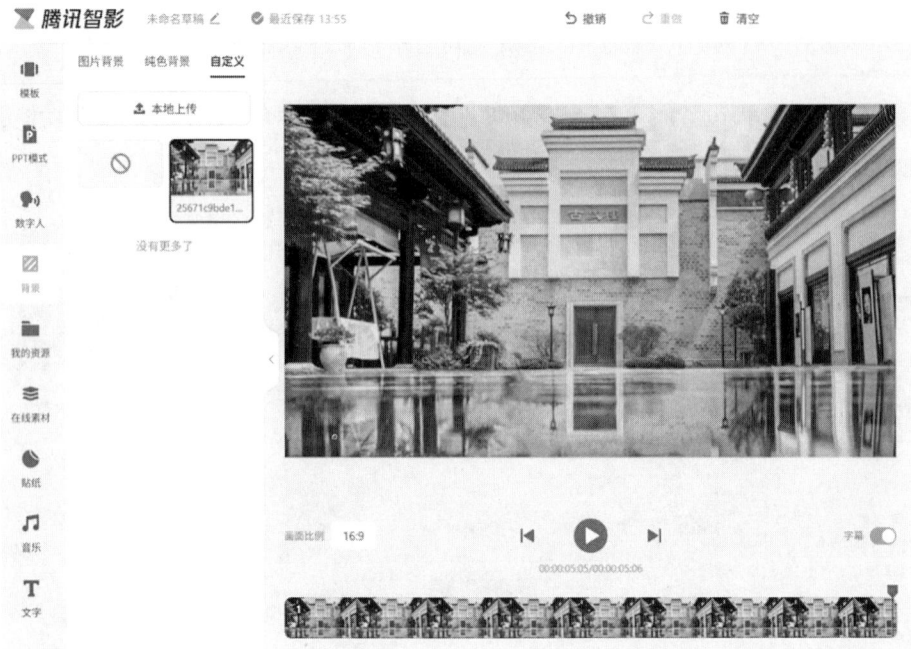

图2-105 腾讯智影数字人播报背景设置界面

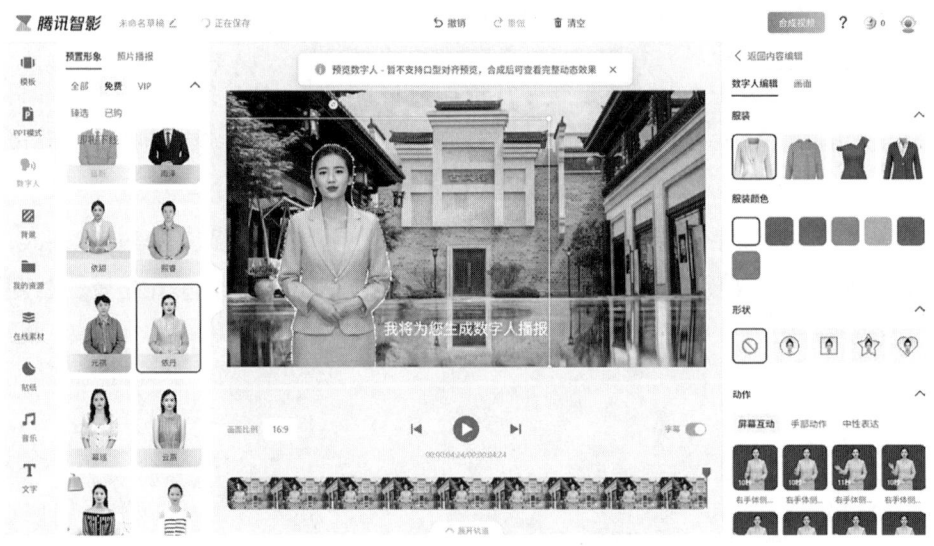

图2-106 腾讯智影数字人设置界面

（4）添加数字人播报文本。在数字人设置界面的右侧文本栏中添加文本，借助 AIGC 文案生成功能生成宣传片解说词。以借助 DeepSeek 大模型为例，输入提示词"生成一个一分半到两分钟的越剧非遗文化宣传片的解说词，其中要求内容能体现出越剧的发源、经典剧目、文化价值等"。

DeepSeek 大模型生成的解说词如下：

在中国戏曲的璀璨星河中，越剧以其独特的魅力，熠熠生辉。它起源于浙江，流传于江南，以其细腻的情感、优美的唱腔和典雅的舞台呈现，赢得了"第二国剧"的美誉。

越剧之美，在于其音乐的婉转悠扬。越剧的唱腔分为多种流派，如袁派、尹派、范派等，各具特色，又相互融合。演员们用嗓音的细腻变化，演绎出人物内心的喜怒哀乐，让观众在旋律中感受情感的起伏。那如泣如诉的吟唱，仿佛能穿越时空，触动人心最柔软的部分。

作为中国古代四大爱情故事之一，《梁祝》不仅是国家级非物质文化遗产，还在世界范围内享有盛誉。剧中"爱"的主题如梦如幻，通过细腻的情感描绘，让观众感受到爱情的力量和美好。

从田间说唱到城市剧场艺术，越剧展现了民间智慧与时代审美的交融共生。越剧，这一承载着江南文化精髓的艺术形式，以其独特的魅力，跨越时空的界限，让无数人为之倾倒。

将上述生成的解说词导入到文本框，为使数字人阅读更加流畅，可以自主添加文本的间隔和停顿，并且为数字人选择合适的音色，例如，示例中为数字人选择了成熟稳重的女生音色，点击保存后可以生成播报，如图 2-107 所示。

（5）数字人播报导出。点击数字人设置界面右上方"合成视频"功能，导出数字人播报视频，如图 2-108 所示。

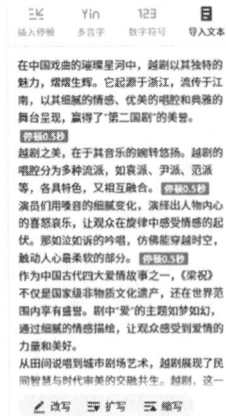

图 2-107 腾讯智影数字人播报内容与音色设置界面

图 2-108 腾讯智影数字人播报导出界面

步骤 2：借助 AIGC 视频生成大模型制作宣传短视频

（1）生成宣传短视频脚本。在上述过程中，已经借助 AIGC 文案生成功能生成了宣传片讲解词。下面可以继续借助 DeepSeek 大模型，根据宣传讲解词生成视频分镜头脚本。例如，输入提示词"将上述解说词加工为分镜头脚本，分别从时长、景别、角度、画面内容描述，切镜头不超过 20 个，每个镜头控制在 3~5 秒"。DeepSeek 大模型生成的分镜脚本如表 2-15 所示。

表 2-15　越剧非遗文化宣传片脚本

编号	时长	景别	角度	画面内容	画面解说词
1	5s	中景	固定	数字人在嵊州古戏楼前解说	在中国戏曲的璀璨星河中，越剧以其独特的魅力，熠熠生辉
2	5s	全景	跟随	水墨晕染的嵊州古镇，两只蝴蝶从水墨中浮现，缓缓地飞入画面深处	
3	5s	全景	航拍	嵊州古镇全景	它起源于浙江，流传于江南
4	4s	全景	仰拍	古色古香的越剧戏台	以其细腻的情感、优美的唱腔和典雅的舞台呈现
5	4s	全景	俯拍	越剧演员身穿戏服挥舞着水袖旋转	赢得了"第二国剧"的美誉
6	5s	全景	拉	演员对着镜子给自己眼部上妆的特写	越剧之美，在于其音乐的婉转悠扬
7	3s	特写	平拍	演员对着镜子给自己眼部上妆的特写	越剧的唱腔分为多种流派
8	4s	全景	平拍	学生身着戏服跟着老师练习戏曲动作	如袁派、尹派、范派等，各具特色，又相互融合
9	4s	中景	平拍	司鼓指导学生们练习	演员们用嗓音的细腻变化，演绎出人物内心的喜怒哀乐
10	3s	中景	平拍	两位越剧演员在后台对动作，眼神流转，兰花指轻点	让观众在旋律中感受情感的起伏
11	4s	中近景	拉	刀马旦演员在戏曲广场表演，人物威武稳重	那如泣如诉的吟唱，仿佛能穿越时空
12	3s	中近景	平拍	刀马旦演员在朝阳下练习动作	触动人心最柔软的部分
13	5s	中近景	平拍	经典剧目《梁祝》，英台女儿身手持折扇与梁山伯迈上前去，天空飘落着花瓣	作为中国古代四大爱情故事之一，《梁祝》不仅是国家级非物质文化遗产，还在世界范围内享有盛誉

续表

编号	时长	景别	角度	画面内容	画面解说词
14	5s	全景	平台	经典剧目《梁祝》，两人上身着素色褶子，腰间束湖蓝丝绦，彼此奔向对方化为飞蝶，天空飘落白色花瓣	剧中"爱"的主题如梦如幻，通过细腻的情感描绘
15	5s	中景	固定	戏台上上演着著名剧目《梁祝》，梁山伯与祝英台在台上深情对视	
16	5s	全景	推	观众席全景，老戏迷们观赏着越剧，戏台上上演着越剧经典剧目	
17	4s	全景	摇	观众席全景，老戏迷们观赏着越剧，戏台上上演着越剧经典剧目	
18	5s	远景	航拍	嵊州古镇全景	让观众感受到爱情的力量和美好从田间说唱到城市剧场艺术
19	4s	特写	移	嵊州古建筑角沿	越剧展现了民间智慧与时代审美的交融共生
20	5s	全景	跟随	蝴蝶从嵊州古镇慢慢飞到天空直至消失	越剧，这一承载着江南文化精髓的艺术形式，以其独特的魅力，跨越时空的界限，让无数人为之倾倒

（2）生成短视频片段。打开即梦 AI 官网，选择"AI 视频"—"故事创作"功能，点击"创建空白分镜"。在分镜框中根据上述生成的分镜头脚本，输入描述画面内容，即可生成一个视频片段。例如，输入"水墨晕染的嵊州古镇，两只蝴蝶从水墨中浮现，缓缓地飞入画面深处；景别为全景，角度为跟随"。通过分镜头内容的逐一生成，形成越剧非遗文化宣传短视频的各个片段，如图 2-109 所示。

（3）制作完整版宣传短视频。上述步骤生成的视频内容，支持导出成片或导出草稿至剪映。剪映作为一款具备专业级水准的视频剪辑软件，在视频编辑与细节处理领域展现出卓越且强大的功能优势。用户可以借助剪映软件优化视频内容，通过添加视频字幕、运用转场效果、搭配背景音乐，最终生成完整的非遗文化越剧宣传视频，如图 2-110 所示。

第二章　生成式人工智能认知与实践

图 2-109　即梦 AI 平台越剧非遗文化宣传短视频界面

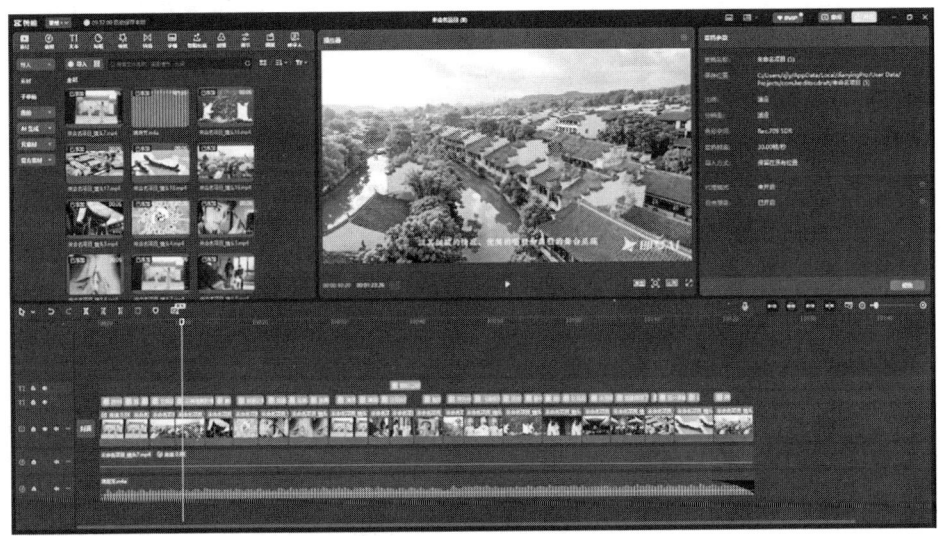

图 2-110　剪映软件剪辑宣传短视频

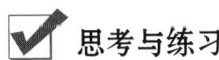 思考与练习

西湖龙井是中国十大名茶之一，属绿茶，其产于浙江省杭州市西湖龙井村

195

周围群山,并因此得名,具有1200多年的历史。西湖龙井按外形和内质的优次分作1~8级,特级西湖龙井茶扁平、光滑、挺直,色泽嫩绿光润,香气鲜嫩清高,滋味鲜爽甘醇,叶底细嫩呈朵。清明节前采制的龙井茶简称明前龙井,美称"女儿红","院外风荷西子笑,明前龙井女儿红"。西湖龙井茶与西湖一样,是人、自然、文化三者的完美结晶,是西湖地域文化的重要载体。2001年7月,西湖龙井终于被国家质量技术监督局列入首批原产地命名保护产品名单。

为使这缕穿越千年的茶香悠然沁入广大年轻人的心间,基于对本节学习内容的理解,尝试借助AIGC多模态工具,为西湖龙井这一传统特色茶叶珍品创作一系列宣传文案、宣传海报、宣传短视频等,全方位、多角度地展示西湖龙井的采摘、制作工艺,以及背后蕴含的文化故事,让年轻人在轻松愉快的氛围中了解西湖龙井,从而激发他们对传统文化的兴趣与热爱。

第三章

智能体开发

　　人工智能技术，特别是智能体，已从科幻想象迅速演变为重塑产业格局和优化商业流程的核心引擎，我们正身处于一场深刻的智能化转型浪潮之中。人工智能不再只是冰冷的算法，而是被赋予了理解、推理、交互乃至一定自主决策能力的数字化实体。它们可以成为永不疲倦的"虚拟员工"，精准高效的"数据分析师"，细致周到的"个人助理"，或是连接复杂系统、驱动流程自动化的"隐形中枢"。

　　本章将揭开构建这些未来智能化协作者的神秘面纱。首先，会通过介绍智能体的基础概念，让学习者能够认识智能体是什么和能做什么；其次，智能体若离开坚实可靠的知识数据支撑，则将如同无源之水，因此我们会聚焦智能体的"知识库"，理解如何构建、组织并利用高质量的知识，以及如何赋予智能体理解上下文和领域知识的能力；再次，是智能体应怎么做，基于本地知识库来学习如何实现智能体从零开始逐步完成搭建和发布；最后，为了使理论更具象化，价值更清晰可见，我们将剖析行业案例，了解行业政府、企业如何在实际场景中成功应用智能体技术，解决了哪些痛点，创造了怎样的核心价值。这些案例是技术与业务深度融合的结晶，也将激发学习者构想自身领域智能化的想象空间。

　　开发智能体不仅是技术层面的挑战，更是一种思维方式和工作模式的革新。本章将作为迈入智能体构建世界的向导,掌握打造未来智能化助手的核心能力,从而为业务或项目注入更强大的智能驱动力。让我们一同开启这段构建"智能体"的旅程。

第一节 认识智能体

一、智能体的定义

在人工智能(AI)和计算机科学领域,智能体(Agent)通常指一种能够感知环境、自主决策并执行动作以实现特定目标的实体(可以是软件、硬件或混合系统)。智能体的核心特征是自主性,它能够根据环境信息独立做出反应,利用人工智能算法进行分析和决策,并通过执行器对环境进行干预和控制,而无须全程人工干预。

智能体可以独立地完成各种任务,也可以与其他智能体或人类进行协作,共同完成复杂的任务。需要注意的是,在每个阶段,随着技术进步,智能体的定义也可能不同。从功能属性上分析,智能体的本质特征体现为动态环境下的自主响应能力。基于"感知—决策—执行"的闭环机制,系统可依据环境状态变化进行行为调适,通过持续的环境交互实现自我优化,其智能水平具体表征为:在非确定性场景下的多模态数据处理能力、基于强化学习的策略优化能力,以及面向复杂任务的目标分解能力。

在人工智能领域,智能体并非一个虚幻的概念,而是一种具有明确目标和自主行动能力的计算实体。它被设计为能够感知环境、处理信息并自主行动以实现预设目标或响应人类、系统指令的程序化系统。区别于传统程序"被动等待指令、严格按步骤执行"的特性,智能体的核心在于其自主决策能力和目标导向性,使其更像一个可嵌入数字生态的、具有能动性的"虚拟协作者"。智能体在一定程度上已具有等同于人类的社会行为能力,能够进行规划与执行。根据实体形态差异,智能体可分为两大技术分支:物理智能体(Physical

Agent）以机器人等具身化实体为载体，实现物理空间的智能操作；虚拟智能体（Virtual Agent）则依托软件代理技术，在数字空间执行信息处理与任务调度。这种二元划分构成了智能体技术的应用谱系，20世纪50~60年代，伴随计算机科学与自动化技术的突破，研究者开始构建具有基础决策功能的原型系统，这些早期探索虽受限于当时的技术条件，却为智能体理论框架的建立奠定了三大基础，分别是状态感知模块的传感器技术、决策逻辑的符号推理机制以及动作执行的控制系统架构。

二、智能体的特征

在人工智能向实用化、体系化迈进的进程中，智能体已成为驱动数字生产力革新的关键载体，其本质绝非简单封装算法，而是通过五大核心特征的有机融合，构建出具备类人决策逻辑与环境适应力的数字实体。这些特征不仅定义了智能体的"智能"边界，更昭示着其在复杂场景中替代或协同人类工作的技术路径。智能体作为人工智能系统的核心范式，其技术特征体系包含以下五个维度：

1. 自主性（Autonomy）

作为智能体的基础属性，自主性指系统在无外部指令干预下，通过"感知—决策—执行"闭环实现目标的能力，该特性使系统在动态环境下保持独立运作能力，具体表现为环境态势感知模块、动态决策引擎和自适应执行机构的协同机制。典型案例包括自动驾驶系统，其通过多源传感器融合技术实时构建环境模型，运用路径规划算法生成最优驾驶策略，并依托车辆控制单元实现精准操作。自主性架构可降低人工监管负荷，在工业自动化、远程勘探等领域具有显著应用价值。

2. 反应性（Reactivity）

反应性是指智能体对动态环境的实时响应能力，具体技术实现依托多模态传感技术、事件驱动架构和实时决策算法。在工业机器人系统中，该特性体现为毫秒级障碍物检测响应机制，通过激光雷达点云处理与运动轨迹在线优化算法，确保生产安全与效率双重要求。现代智能体系统已发展出预测性反应机制，整合时序数据分析与状态预测模型，实现从被动响应到主动防范的范式升级。

3. 主动性（Proactiveness）

主动性指系统基于目标函数自主生成任务规划的能力，其技术基础包括目标分解算法、状态空间建模和预期收益评估体系。以智能楼宇管理系统为例，通过用户行为模式分析自主生成能源优化策略，结合建筑信息模型（BIM）进行能耗动态仿真，最终形成超前调节指令。该特性使智能体在医疗诊断、金融投资等复杂决策场景中展现类人决策能力。

4. 社会性（Social Ability）

社会性指智能体与其他智能体或人类之间进行互动、协作和交流的能力。多智能体协同框架下，系统通过信息熵优化算法实现任务分配，运用契约网协议完成资源协商。典型应用为智能电网中的分布式能源调度系统，各节点智能体通过双向通信实现功率平衡与故障隔离，较传统集中式系统提升32%的响应效率。

5. 进化性（Evolvability）

进化性指智能体通过学习和适应，在长期运行中不断提高自身能力的特性。系统通过持续学习优化性能的机制，实现依托深度强化学习框架、遗传算法和参数空间动态寻优技术，通过自我对弈实现策略空间的指数级扩展。这种持续进化机制赋予智能体应对不确定性和非线性问题的鲁棒性，在气候预测等复杂系统建模领域具有突破性应用。

三、智能体的发展历程

智能体的发展历程与计算机科学和人工智能的演进紧密交织，其最初的研究主要与自动化和控制系统相关。20世纪50~60年代，伴随计算机技术的萌芽，人工智能先驱者开始研发可自主执行任务的初级系统，尽管这些系统的能力相对简单，但这些具备基础功能的探索性成果为智能体理论的雏形形成奠定了基础。1976年，艾伦·纽厄尔与司马贺在《物理符号系统假设》一书中开创性地提出：任何物理符号系统均具备实现智能行为的潜力，该理论不仅为符号处理型智能体的研究奠定了基础,更开启了智能体理论体系的系统化研究进程。至 20 世纪 80 年代,智能体技术迎来首次实践突破,基于规则推理的专家系统在医疗诊断、金融分析等领域成功应用,这类能够模拟专家决策的 AI 系统不仅验证了智能体技术的实用价值,更积累了关键的技术实施经验。1986 年,马文·明斯基在《思维的社会》中深化理论框架,提出智能体应是由多个功能单元构成的协作系统,这一颠覆性理念推动了自主决策系统的研究范式革新。1997 年,技术验证阶段的重要里程碑出现,IBM 主导的"深蓝"计算机战胜国际象棋世界冠军卡斯帕罗夫,其利用"环境感知—决策制定—行动执行"的完整智能体架构,虽然在社交能力方面尚未完善,但成功验证了规则约束下的机器推理极限,直接催化了复杂决策领域智能体技术的研发热潮。1999 年,消费领域的突破由索尼推出的 AIBO 娱乐机器人实现,如图 3-1 所示,这款能模拟宠物行为并实现人机互动的产品标志着智能体技术正式进入消费电子领域,为后续智能家居、服务机器人等产业的发展提供了关键技术验证。

图 3-1　AIBO 自主行为娱乐机器人

　　2007 年,英伟达推出 CUDA 并行计算架构,首次实现 GPU 通用计算能力,CUDA 极大提升了人工智能模型的训练速度,尤其是在处理大规模数据和复杂模型时表现突出,为深度神经网络训练效率带来数量级提升。2011 年,IBM Watson 通过知识图谱与概率推理的融合,在自然语言处理和知识推理领域实现认知突破。2012 年,AlexNet 以深度卷积神经网络革新图像识别范式,展示了深度学习在图像识别等复杂的感知和决策任务中的巨大潜力,引发了业界对深度神经网络的广泛关注。2015 年,ResNet 的跨层连接机制突破百层网络训练瓶颈,奠定了超大规模模型的结构基础,这一突破在 2016 年 AlphaGo 的深度强化学习框架中得到延伸。2017 年,Transformer 架构凭借自注意力机制重构序列建模范式,直接催生 BERT、GPT 等语言模型,推动 NLP 技术的全面升级。2022 年，DeepMind 的 Gato 多模态架构实现了跨任务泛化能力的突破，其分层表征学习框架验证了通用智能体的可行性。2023 年，AutoGPT 通过递归任务分解机制实现复杂项目管理自动化，展现智能体自主进化潜力。2025 年，中国团队研发的 Manus 通用智能体[①]达到新高度——该产品融合符号推理与神经网络特性，在动态知识更新与因果推理维度建立新标准，完整勾勒出从专用算法到通用智能的技术跃迁路径。

四、智能体的构成要素

智能体搭建的核心价值在于降低开发门槛的同时提升交付效率，实现业务需求与数字解决方案的无缝对接，其开发体系依托"可视化配置—自动化引擎"技术范式，构建起从需求定义到持续进化的完整价值闭环，其核心架构遵循四层能力栈模型，通过分层与协同实现人工智能能力的工程化落地，具体包含以下四层构成要素。

1. 交互感知层

构建多模态信号融合中枢，集成语音识别（百度 Speech API 支持 52 种语言方言）、视觉解析（火山引擎 CV 模型涵盖 2140 类物体识别）等异构输入通道。例如，在电商场景中，用户上传的屏幕碎裂图片可进行定位损伤区域，同步语音描述可以自动提取关键语义，通过视觉和语音双模态特征识别融合后自动形成结构化工单。

2. 认知决策层

部署动态知识推理引擎，基于数据库构建包含 1.2 亿实体节点的业务知识图谱。将产品知识网络构建为可遍历的语义链路，支持自然语言级联查询，可大幅降低重复工作的人力成本。例如，某保险智能体通过动态决策树处理 32 种理赔分支场景，单案件处理时效从 48 小时压缩至 4 小时，年节约人力成本 2700 万元。

[①] Manus 通用智能体是中国的创业公司 Monica 发布的全球首款通用 Agent（自主智能体）产品，具备从规划到执行全流程自主完成任务的能力，如撰写报告、制作表格等。它不仅生成想法，更能独立思考并采取行动。

3. 执行反馈层

构建服务编排矩阵，阿里 DataWorks 平台集成 412 个 API 连接器与 RPA 组件（Robotic Process Automation，机器人流程自动化）。某股份制银行信用卡中心通过混合编排引擎串联征信查询、风控模型、短信通知等 9 个服务节点，实现申请流程全自动化，日处理量提升 566%。执行过程监控体系基于监控平台自定义指标，对话流失率（<8%）与意图波动指数（<0.3）实时预警，配合可视化看板实现系统可用性 99.99% 的 SLA（Service Level Agreement，服务水平协议）保障。

4. 进化学习层

建立持续迭代机制，百度 UNIT 平台的流式训练框架支持每小时增量更新。某全球化电商客服系统每日吸收 237 条新兴语义变体，智能体在接收大量信息后可实现自主学习，不断丰富知识库及优化作答习惯。

智能体的四层架构体系通过"感知→决策→执行→进化"的闭环增强回路，构建了一个持续自我强化的技术飞轮。这一架构首先通过多模态感知系统实时捕获环境信息，包括文本、语音、视觉等多种数据输入，并借助先进的自然语言处理和计算机视觉技术实现深度理解。在决策层面，系统综合运用规则引擎、知识图谱和机器学习算法，在复杂环境中做出最优判断。随后通过精准的执行机制将决策转化为实际行动，无论是物理世界的机器人操作还是数字领域的 API 调用。最终，系统通过持续的数据反馈和学习机制实现能力的迭代进化，形成完整的智能闭环。

这种架构的核心价值在于其标准化的能力栈模型，为低代码智能体开发提供了坚实基础。开发团队可以基于模块化的功能组件，像搭积木一样快速构建出功能完善、性能可靠的 AI 智能体。这种开发模式显著降低了技术门槛，使企业能够更加敏捷地响应数字化转型需求。在实际应用中，智能体不仅能够完成既定任务，更能通过持续的学习优化来适应不断变化的业务场景和技术环境。

从技术实现到商业落地，这一架构正在重塑企业数字化转型的技术基座。在金融领域，智能体可以自动处理合规审核；在医疗行业，能够辅助医生进行诊断决策；在制造业，则能优化生产流程。这种架构的优势在于其既能满足当前业务需求，又具备面向未来的扩展能力。随着技术的不断演进，智能体正从单一任务处理向多任务协同方向发展，从被动响应向主动预测升级，最终将推动企业从数字化向智能化实现质的飞跃。这种持续进化的能力使得智能体不仅是一个技术工具，更成为企业创新发展的重要引擎。

✓ 思考与练习

1. 智能体最核心的技术范式是：
   A. 大数据存储与分析技术　　B. 感知—决策—执行闭环机制
   C. 人工神经网络训练框架　　D. 量子计算加速算法

2. 关于智能体的"社会性"特征，以下描述错误的是：
   A. 支持多智能体协作任务分配
   B. 依赖契约网协议实现资源协商
   C. 典型案例为智能电网分布式调度系统
   D. 通过预设脚本被动响应其他系统请求

3. 1997 年 IBM"深蓝"计算机战胜国际象棋冠军的意义在于：
   A. 首次验证虚拟智能体的商业价值　　B. 实现多模态环境感知技术突破
   C. 证明规则约束下的机器推理极限　　D. 开启强化学习在游戏领域的应用

4. 物理智能体与虚拟智能体的本质区别在于：
   A. 是否具备进化性学习能力
   B. 实体载体是物理空间或数字空间
   C. 决策逻辑采用符号推理或神经网络
   D. 感知信号类型为视觉或听觉

5. 智能体的五大核心特征中，"主动性"与"反应性"有何本质差异？请结合技术原理与案例说明。

6. 从发展历程看，智能体技术经历了哪三个关键跃迁阶段？各阶段的代表性突破是什么？

第二节　智能体的核心能力与应用

一、智能体的核心能力

在与环境交互、不断学习和演化的动态过程中，智能体的核心能力主要表现在自主感知、认知决策与执行三个方面。

首先，感知能力构成这张网的敏感末梢，如同生物体的神经系统，源源不断地从环境中捕捉多模态的信号，如视觉的图像、听觉的声音、触觉的反馈、文字的含义乃至用户微妙的情感与意图。这不仅是数据的被动接收，更包含了智能的理解与整合。

其次，智能体中的高级认知与决策能力则扮演着智能体的思维引擎。它建立在感知所提供的信息和长期积累或不断学习的知识库基础上，如同一台永不疲倦的思维算盘，精妙地进行推理、规划、预测、评估风险并生成策略。这不仅是基于预设规则的简单判断，而且是融合了知识图谱、机器学习和大语言模型等先进技术的综合决策系统。它能够权衡多方因素，在不确定性中做出最优选择。比如，在供应链管理中，智能体可以综合考虑库存、物流、市场波动等多重变量，实时调整采购策略。

最后，高效的执行能力是智能体核心能力的终极体现。智能体能够调用外部资源、操纵软硬件系统、发送精确指令。在智能制造场景中，这种能力体现为工业机器人根据实时工况自动调整操作参数。

因此，智能体的这些能力不是孤立存在的，而是在实际应用中相互协同、相互促进，形成一个良性循环的智能增强系统。通过自主感知、认知决策与执行三大子系统的高度结合使其不再是被动反应的机器，而是成为具有目标导向性、高度情境适应性与持续进化的系统，并在复杂动态的环境中展现出类人的适应性和创造力。因此，智能体不仅是对人类认知的模拟与延伸，更是开启人机共谋新纪元的启明星。

二、智能体的应用

智能体以惊人的广度和深度渗透至人类社会与产业结构的各个维度,其本质上是以其情境感知、自主决策、协作互动与持续进化作为引擎,为复杂问题提供超越传统工具的解决方案。这种变革不仅在效率的提升,更在重塑业务流程、激发创新模式、优化资源分配并扩展人类能力的边界。

在个人生活层面,智能体已成为无处不在的个性化伙伴与效率助手。它们运行于智能家居中枢,无缝协调照明、温控、安防设备,学习住户习惯并预测需求,将住宅演化为一个可感知响应的"生命体"。在个人健康管理领域,它们扮演着全天候的私人健康顾问,整合穿戴设备生理数据、分析生活习惯、预警异常指标,甚至结合电子病历与最新医学研究提供个性化保健建议,实现健康状态的动态监测与主动干预。而作为知识获取的引导者,教育类智能体基于学习者认知水平与兴趣轨迹定制个性化学习路径,提供动态辅导、即时答疑与沉浸式模拟实验环境,颠覆了标准化的灌输模式,使教育更贴近个体潜能发展。它们还深度嵌入日常生活服务流,从理解自然语言指令预订机票酒店,到智能管理日程提醒与多任务执行,再到精准推荐符合个人偏好的新闻、音乐、娱乐内容,大幅降低了信息筛选与事务处理的认知负荷,成为提升生活品质与时间效率的"隐形伙伴"。

在企业运营与产业升级领域,智能体驱动了自动化与智能化的深刻变革。数字员工接管了巨量的规则性业务流程:从自动解析合同条款、识别风险点并生成摘要,到智能处理多格式发票、自动核验录入财务系统;从全天候智能客服精准理解用户意图、解决复杂咨询并实时学习优化话术,到供应链系统中动态预测需求波动、自主协调库存调拨与物流路径优化。它们成为企业决策的"智脑",在金融交易中实时分析全球市场海量信号,生成毫秒级高频交易决策;在制造业实时监控产线传感器数据流,预测设备故障时机、动态优化工艺参数并调整生产排程。在研发创新的最前沿,科研智能体已成为突破人类认知局限的加速器:它们能在巨量学术文献与数据库中自动挖掘隐藏关联、提出可验证假设、设计仿真实验流程并协助分析复杂结果,甚至主导跨学科研究协作。同时，在营销与客户洞察领域，智能体构建360°动态用户画像，设计并自动执行个性化跨渠道触达策略，实时评估活动效果并迭代策略，最大化用户生命周期价值。

在复杂系统与社会治理维度，智能体展现出优化宏观运行与应对全局挑战的巨大潜能。城市正进化为一个由无数协同智能体组成的"有机体"：交通管理智能体融合车流、公交、地铁、行人等多源数据，实时优化信号灯配时、预测拥堵节点并引导分流路径；能源网络智能体动态平衡电网负荷，协调分布式可再生能源出力，预测故障并执行自愈策略；环保系统智能体则监控空气质量、水质、噪声等传感器网络，溯源污染排放并预警生态风险。在农业领域，智能体通过分析卫星遥感、土壤墒情、气象预测与作物生长模型，精确制定灌溉、施肥与病虫害防治方案，最大化土地产出效益与可持续性。国家安全体系亦在引入智能体进行网络空间防御，实时监测异常流量、自动响应攻击并溯源威胁，守护关键信息基础设施。

同时，智能体正在推动人机协作范式进化及催生全新业态的诞生。在创意设计领域，它们成为人类的"灵感伙伴"，理解创作需求并生成设计草稿、概念图与原型，供人类筛选优化，极大释放设计师的想象力。在跨语言交流中，高情商对话智能体实现了接近真人水平的自然、连贯且文化敏感的实时翻译与语境适应对话，消除全球化沟通壁垒。在机器人领域，智能体作为"大脑"赋予机械实体理解物理世界、进行安全决策与灵巧操作的能力（如手术机器人、复杂环境探测机器人）。由此可见，智能体的根本驱动力在于深入理解复杂场景的脉络、自主生成适应性策略。从提升个体生活品质到重塑产业运行逻辑，从优化城市系统到拓展科学认知前沿，智能体正以其强大的泛化性与适应性，成为连接数字智能与现实世界的关键界面，开启人机共生新纪元的序幕。其发展潜力，将随着技术成熟度提升与伦理治理框架完善而呈指数级释放。

杭州作为中国数字经济发展的核心引擎，正以澎湃的创新活力引领智能科技新浪潮。在这片创新沃土上，以"六小龙"深度求索（DeepSeek）、云深处、群核科技、灵伴科技、游戏科学、宇树科技以及智诊科技等为代表的一批标杆企业如雨后春笋般崛起，其技术版图覆盖人形机器人、脑机接口、仿生灵巧手等尖端领域。

这些企业通过持续的技术突破与场景创新，不仅重构着工业制造、智慧医疗、智能服务等领域的应用生态，更推动人机协同的混合智能迈向"感知—决策—执行"一体化的新纪元，为数字经济高质量发展注入强劲动能。例如：

1. **人形机器人：智能体的具身化突破**

杭州科技企业正推动人形机器人从传统机械控制向具身智能（Embodied Intelligence）跃升。以云深处四足机器人和宇树科技人形机器人为代表，通过深度整合多模态大模型，实现了从程序化响应到环境感知与自主决策的质变。在仓储物流场景，这类机器人能实时解析点云数据与视觉信息，自主规划最优路径；在家庭服务领域，依托自然语言理解（NLU）技术，可精准解析"客厅需要整理"等模糊语义，并拆解为系列操作指令。目前，杭州未来科技城等园区已部署具备云端协同智能的机器人导览员，集成实时对话、情感计算等能力，展现了人机共生的前沿实践。

2. **脑机接口与智能仿生：重构人机交互边界**

杭州在脑机融合领域取得突破性进展，以柔灵科技为代表的创新企业率先实现非侵入式脑电采集设备的规模化应用。其核心技术在于将运动意图解码算法与智能体相结合，通过自适应学习不断优化神经信号识别准确率。在医疗康复领域，搭载智能控制系统的灵巧手已能实现0.1毫米级运动精度，使截肢患者可流畅完成执笔书写、物品抓取等精细化操作。2023年杭州亚运会展示的第三代智能假肢系统，集成强化学习智能体架构，通过百万次动作训练迭代，最终将操作误差率控制在0.47%，创造了该领域新的技术标杆。

3. **群体智能：分布式智能体的协同革命**

杭州科技企业正引领群体智能（Swarm Intelligence）的技术革新，通过智能体网络实现多智能体系统的自主协同。典型案例包括：海康机器人开发的物流车队系统，采用分布式决策架构，各智能体通过强化学习算法、实时协商任务分配，在杭汽轮"未来工厂"实现了百万级物料搬运零碰撞的行业突破；极飞科技农业无人机集群，搭载边缘计算智能体，可融合卫星遥感与传感器数据，实现厘米级精度的变量喷洒，较传统作业模式效率提升42.3%。

这些智能体与实体设备的深度耦合实例，标志着从"预设自动化"到"自主协同"的范式转变。据杭州智能制造产业研究院预测，到 2026 年，基于群体智能的解决方案将覆盖全市 65% 以上的智慧工厂和精准农业场景。杭州正在构建的"城市级智能体试验场"，不仅为医疗康复、工业 4.0 等领域提供了创新基础设施，更在全球范围内树立了人机协同的"中国方案"标杆。

✅ 思考与练习

1. 智能体的核心能力主要体现在哪些方面？这些能力如何协同作用，使其超越传统被动反应的机器？

2. 智能体在个人生活、企业运营及社会治理中有哪些典型应用？其根本驱动力是什么？

3. 杭州"七小龙"是指哪七家企业，各自在哪些技术方面取得了突破和引领？

第三节　知识库构建

在信息爆炸的数字时代，我们每个人都深陷数据的海洋——工作文档散落在不同云端、网页文章堆积成未读列表、学习笔记分散于各类应用、聊天记录淹没在对话长河中。这些碎片化信息就像一幅被打乱的拼图，明明每一片都蕴藏着价值，却因缺乏有效的整合而难以发挥真正的作用。当面对专业问题时，传统搜索工具往往只能给出泛泛而谈的结果，无法提供精准可靠的解决方案。

知识库正是为解决这一痛点而生的智能解决方案。它如同为你的认知系统加装了一个超级外脑，能够系统性地收集、整理和优化你接触到的所有知识碎片。通过构建专属知识库，你不仅能将零散信息转化为结构化知识资产，更能让 AI 助手如 DeepSeek 等成为你的智能知识管家，实现信息的即时检索和深度挖掘。

接下来，我们将深入探索知识库的运作机制：从理解其核心技术原理，到逐步构建本地化知识库;从高效采集数据的实用技巧,到运用 AI 优化知识管理的进阶方法。掌握这套知识管理体系,就等于获得了在信息时代构建个人智能知识中枢的金钥匙。现在,就让我们共同开启这场认知升级的革命性旅程,将信息过载的挑战转化为知识赋能的全新机遇!

一、认识知识库

1. 知识库的定义

知识库(Knowledge Base)是一个系统化的信息集合,用于存储、组织和管理特定领域的知识,以便高效检索、推理和应用,它不仅是数据的容器,而且是通过结构化、语义关联和逻辑推理实现智能化的工具。用户可以根据自己的需要,在知识库中添加自己准备让智能体学习及预设回复的相关资料,并在预设回复逻辑中设置好知识库的调用场景即可完成使用。

知识库有两种含义:一种是指专家系统设计所应用的规则集合,包含规则所联系的事实及数据,它们的全体构成知识库与具体的专家系统有关,不存在知识库的共享问题;另一种是指具有咨询性质的知识库,这种知识库是共享的,不是一家所独有的。从发展趋势来看,巨型知识库将会依赖于硬件及软件条件的发展而不断迭代,应用领域也将逐渐广泛。

在技术架构层面,知识库与传统应用程序的根本区别在于它采用了一种全新的设计思路,即把程序运行逻辑和专业知识分开处理。传统系统的开发方式是将解决问题的具体步骤直接编写成代码,这种方式把知识深埋在程序内部,修改时需要重新编写代码,而知识库则另辟蹊径,它像建立图书馆那样,把专业知识单独存储在一个结构化的知识库中,如用分类标签、逻辑规则或关系图谱来系统化组织知识。这种架构创新带来了两大优势:第一,系统运作原理变得透明,就像给机器装上了"思维说明书",人们能清晰地看到知识如何被调用;第二,每个决策的推理链条都有迹可循,既能验证结果是否合理,也便于发现和改进问题根源。

从学科发展维度考察,知识库的演进历程深刻映射着人工智能研究的时代革新。知识库的早期研究聚焦状态空间搜索算法优化,但受制于组合爆炸问题难以突破应用边界。20 世纪 70 年代知识工程的兴起，推动研究重心转向知识表示与推理机制构建，在构建过程中形成了框架系统、产生式系统等经典知识建模系统，该系统的工程价值在第五代计算机计划中得到充分验证，同时又是智能控制系统、智能机器人、智能决策支持系统、专家系统等现代计算机技术系统的关键部件和基础，这种从"算法驱动"到"知识驱动"的转变，被学界公认为人工智能发展史上的第二次浪潮。1982—1992 年，日本主导的 ICOT 项目以并行推理机架构为基础，构建了包含百万级逻辑子句的知识库，在药物发现、故障诊断等领域实现突破性应用。随着云计算、大数据和人工智能等技术的发展，知识库技术已演进为智能系统的关键使能技术，并广泛应用于在线教育、医疗保健、金融服务和市场营销等领域，其典型应用场景包括：专家系统中的领域知识中枢（如 MYCIN 医疗诊断系统）、智能制造中的工艺知识图谱、金融风控中的规则推理引擎及智能客服中的多模态知识融合平台等。如今，知识图谱与认知计算技术的结合正在重塑企业知识管理体系。采用知识库技术的智能系统相较于传统系统，在决策响应速度、异常处理能力和知识复用率等关键指标上平均提升 58%，这种技术优势源于知识库系统特有的符号推理与机器学习融合架构，既保持了逻辑推理的确定性，又具备数据驱动的适应性，完美平衡了认知智能的严谨性与灵活性。

2. 知识库的特征

知识库的特征包括模块化、层次化、数据结构化、检索与共享等，具体介绍如下。

（1）模块化

知识库中的知识根据它们的应用领域特征、背景特征、使用特征、属性特征等而被构成便于利用的、有结构的组织形式，即模块化。

（2）层次化

知识库中的知识是有层次的。最低层是"事实知识"，中间层用来控制"事实知识"，最高层次是"策略规则"。因此，知识库的基本结构是层次结构，是由其知识本身的特性所确定的。在知识库中，知识片间通常都存在相互依赖的关系，规则是最典型、最常用的一种知识片。

（3）数据结构化

知识库的数据具有结构化特征，数据类型主要包括文本、音频和视频等。知识库可以通过数据库、文件存储等方式进行存储和管理，方便用户进行查询过滤、排序和分类，并可用于数据分析和挖掘。通过机器学习、自然语言处理等技术，为数据进行分析和挖掘提供更准确和有用的信息。

（4）检索与共享

知识库可以通过搜索引擎进行快速检索，用户可以根据关键词、主题、时间等多种方式进行检索，同时知识库可以支持共享和协作，用户可以与其他用户分享或访问同一份数据，共同学习和研究。

3. 知识库的意义

知识库的全流程治理机制包括知识捕获、知识清洗、知识分类和知识存储，通过实施知识生命周期管理来实现知识结构化治理。知识库采用本体建模（Ontology Modeling）和知识图谱（Knowledge Graph）技术，将碎片化知识转化为具备语义关联的数字化资产，这种多维度知识分类体系结合元数据标引技术，使隐性知识显性化率提升63%。因此，知识库的建立有助于构建高效的知识检索架构，为深度知识挖掘奠定基础。

知识库通过系统化整理企业信息，显著提升了知识共享效率。原本分散的知识经过分类存储后，员工能像在图书馆查书一样快速找到所需内容，避免了重复搜索的时间浪费。同时，企业官网的新闻板块能实时更新行业动态和公司要闻，让全体员工同步获取最新资讯，进而显著提升信息传递效率。

在促进团队协作方面，知识库搭建了高效的知识流通通道。以施乐公司为例，员工可将工作中总结的实用技巧提交至知识库，由专家小组筛选出优质方案入库，每条建议不仅标注贡献者姓名，还通过区块链技术生成不可篡改的电子凭证。这套机制既保护了员工的知识产权，又让优秀经验快速复用，统计显示其知识复用效率因此提高了42%。

在客户资源管理方面，知识库更是发挥着保险柜的作用。例如，传统模式下，老销售积累的客户资源常因岗位变动而流失，新员工接手时往往要从零开始。知识库通过集中存储客户画像、交易记录等核心数据，构建了永不离职的

"数字销售团队"。当人员更替时,新业务员可直接调用详尽的客户档案,确保服务连续性和客户体验稳定性。

二、知识库搭建原理与流程

1. 知识库搭建原理

知识库(Knowledge Base)是组织、存储和管理知识的系统,其搭建原理涉及多个关键环节和技术,以下是知识库搭建的主要原理。

首先,要精准界定需求,明确知识库的受众群体,厘清其旨在解决的具体问题以及所涵盖的业务领域。例如,若知识库供团队内部使用,应着重整理项目文档与流程制度;若用于服务外部客户,则需侧重产品说明及常见问题解答。由于需求存在差异,后续的知识库架构设计与内容筛选标准也会有所不同。

其次,在规划知识库结构时,应当像设计城市交通网一样系统化。首先需要绘制知识地图,用思维导图工具将核心主题作为"主干",如产品、技术、流程等,再像树枝分杈般延伸出子类别,建议主分类不超过 8 个大类,如部门文档、客户案例、培训资料,每个大类下最多设置 3 层子目录,如主类"技术部"→子类"操作手册"→细分类"设备维护指南",避免因层级过深导致信息"迷路"。此外,分类名称要直观易懂,可参考用户的搜索习惯进行定义。在收集与整理内容时,需明确信息筛选标准,优先收录高频使用的文档、重复咨询的问题及关键流程的说明。同时,对收集到的原始资料进行标准化处理,统一文件命名规则(如"日期—主题"),删除重复内容,补充缺失信息,重要文档还需经相关部门审核以确保准确性。

再次,在搭建工具的选择上,要紧密结合实际需求。小型知识库可利用在线文档平台创建共享文件夹,并借助标签功能进行分类;中型知识库适合采用 Notion、Confluence 等协作工具,这类工具支持页面模板与权限管理;大型知识库则需要定制开发系统,集成搜索算法与数据分析模块。为确保知识库的可持续性,需建立分类管理机制,制定文档上传规范时需要明确的格式要求(如 PDF、Word、视频)、大小限制及命名规则。安排专人负责知识审核,定期检查内容的时效性，及时更新过期文件，标记待补充内容。同时，运用标签体系辅助分类，如为所有涉及财务流程的文档添加"财务"标签。权限管理方面，要兼顾安全性与便利性。依据角色分配不同的权限层级，如普通成员仅拥有查看权限，部门负责人可编辑本领域内容，管理员则拥有全部权限。此外，要设置水印以保护敏感文件，对重要操作进行记录留痕。对于向外部用户开放的知识库，需建立内容脱敏机制，自动隐藏内部通讯方式等隐私信息。

完成知识库搭建后进入测试阶段。以模拟新员工入职场景为例，测试其能否快速找到入职指引、考勤制度等相关信息；模拟客户咨询场景，验证常见问题是否覆盖全面。同时，收集10~20名真实用户的反馈，重点关注搜索关键词与实际结果的匹配度，通过调整分类标签来优化检索效率。

最后，要将知识库的维护更新纳入固定机制。例如，建立更新日历，实行季度检查制度文件、月度更新产品资料、每周补充新产生问题解答的制度。设置过期提醒功能，如对于政策类文档，提前2个月标红并提示负责人进行复核，保留历史版本以便追溯，重要修改需经双人确认等。

2. 知识库搭建流程

知识库的搭建是一个系统化工程，涉及数据采集、处理、存储、应用等多个环节。同时，知识库的搭建平台非常多，如扣子平台、腾讯元器平台、文心智能体平台等。由于扣子平台拥有丰富的数据源和无限扩展的能力集，故本小节以扣子平台为例进行知识库的搭建，该平台是新一代AI Agent开发平台。无论你是否有编程基础，都可以在扣子平台上快速搭建基于大模型的各类AI应用，并将AI应用发布到各个社交平台、通信软件，也可以通过API或SDK将AI应用集成到你的业务系统中。借助扣子提供的可视化设计与编排工具，可以通过零代码或低代码的方式，快速搭建出基于大模型的各类AI项目，满足个性化需求、实现商业价值。除此之外，扣子平台提供了简单易用的知识库功能来管理和存储数据，支持智能体与你自己的数据进行交互。无论是内容量巨大的本地文件还是某个网站的实时信息，都可以上传到知识库中，这样，智能体就可以使用知识库中的内容回答问题了，下面将介绍如何构建知识库。

（1）知识库资料上传

不同平台的知识库创建略有不同，但主要目的都是根据自己的需求实现定制化的智能体。根据自己的需求选择文本、表格、公众号、网站等对应的知识库创建方式，完成知识库的资料导入与初步建立。以扣子平台为例，通过访问"https://www.coze.cn/"，点击"扣子开发平台—快速开始"可直达扣子搭建页面，如图 3-2 所示。

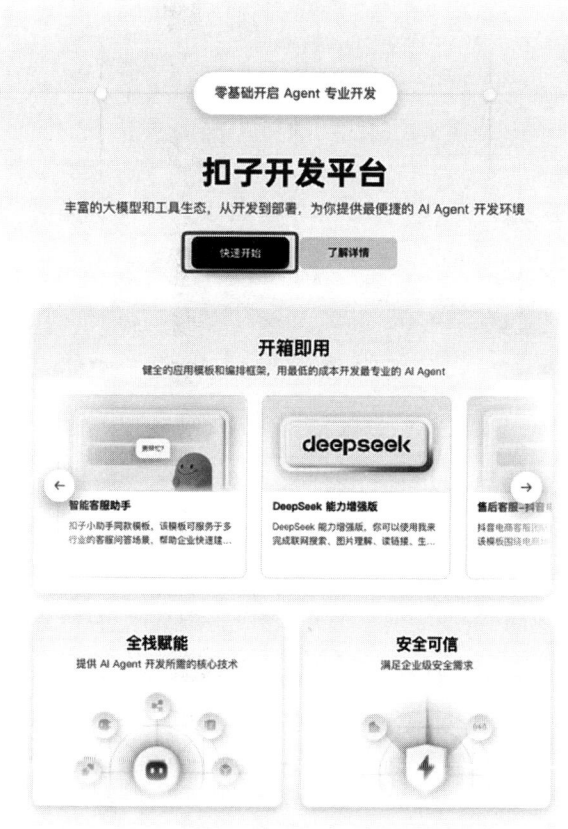

图 3-2　扣子开发平台快速开始页面

通过点击"工作空间—资源库—右上角资源按钮—知识库"进行知识库的创建，如图 3-3 所示。

图 3-3　扣子平台知识库创建页面

通过拖拽或点击上传的方式在扣子平台中实现知识库资料的上传，如图 3-4 所示。

图 3-4　扣子平台知识库资料上传页面

（2）知识库资料分段与清洗

知识库资料上传之后需要对上传的资料做分段与清洗以使之更加准确，当然也可以选择通过平台自动化完成这项工作，再根据具体的智能体调用情况进行微调，在"创建设置"页面中将文档解析策略选择"精准解析"，全部勾选提取内容选项，分段策略和配置存储使用默认选项，如图 3-5 所示。

图 3-5　扣子平台知识库分段与清洗

完成知识库分段与清洗后可直达"分段预览"页面，如图 3-6 所示。

图 3-6　扣子平台知识库预览

（3）知识库数据处理

分段预览完成后，"下一步"至"数据处理"页面，点击右下角"确认"，如图3-7所示。

图3-7　扣子平台知识库数据处理

（4）知识库效果浏览

知识库上传完成后单击具体知识库可实现浏览，具体效果如图3-8所示。

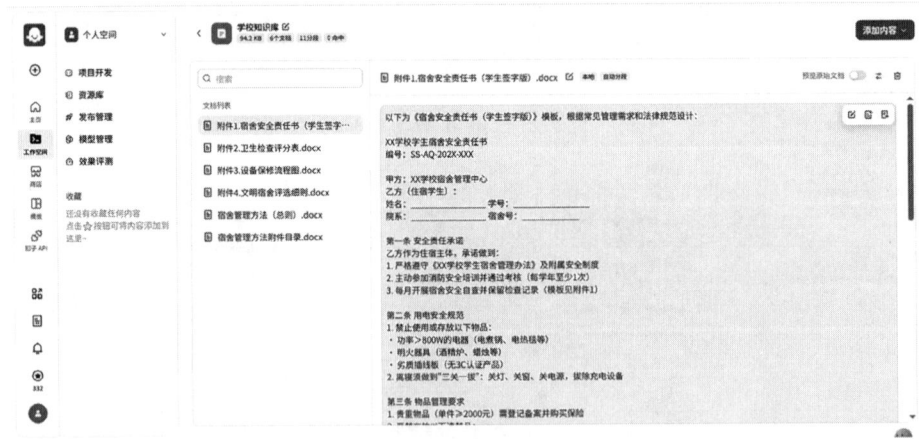

图3-8　扣子平台知识库展示

三、知识库数据类型与格式规范

1. 知识库常见数据类型

知识库最初用于搜索引擎和在线图书馆领域,借助层次化及模块化等特性实现用户快速查找和获取所需信息,通常包含文档、图片、音频、视频、网页等内容,可以被用户检索、过滤、排序和分类。知识库作为一种数据存储和组织方式,在存储、管理和检索过程中涉及的数据类型主要分为结构化和非结构化数据。

结构化数据也称作行数据,是由二维表结构逻辑表达和实现的数据,具有预先定义的固定格式、字段类型、字段长度和取值范围。结构化数据类型主要通过关系型数据库进行存储和管理,如 Oracle、MySQL 等。

结构化数据具有以下特点:

(1)格式化存储:结构化数据存储在固定模式的表格中,如行和列。

(2)易于检索:由于其结构化特性,可以使用 SQL(结构化查询语言)进行高效查询和操作。

(3)严格的数据类型:每列的数据类型通常是预先定义好的,如整数、字符串、日期。

(4)高效的存储和压缩:由于数据高度结构化,因此,存储方式可以高度优化,查询性能也很高。

以电子商务系统中的订单信息为例表明结构化数据存储的方式,具体如表 3-1 所示。

表 3-1 电子商务订单信息数据

订单号	客户 ID	商品名称	数量	单价	日期
12345	001	手机	1	4000	2025-09-01
12346	002	电脑	2	6000	2025-09-02
12347	001	鼠标	1	200	2025-09-02
12348	003	手机	1	4000	2025-09-06

表 3-1 是以行列为基础结构，每个字段都有一个明确的类型和用途。订单号是一个唯一标识符，客户 ID 表示下单客户，商品名称是一个字符串字段，而数量和单价是数字字段。由于每条记录的格式都是一致的，所以这种表格数据非常容易被查询、分析和操作。

非结构化数据是与结构化数据相对的，是不适于用数据库二维逻辑表来表现的。常见的非结构化数据包括办公文档、XML、HTML、各类报表、图片和音频、视频信息等。非结构化数据的数据结构是不规则或不完整的，没有预定义的数据模型，不方便用数据库二维逻辑表来表现，其格式非常多样，标准也具备多样性，而且在技术上非结构化信息比结构化信息更难实现标准化和让用户理解，所以在存储、检索、发布以及利用时需要更加智能化的 IT 技术，比如海量存储、智能检索、知识挖掘、内容保护、信息的增值开发利用等。

非结构化数据具有以下特点：

（1）没有预定义的格式：非结构化数据的存储形式非常灵活，没有固定的行和列。

（2）多样性：可以包括文本文件、PDF 文档、图片、视频、社交媒体数据等。

（3）复杂的处理方式：处理非结构化数据需要使用更复杂的技术，如自然语言处理（NLP）或图像识别技术。

（4）无法直接使用传统数据库存储：非结构化数据通常存储在文件系统或分布式存储系统中，如 Hadoop HDFS、NoSQL 数据库等。

下面将列举几个生活中常见的使用非结构化数据存储的场景：

视频流媒体平台如抖音等每个上传的视频都是非结构化数据，包括视频文件、标题、描述、评论等信息。视频文件本身就是典型的非结构化数据，无法像表格一样用行列表示，虽然视频文件可以有元数据（如时长、格式、分辨率等），但视频内容本身需要使用复杂的算法来解析，如视频分析技术。

电子邮件后端存储的数据也是非结构化的形式。电子邮件中的文本、附件、图片、链接等信息并没有特定的结构，尽管每封电子邮件可能有一些结构化的元数据（如发件人、收件人、时间戳），但实际的邮件内容是非结构化的，如果要从电子邮件中智能提取有用的信息,通常需要使用文本挖掘技术或自然语言处理技术。

结构化数据与非结构化数据的对比如表 3-2 所示。

表 3-2 结构化数据与非结构化数据的对比

特性	结构化数据	非结构化数据
格式	固定格式(如表格)	无固定格式
存储位置	关系型数据库(如 MySQL、Oracle)	文件系统、NoSQL 数据库、Hadoop 等
数据检索	使用 SQL 进行高效查询	需要复杂的检索技术(如文本检索)
数据类型	数值、字符串、日期等明确的数据类型	文本、图像、视频、音频等
处理难度	较低,处理和分析工具成熟	较高,需要复杂的处理技术

2. 知识库的数据格式规范

对于结构化数据可以采用 Markdown[①] 工具实现标题层级、代码块、表格等内容的格式化和呈现。处理复杂表格时,需确保表格语法的规范性,避免跨行、跨列的复杂结构影响解析,可适当拆分为多个简单表格。常见的处理文件的格式包括 JSON[②]、CSV[③] 和 Excel。其中 JSON 适用于机器可读的层级化数据(如产品参数、规则库),应注意 JSON 中数据类型的一致性,防止因类型混乱导致解析错误。在处理表格类数据时可使用 CSV 或 Excel,在使用 Excel 时需要注意首行使用明确业务含义的列标题,所有单元格保持独立,不使用合并单元格和多行标题,移除表格内所有空行/空列,同时确保每列数据类型统一。由于 CSV/JSON 两种形式的平台兼容性最高,故可优先使用这两种文件类型。

在处理非结构化数据时,常见的文件存储格式包括 PDF、Word、TXT。知识库进行上传时应当优先选择文字版 PDF 形式,若该 PDF 为扫描件,则需

---

① Markdown 是一种轻量级标记语言,特别适合用于结构化数据的呈现和格式化,具有易读易写、跨平台兼容、高效便捷等特性。

② JSON 是一种常用的数据格式,在电子数据交换中有多种用途,包括与服务器之间的 Web 应用程序的数据交换。

③ CSV 指纯文本格式,用来存储表格数据,如电子表格或数据库里的内容。

要进行光学字符识别和人工校验，可通过对比识别结果与原始图像中的文本分布，检查字符识别的准确性，重点关注文字的模糊、扭曲、断行等情况对识别的影响；若知识库含有图表时，需确保有文字说明，以便准确提取图表信息；若知识库中的文件形式为 Word 时，需要注意标题应使用样式标题，禁用文本框、特殊符号、页眉、页脚等不可解析元素。同时，应注意隐藏格式，如样式中的一些特殊设置，避免其对解析造成干扰，在保存 Word 文件时尽量采用标准格式；若知识库文件的格式为 TXT，则仅适用于简单文本，在读取和写入时要确保编码一致，防止乱码问题。

四、运用 Python 爬取数据构建知识库

1. 认识 Python

Python 是一种高级、通用、解释型的开源编程语言，由 Guido van Rossum 于 1991 年首次发布。其设计哲学强调代码的可读性与简洁性，通过使用缩进（空格/制表符）而非大括号来定义代码块，显著降低了编程的复杂性。Python 具有以下几个特点：

（1）简洁易读：语法接近自然语言，如 print（"Hello World!"）直接实现输出。

（2）跨平台兼容：支持 Windows、Linux、macOS 等主流操作系统。

（3）丰富的生态库：拥有超过 20 万个第三方库，覆盖科学计算、Web 开发、AI 等领域。

（4）多范式支持：面向对象、函数式、过程式编程灵活切换。

（5）动态类型系统：变量类型在运行时自动推断，无须显式声明。

（6）开源社区驱动：全球开发者共同维护，迭代快速。

使用 Python 的一个基本应用是进行 Web 开发，使用 Python 做前端页面基础设施的公司有豆瓣、知乎、美团、饿了么及搜狐等；同时 Python 还能用于大数据处理，随着近几年大数据的兴起，Python 也得到了前所未有的爆发，借助第三方的大数据处理框架可以很容易地开发出大数据处理平台。到目前为止，Python 是金融分析、量化交易领域里使用最多的语言；除此之外，Python

作为一门脚本语言,也适用于人工智能领域。在人工智能上使用 Python 比其他编程语言有更大的优势,主要体现在它简单、快速、可扩展等方面;Python 亦可应用于爬虫领域,多数分析挖掘公司以合法合规的网络爬虫的方式得到不同来源的数据集合,构建属于自己的大数据综合平台。了解 Python 语言的特点及应用场景后,下面介绍 Python 的安装流程:

(1)下载 Python

Python 官网网址:https://www.python.org/,选择下载的 python 版本,如图 3-9 所示。

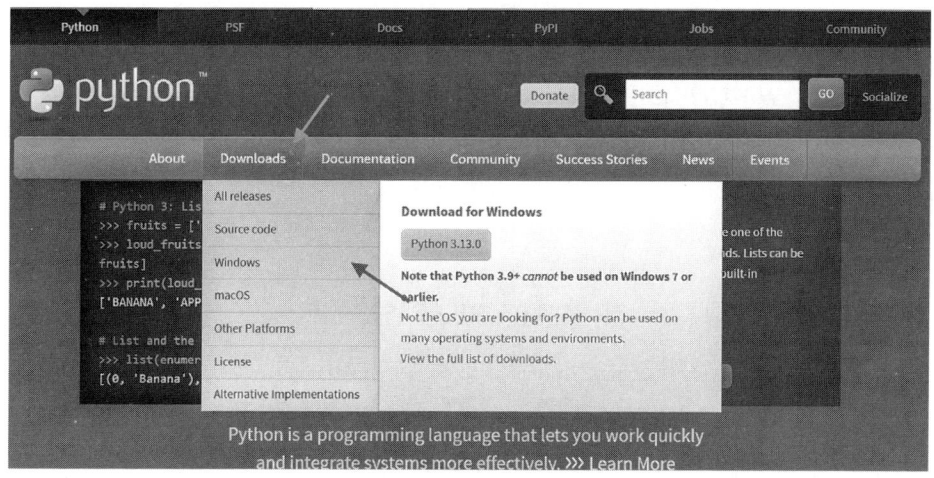

图 3-9 Python 下载入口

(2)Python 安装

可执行程序,老版本的 Python 会有一个"Install launcher for all users"选项,请务必勾选,同时选择项会有一个"add ** to PATH"务必勾选,如图 3-10 所示。

默认选项,点击"next"。自定义路径,记住此路径,点击"install",等待安装完成,点击"close"关闭,如图 3-11 所示。

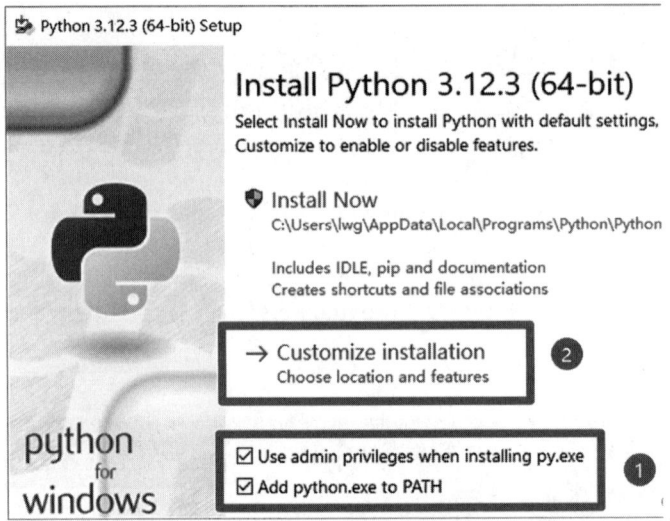

图 3-10　Python 安装步骤

图 3-11　Python 安装成功示意

（3）Python 软件安装确认

在 windows 电脑按快捷键"Win+R"，输入"cmd"，在终端里输入"Python"后按"回车键"，如果出现图 3-12 中带版本的内容，则说明 Python 安装成功。

```
C:\Windows\system32\cmd.exe - python
Microsoft Windows [版本 10.0.17763.437]
(c) 2018 Microsoft Corporation。保留所有权利。

C:\Users\lwg>python
Python 3.12.3 (tags/v3.12.3:f6650f9, Apr  9 2024, 14:05:25) [MSC v.1938 64 bit (AMD64)] on win32
Type "help", "copyright", "credits" or "license" for more information.
>>>
```

图 3–12　Python 安装完成确认示意

（4）Python 编程工具下载

Python 编程工具有很多，可以选择 Pycharm，分为专业版（professional）和社区版（community）。社区版是免费的，专业版则要收费。日常学习和使用，社区版完全够用。进入 pycharm 官网 https://www.jetbrains.com/pycharm/download/?section=windows 在下载界面往下翻，找到 pycharm community edition 版本，点击下载 windows 版本，如图 3-13 所示。

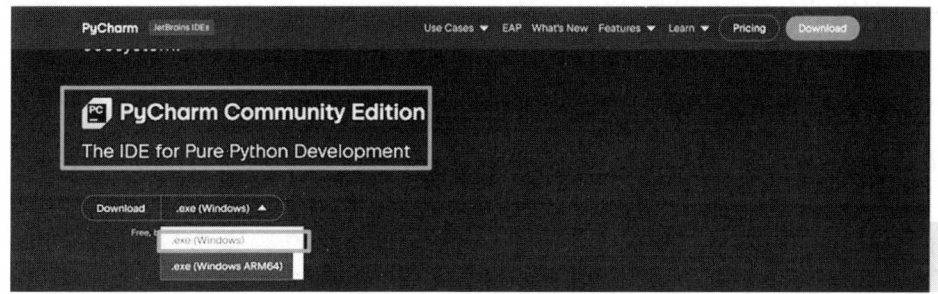

图 3–13　Pycharm 下载

（5）Pycharm 安装

双击 .exe 文件打开软件，进行安装，点击下一步直至安装完成，如图 3-14 所示。

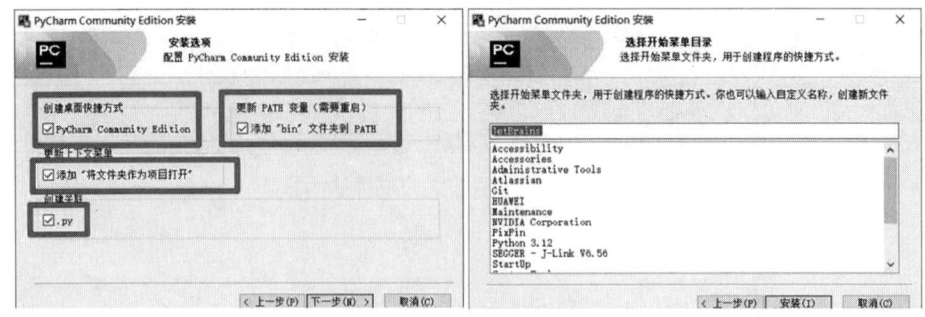

图 3-14　Pycharm 安装

2. 认识爬虫

（1）爬虫的基本概念

爬虫（Crawler），也称网络蜘蛛（Spider）或网络爬虫（Web Crawler），是一种自动获取网页数据的程序。爬虫可以通过互联网上的链接，访问并提取网页内容，爬虫通常被用于数据分析、信息挖掘、搜索引擎优化等领域。通俗地讲，爬虫就是通过程序获取网页上想要的数据，它通过模拟浏览器行为，向网站发起请求，获取资源后分析并提取有用的数据，如文字、图片、视频和音频等，从而节省大量的时间和人力成本。下面将详细介绍与爬虫相关的基本概念。

① HTTPS。

HTTPS（Hypertext Transfer Protocol Secure），是以安全为目标的 HTTP[①] 通道，在 HTTP 的基础上通过传输加密和身份认证保证了传输过程的安全性。HTTPS 不是协议，而是通过 SSL/TLS 协议[②] 提供的安全连接进行的 HTTP 通信，通过数字证书、加密算法、非对称密钥等技术完成互联网数据传输加密，实现互联网传输安全保护。

---

① HTTP（Hypertext Transfer Protocol，超文本传输协议）是一种用于分布式、协作式和超媒体信息系统的应用层协议，是万维网（WWW）数据通信的基础。

② TLS/SSL 是一种加密保护协议，在系统认证过程中，客户端发送一个消息到服务器，服务器以进行自认证的消息响应客户端；客户端和服务器完成额外的会话密钥交换，结束整个认证会话过程；当认证完成后，在服务器端与客户端使用在认证过程中建立的对称密钥的安全通信。

② URL（统一资源定位符）。

URL（Uniform Resource Locator）是网页的唯一地址，用于标识互联网上资源的具体位置。其典型结构为：协议：// 域名：端口 / 路径？查询参数 # 片段标识。例如，https://www.example.com/news?id=123 中，https 为数据传输通道，www.example.com 为域名，/news 为路径，id=123 为查询参数。爬虫通过解析 URL 获取目标网页，并可结合正则表达式或 XPath 规则提取特定格式的链接，实现深度爬取。

③ User-Agent。

User-Agent 是 HTTP 请求头中的一个字段，用于标识客户端的类型（如浏览器、爬虫程序）及版本信息。例如，浏览器发送的请求可能包含：

User-Agent：Mozilla/5.0（Windows NT 10.0；Win64；x64）AppleWebKit/537.36

部分网站会通过检查 User-Agent 限制爬虫访问，如返回 403 错误。此时，可通过设置常见的浏览器 User-Agent（如伪装成 Chrome 或 Firefox）或使用随机 User-Agent 池来绕过限制。但需注意，过度伪装可能违反目标网站的 robots.txt 协议。

④ robots.txt。

爬虫进行网页爬取时必须遵循一定的协议规范，robots.txt 是一个文本文件，用于告诉爬虫哪些页面可以爬取，哪些页面不能被爬取。如果擅自爬取用户隐私信息或企业机密信息，可能会构成违法行为。

⑤ HTML。

HTML（HyperText Markup Language）是构建网页的基础语言，用于定义网页的结构与内容。它通过标签（如 <h1>、<p>、<a>）将文本、图片、视频等元素组织成层次化结构，并通过浏览器解析渲染为可视化页面。爬虫通过解析 HTML 代码来提取网页中有价值的内容。

⑥数据存储。

爬虫获取到的数据需要进行存储，以便后续分析和使用。常用的数据存储方式包括文件存储、数据库存储等。

⑦反爬虫技术。

为了保护网站和数据，一些网站会采取反爬虫技术，如限制 IP 访问频率、验证码等，学习爬虫过程中需要了解这些技术，才能避免被限制访问。在使用爬虫的过程中，需要遵守相关法律法规，如保护他人隐私、著作权等，同时，也需要注意网络安全问题，如防止爬虫被黑客利用等。

（2）爬虫的功能及特征

爬虫的核心功能与特征共同构成了其作为高效数据采集工具的技术基础。网络爬虫就像一个智能化的数据收割机，其核心能力体现在以下三个关键环节：

①自动化抓取。

爬虫通过模拟人类浏览网页的行为，如自动点击翻页，能够 24 小时不间断地访问目标网站。它像邮差一样发送请求获取网页代码（包括文字、图片、表格等），甚至能处理需要登录或动态加载的内容（如需要下拉滚动才能显示的评论区），为后续分析提供原材料。

②精准数据提取。

获得网页数据后，爬虫如同戴着放大镜的侦探，通过识别网页结构特征（如商品详情页的标题总是在特定位置），能精准提取价格、评论量等关键信息，同时过滤掉广告等干扰内容，把原始网页转化为结构清晰的表格数据。

③智能管控系统。

为避免被网站封禁，爬虫内置"交通规则"，如控制访问速度（如每 5 秒抓取一页），限制抓取深度（如只采集前 3 页商品），还能自动识别死链或重复内容。最终，这些数据会被分类存入电子表格或数据库，就像图书管理员把不同书籍归入对应书架，方便后续制作图表或生成分析报告。

网络爬虫除三大核心能力外，其技术特征也决定了它的强大能力，并划定了必须遵守的法律边界，其特征主要体现为四大核心特质：

①规则精准。

爬虫通过设定精准的规则来完成信息提取。它能自动识别网页中的特定信息，从复杂页面结构中提取深层数据，如商品详情里的隐藏优惠信息，确保抓取结果零误差。

②效率提升。

爬虫采用多任务处理技术，类似超市结账时开多个收银窗口，能同时处理数十个网页请求。原本需要整夜才能抓完的电商平台商品数据，现在只需泡杯咖啡的时间就能完成，效率提升了数十倍。

③灵活适应需求变化。

开发者可以像搭积木一样调整爬虫功能。可逐层抓取全站链接，也可在某一层实现深度挖掘。遇到验证码等障碍时能通过图像识别插件自动破解。

④守法合规。

在技术层面体现对法律与伦理的尊重是爬虫技术可持续发展的关键，技术与规则的平衡就像给赛车装上智能限速器，让数据采集既高效又安全。爬虫开发者必须遵守网络规则，主动查看网站的"访客须知"（robots.txt 协议），避开用户隐私等禁区；通过定期更换虚拟身份，如轮换代理 IP、标明"访客名片"（User-Agent 信息）等操作，既保证数据获取效率，又符合《中华人民共和国网络安全法》等法律要求。

（3）爬虫的适用场景

爬虫技术凭借其自动化、高效的数据获取能力，在搜索引擎、电商平台、舆情分析、学术研究等多个领域发挥着重要作用。爬虫的具体适用场景与介绍如下。

①搜索引擎与信息聚合。

搜索引擎（如 Google、百度）的核心是爬虫程序，它们通过遍历互联网上的网页，建立索引库，从而支持用户快速检索信息。此外，新闻聚合平台，如今日头条，也会利用爬虫抓取各大媒体的最新内容，整合后推送给用户。

②电商与价格监控。

电商平台，如淘宝、亚马逊等的商品价格、库存、用户评价等数据可通过爬虫实时获取，帮助商家分析竞品策略或消费者优化购物决策。例如，价格监控工具可自动抓取多平台价格，生成比价报告。

③舆情监控与数据分析。

政府、企业或研究机构会使用爬虫抓取社交媒体（如微博、Twitter）、新闻网站等平台的文本数据,分析公众情绪、热点话题或品牌口碑。例如,疫情期间可通过爬虫监测社交媒体上的疫情相关讨论,辅助防控决策。

④学术研究与数据挖掘。

学术领域常利用爬虫获取论文、专利、行业报告等数据,用于文献综述或趋势分析。例如,科研人员可爬取某领域近十年的论文标题与摘要,通过文本挖掘技术分析研究热点变迁。

⑤内容聚合与个性化推荐。

内容平台(如知乎、豆瓣)会爬取用户生成内容,结合算法实现个性化推荐。例如,音乐平台可能爬取用户听歌记录与评论,为其推荐相似风格的歌曲。

⑥招聘与人才分析。

招聘网站的职位信息、候选人简历等数据可通过爬虫获取,帮助企业分析人才市场趋势或优化招聘策略。

⑦金融与投资分析。

金融领域会爬取上市公司财报、新闻资讯、社交媒体情绪等数据,辅助投资决策。例如,量化投资机构可能通过爬虫抓取社交媒体上的关键词,预测市场情绪波动。

爬虫技术的应用场景广泛,但其核心价值在于高效、精准地获取数据,为后续的分析与决策提供支持。但是,其在实际应用中需严格遵守法律法规,避免爬取敏感信息,遵守 robots.txt 约束协议,确保技术运用的合法性与合规性。

3. 爬虫的基本流程

爬虫作为自动化数据采集工具,其核心流程通常包含目标确定、请求发送、响应处理、数据提取、数据存储及异常处理六大环节,各环节紧密衔接,形成完整的数据获取链路,如图 3-15 所示。

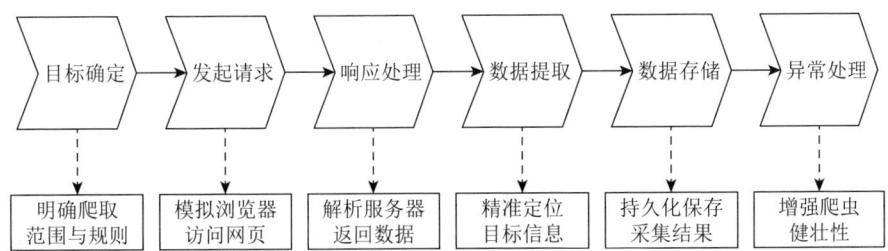

图 3-15 爬虫的基本流程

六大环节的具体介绍如下。

（1）目标确定：明确爬取范围与规则

爬虫前确定需要采集的数据类型（如新闻标题、商品价格）、来源网站（如电商平台、社交媒体）及数据量级（如全站爬取或指定分类），并检查目标网站的 robots.txt 文件（如 https://example.com/robots.txt），确认允许爬取的路径及禁止范围。

（2）发起请求：模拟浏览器访问网页

通过 HTTP 库向目标站点发起请求，即发送一个请求然后等待服务器响应。这个请求的过程类似于打开浏览器，在浏览器地址栏输入网址，如 www.baidu.com，然后点击"回车"。

（3）响应处理：解析服务器返回数据

如果服务器能正常响应，将会返回一个响应值，该内容就是所要获取并解析的二进制数据，其中包括 HTML、JSON 和字符串等信息。响应过程类似于服务器接收到浏览器的请求，经过解析后将网页 HTML 文件发送给浏览器，同时需检查 HTTP 状态码（如 200 表示成功，403 表示禁止访问，500 表示服务器错误），针对异常状态执行重试或跳过逻辑。

（4）数据提取：精准定位目标信息

通过请求访问后返回得到的相应内容可能有多种形式。对于网页的 HTML 代码，可以使用正则表达式或者网页解析库进行解析，如去除 HTML 标签、清洗数据、转换数据格式等。对于 JSON 格式数据，可以直接转为 JSON 对象解析。对于二进制数据，可以进行保存或者进一步处理。这一步类似于浏览器将服务器端的文件获取到本地，再进行解析并且显示出来。

（5）数据存储：持久化保存采集结果

对于解析完成的数据可以将其保存到本地，也可以上传到远程的数据库中。这就类似于浏览网页时，将网页上的文本、图片或者视频下载下来。

（6）异常处理：增强爬虫健壮性

在爬虫运行过程中，为增强其健壮性并应对网络波动与反爬策略，需设计多维度的容错机制，具体包括：针对临时性网络错误（如请求超时、服务器返回 502 错误）实施 3~5 次重试策略，并通过随机间隔（如 1~5 秒）避免触发目标服务器的请求限制；同步建立详细的日志记录体系，完整捕获请求 URL、HTTP 状态码及错误堆栈信息，为后续问题排查提供可追溯的依据；同时构建动态反反爬策略，当遭遇验证码验证时，可调用光学识别技术解析图形内容或引导人工干预完成验证，若因高频访问导致 IP 被封禁，则需自动切换至代理 IP 池中的备用地址以维持爬取连续性，通过重试机制、日志追踪与反反爬技术的协同作用，确保爬虫在复杂网络环境中稳定运行并降低数据采集的中断风险。

4. Requests 库的基础知识

（1）认识 Requests 库

在当今的互联网时代，数据获取和交互成为开发者日常工作中的重要部分，Python 作为一门简洁而强大的编程语言，提供了许多工具来简化这一过程，其中，Requests 库无疑是处理 HTTP 请求的利器。无论你是初学者还是经验丰富的开发者，掌握 Requests 库的使用都将大幅提升你的工作效率。

Requests 是一个优雅而简单的 HTTP 库，专门为网络爬虫、API 交互等领域设计。相比于 Python 内置的 urllib 库，Requests 提供了更加简洁和直观的 API，使得发送 HTTP 请求变得异常简单。通过 Requests，你可以轻松地发送 get、post、put、delete 等各种 HTTP 请求，并且处理响应数据也非常方便。下面将带你从零开始，逐步深入，全面掌握 Requests 库的使用技巧。

（2）Requests 库的安装

根据上述步骤完成 Python 和 Pycharm 的下载安装后即可通过以下步骤

完成 Requests 库的安装，可以选择使用 pip 安装，打开命令行或终端，搜索"cmd"或"Command Prompt"并打开，输入安装命令：

```
pip3 install requests
```

等待安装过程中，pip 会开始下载并安装 requests 库及其依赖项。这可能需要一些时间，具体取决于你的网络速度和计算机性能。安装完成后，你可以通过运行以下命令来验证：

```
python3 -m pip show requests
```

（3）Requests 库的使用方法

首先使用 import 将 Requests 库引入进来，使用 requests.get() 方法发送一个请求，下面以发送一个请求到百度的首页为例，并通过 response.text 获取网页的 HTML 内容。

```
import requests
response = requests.get('https://www.baidu.com')
print(response.text)
```

除 get() 方法外，Requests 库还支持多种获取网页信息的方法，这些方法覆盖了 HTTP 协议的主要操作，为开发者提供了便捷的网络请求功能，下面将逐一介绍 Requests 库中常用方法：

① requests.get()。

用于发送 get 请求，从服务器获取数据。这是最常用的方法之一，适用于获取网页内容、API 数据等。get 请求通常将参数附加在 URL 后面，也可以通过参数直接传递字典形式的查询参数。

② requests.post()。

用于发送 post 请求，向服务器提交数据以创建或更新资源。post 请求常用于表单提交、文件上传等场景。可以通过 data 参数提交表单数据，或通过 json 参数提交 JSON 格式的数据。

③ requests.put()。

用于发送 put 请求，更新服务器上的现有资源。与 post 请求不同，put 请求通常用于更新资源的全部内容，而不是创建新资源。

④ requests.delete()。

用于发送 delete 请求，从服务器上删除指定的资源。

⑤ requests.head()。

用于发送 head 请求，获取资源的头部信息而不获取实际内容。这对于检查资源是否存在、获取资源的元数据等场景非常有用。

⑥ requests.patch()。

用于发送 patch 请求，对服务器上的资源进行局部更新。与 put 请求不同，patch 请求只更新资源的部分内容。

⑦ requests.request()。

这是 requests 库中最核心的方法，可以发送任意类型的 HTTP 请求。通过指定 method 参数，可以实现 get、post、put、delete、head、patch 等所有 HTTP 方法。例如，requests.get()、requests.post() 等实际上都是基于 requests.request() 方法封装的。

5. BeautifulSoup 库的基础知识

（1）认识 BeautifulSoup 库

在 Python 的世界里，网络数据的抓取和解析是一项常见而重要的任务。BeautifulSoup 库正是为此而生，它能够从复杂的网页文档中高效提取数据，以其强大的解析能力和简洁的 API 设计，成为 Python 中最受欢迎的 HTML 和 XML 解析库之一。接下来将带你了解如何安装 BeautifulSoup 库，掌握其常用接口，并探索一些进阶用法，首先将介绍 BeautifulSoup 库的安装方法和使用方法。

（2）Beautifulsoup 库的安装

在开始之前，确保 Python 已经安装在你的计算机上。通过 pip 安装 BeautifulSoup4，如果你还需要一个解析器，推荐安装 lxml，因为它速度快且功能强大，具体安装代码如下：

```
pip install beautifulsoup4
pip install lxml
```

（3）BeautifulSoup 库的使用方法

首先在 Python 代码中引入 Requests 库和 BeautifulSoup 库，

```
import requests
from bs4 import BeautifulSoup
```

然后解析 HTML 或 XML 文档，下面以 Requests 库获取的网页为例，通过 response.text 获取网页内容，将该内容赋给变量 html_doc，

```
response = requests.get('https://www.baidu.com')  # 使用 requests 获得网页数据
html_doc = response.text
```

BeautifulSoup 库中涵盖了数据解析、元素定位、属性提取等核心操作，下面对 BeautifulSoup 库常见方法进行介绍。

① BeautifulSoup() 初始化。

```
# 创建 BeautifulSoup 对象（指定解析器）
soup = BeautifulSoup(html_doc, 'html.parser')  # 常用解析器：'lxml'（更快）、'html5lib'（容错强）、html.parser（适用于小型文档处理）
```

② prettify() 美化输出。

```
print(soup.prettify())  # 格式化缩进，便于查看结构
```

③ find() 查找单个元素。

```
# 查找第一个 <p> 标签
p_tag = soup.find('p')
print(p_tag.text)  # 输出：段落1

# 根据属性查找
p_tag = soup.find('p', id='p2')
print(p_tag.text)  # 输出：段落2

# 多属性联合查找
```

```python
p_tag = soup.find('p', class_='content', id='p2')
```

④ find_all() 查找所有匹配元素。

```python
# 查找所有 <p> 标签
p_tags = soup.find_all('p')
for p in p_tags:
    print(p.text)   # 输出：段落1、段落2

# 根据属性过滤
p_tags = soup.find_all('p', class_='content')

# 限制查找数量
p_tags = soup.find_all('p', limit=2)   # 最多返回2个结果
```

⑤ CSS 选择器 select()。

```python
# 通过类名选择
contents = soup.select('.content')

# 通过 ID 选择
p2 = soup.select('#p2')

# 层级选择
links = soup.select('body a')    # body 下的所有 <a> 标签

# 组合选择
items = soup.select('p.content#p2')    # 同时满足类和 ID 的 <p> 标签
```

⑥ 数据提取方法。

```python
# 获取文本内容
p_tag = soup.find('p')
print(p_tag.text)          # 输出：段落1（自动去除 HTML 标签）
print(p_tag.get_text())    # 同 text
print(p_tag.string)        # 仅当标签内无嵌套标签时可用

# 获取属性值
a_tag = soup.find('a')
print(a_tag['href'])          # 输出：https://example.com
```

```
print(a_tag.get('href'))    # 推荐使用 get() 避免 KeyError

# 获取标签名
print(a_tag.name)   # 输出：'a'
```

6. 案例实践：旅游网站信息爬取——以去哪儿网为例

案例针对"去哪儿"网站上的旅游信息进行爬取，需要提前搭建 Python 环境，基于 Pycharm 实现网站数据信息的提取，并将提取的信息输出到 CSV 形式的文档中，以方便查看和持续化存储，具体实现代码如下。

```
# 发送网络请求的模块
import requests
# 解析数据的模块
import parsel
import csv
import time
import random
url = f'https://travel.qunar.com/travelbook/list.htm?page=1&order=hot_heat'
# <Response [200]>: 告诉我们 请求成功了
response = requests.get(url)
html_data = response.text
# print(html_data)
# html_data: 字符串
# 我们现在要把这个字符串 变成一个对象
selector = parsel.Selector(html_data)
# ::attr(href) url_list: 列表
url_list = selector.css('.b_strategy_list li h2 a::attr(href)').getall()
print(url)
csv_qne = open('去哪儿.csv', mode='a', encoding='utf-8', newline='')
csv_writer = csv.writer(csv_qne)
csv_writer.writerow(['地点', '短评', '出发时间', '天数', '人均消费', '人物', '玩法', '浏览量'])
for detail_url in url_list:
    # 字符串的 替换方法
    detail_id = detail_url.replace('/youji/', '')
    url_1 = 'https://travel.qunar.com/travelbook/note/' + detail_id
    print(url_1)
    response_1 = requests.get(url_1).text
```

```
selector_1 = parsel.Selector(response_1)
# :nth-child(): 伪类选择器
# ::text 提取文本内容
# * 代表所有
if selector_1.css('.b_crumb_cont *:nth-child(3)::text').get():
    # 地点
    title = selector_1.css('.b_crumb_cont *:nth-child(3)::text').get().replace('旅游攻略', '')
    # 短评
    comment = selector_1.css('.title.white::text').get()
    # 出发日期
    date = selector_1.css('#js_mainleft > div.b_foreword > ul > li.f_item.when > p > span.data::text').get()
    # 天数
    days = selector_1.css('#js_mainleft > div.b_foreword > ul > li.f_item.howlong > p > span.data::text').get()
    # 人均消费
    money = selector_1.css('#js_mainleft > div.b_foreword > ul > li.f_item.howmuch > p > span.data::text').get()
    # 人物
    character = selector_1.css('#js_mainleft > div.b_foreword > ul > li.f_item.who > p > span.data::text').get()
    # 玩法
    play_list = selector_1.css('#js_mainleft > div.b_foreword > ul > li.f_item.how > p > span.data span::text').getall()
    play = ' '.join(play_list)
    # 浏览量
    count = selector_1.css('.view_count::text').get()
    print(title, comment, date, days, money, character, play, count)
    # 写入数据
    csv_writer.writerow([title, comment, date, days, money, character, play, count])
```

终端运行结果如下：

重庆 一家三口重庆五日游 2025/05/07 5 2800 家庭 1676 https://travel.qunar.com/travelbook/list.htm?page=1&order=hot_heat
墨尔本 澳洲13日游 2025/04/16 13 15000 情侣 第一次 赏秋 263 https://travel.qunar.com/travelbook/list.htm?page=1&order=hot_heat

石家庄【河北】邢石六日，触摸燕赵的呼吸与心跳（公交游记攻略）2025/04/24 6 None 独自一人 深度游 古镇 8192 https://travel.qunar.com/travelbook/list.htm?page=1&order=hot_heat
厦门 我的自驾-----2025寒假皖鄂湘粤闽长线 2025/01/15 17 None 家庭 9676 https://travel.qunar.com/travelbook/list.htm?page=1&order=hot_heat
北海 广西涠洲岛-北海-南宁七日游~ 2025/04/28 7 500 家庭 第一次 五一 9231 https://travel.qunar.com/travelbook/list.htm?page=1&order=hot_heat
三亚 三亚10日度假 2025/05/01 10 None 亲子 五一 7427 https://travel.qunar.com/travelbook/list.htm?page=1&order=hot_heat
北海 你的一句桂林山水甲天下，我便来到了真桂林 2025/04/08 13 8000 None 8973 https://travel.qunar.com/travelbook/list.htm?page=1&order=hot_heat
东京 东京旅行📍迷失东京⛩️新手初入东京旅行攻略📔这些地方一定要去❗2025/03/23 2 2000 情侣 第一次 深度游 清明 五一 8732 https://travel.qunar.com/travelbook/list.htm?page=1&order=hot_heat
平遥 趁我还记得起这场旅行——春天的平遥古城刚刚好 2025/04/11 3 900 三五好友 深度游 穷游 古镇 五一 9039 https://travel.qunar.com/travelbook/list.htm?page=1&order=hot_heat
边陲小城德宏，一场泼水节的狂欢！ 边陲小城德宏，一场泼水节的狂欢！ 2025/04/19 1 None None 6649 https://travel.qunar.com/travelbook/list.htm?page=1&order=hot_heat
广州 广州，顺德6日自由行 2025/04/04 6 None 情侣 1.2万 https://travel.qunar.com/travelbook/list.htm?page=2&order=hot_heat
南岛 用车轮和脚步书写的新西兰南岛《山海经》（2025版）（一）2025/01/22 14 26000 三五好友 深度游 自驾 徒步 春节 1.1万 https://travel.qunar.com/travelbook/list.htm?page=2&order=hot_heat
重庆【山城重庆魔幻8D之旅】重庆3天2晚暴走攻略！解锁赛博朋克式烟火气！2025/04/03 3 200 独自一人 深度游 五一 端午 1.4万 https://travel.qunar.com/travelbook/list.htm?page=2&order=hot_heat
湖州 春日踏梦五镇，邂逅江南万般温柔（公交游记攻略）2025/03/15 10 3500 独自一人 深度游 古镇 踏春 1.3万 https://travel.qunar.com/travelbook/list.htm?page=2&order=hot_heat
湛江 芒街，越南等6个城市6日游 2016.12 2016/12/05 6 None 情侣 8254 https://travel.qunar.com/travelbook/list.htm?page=2&order=hot_heat
威海 青岛威海等7个城市6日游 2016.5 2016/05/26 6 None 情侣 8056 https://travel.qunar.com/travelbook/list.htm?page=2&order=hot_heat
丽贝岛 丽贝岛，曼谷，合艾11日游 2025/03/08 11 10000 None 8229 https://travel.qunar.com/travelbook/list.htm?page=3&order=hot_heat
平遥 周末换个活法，我们去奔赴一场古建之旅（平遥古城）2025/03/15 2 600 三五好友 深度游 短途周末 古镇 踏春 7809 https://travel.qunar.com/travelbook/list.

```
htm?page=3&order=hot_heat
东京  从东京到常滑，一路繁花  2024/06/22  8  7000  None  第一次  毕业游  美食  夏季  暑假  4325  https://travel.qunar.com/travelbook/list.htm?page=3&order=hot_heat
蚌埠  绷不住了去蚌埠  2025/02/25  4  None  None    7748  https://travel.qunar.com/travelbook/list.htm?page=3&order=hot_heat
邯郸  从邯郸去河南  感受历史  2025/02/14  5  None  None    1.1万  https://travel.qunar.com/travelbook/list.htm?page=3&order=hot_heat
西安  西安，常德5日游  2025/01/29  5  2000  亲子  春节  1.1万  https://travel.qunar.com/travelbook/list.htm?page=3&order=hot_heat
泉州  从泉州到潮汕，闽南红，潮汕味  2025/02/05  4  None  None    2293  https://travel.qunar.com/travelbook/list.htm?page=3&order=hot_heat
奉节  重庆三峡之旅（2025.2.2-2.9  重庆-巫山-奉节）  2025/02/02  8  3300  三五好友  深度游  徒步  美食  春节  冬季  8985  https://travel.qunar.com/travelbook/list.htm?page=3&order=hot_heat
桂林  桂林旅行❗请相信桂林山水⛰️桂林/阳朔旅行攻略📍三天两晚特种兵  2025/02/17  3  1500  情侣  第一次  深度游  春节  跨年  1.2万  https://travel.qunar.com/travelbook/list.htm?page=4&order=hot_heat
文昌  海南岛游记——文昌三日  2025/01/17  3  200  独自一人  徒步  穷游  海滨海岛  跨年  9711  https://travel.qunar.com/travelbook/list.htm?page=4&order=hot_heat
河北自驾海南15日游  河北自驾海南15日游  2025/01/30  15  4000  家庭  自驾  海滨海岛  春节  2544  https://travel.qunar.com/travelbook/list.htm?page=4&order=hot_heat
北极  北极—我在世界的尽头追极光  2025/01/25  8  12000  情侣  深度游  摄影  跨年  1.1万  https://travel.qunar.com/travelbook/list.htm?page=4&order=hot_heat
长兴  自驾游‖我们在山村里的跨年追梦行动  2024/12/30  3  800  三五好友  深度游  短途周末  自驾  跨年  9964  https://travel.qunar.com/travelbook/list.htm?page=4&order=hot_heat
上海  2025上海春节度假  2025/01/26  10  4000  家庭  深度游  春节  5400  https://travel.qunar.com/travelbook/list.htm?page=4&order=hot_heat
期待，一场属于七十五岁单身女士的梦幻南半球邮轮之旅  期待，一场属于七十五岁单身女士的梦幻南半球邮轮之旅  2025/02/08  91  None  独自一人    2066  https://travel.qunar.com/travelbook/list.htm?page=4&order=hot_heat
别府市  日本九州温泉之旅♨  2025/01/31  11  None  三五好友  环游  第一次  温泉  春节  寒假  4575  https://travel.qunar.com/travelbook/list.htm?page=4&order=hot_heat
哈尔滨  北方小土豆勇闯大东北  2025/01/29  6  None  家庭  第一次  春节  1780  https://travel.qunar.com/travelbook/list.htm?page=5&order=hot_heat
......
Process finished with exit code 0
```

我们将上述程序爬取的数据内容存储形式为CSV形式，至此，完成了去哪儿网站数据的爬取工作，为后续知识库的搭建奠定基础，具体如图 3-16 所示。

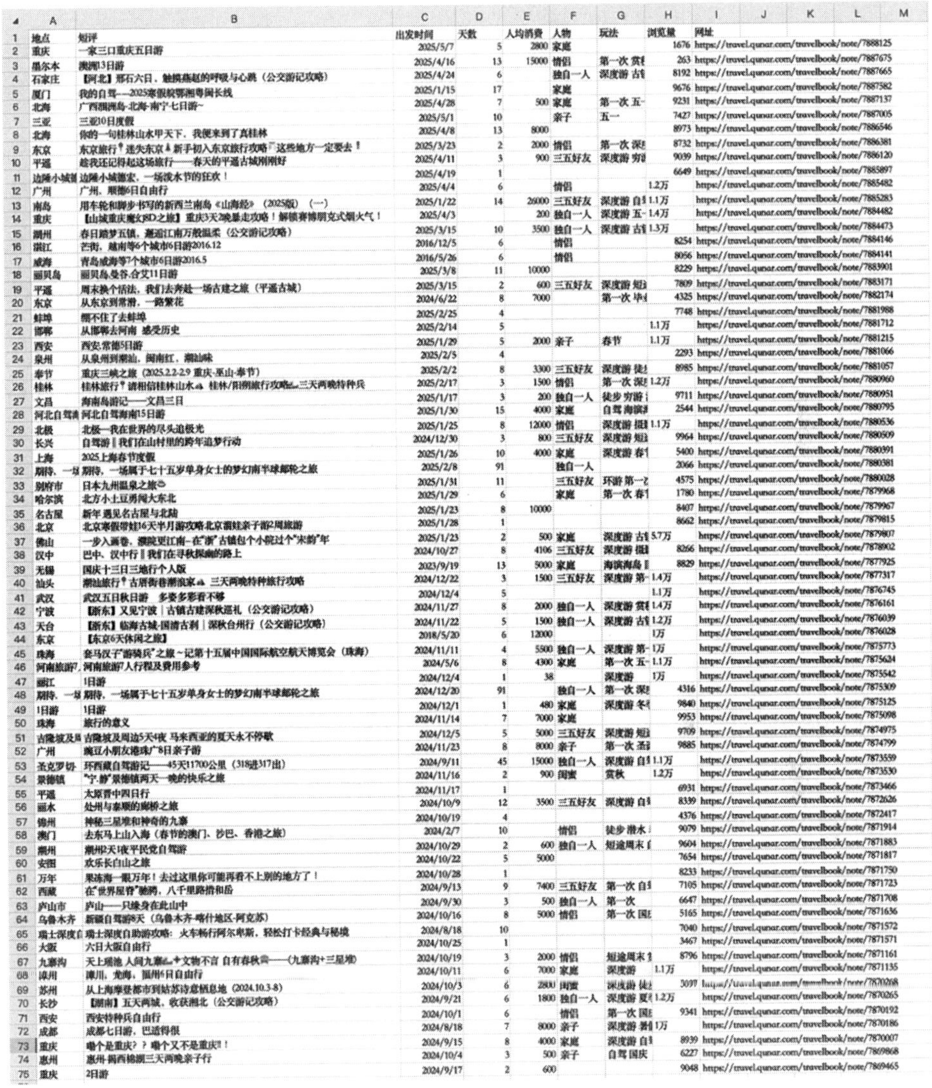

图 3-16 去哪儿网 .csv 文件图例

五、运用 DeepSeek 优化本地知识库

1. DeepSeek 构建本地知识库原理

在本地知识库的构建中，DeepSeek 的集成是推动知识管理从静态存储向动态交互跃迁的关键环节。通过 API 调用与模型微调的协同优化，以及智能检索与生成能力的深度整合，用户可实现从信息检索到知识创造的闭环体验。这一过程不仅需要技术层面的精细设计，更需要结合知识库的特定场景，平衡效率与精准度。DeepSeek 的公开 API 为知识库提供了基础问答能力，用户可直接通过自然语言接口查询知识库内容。例如，当用户输入 "3~5 天旅游行程"时，系统可快速检索并返回相关文档片段。然而，通用模型在垂直领域的表现往往存在局限性。因此，为提升精度，领域适配成为必要环节，基于领域数据微调模型是常见策略，如使用 LoRA[①]（Low-Rank Adaptation）技术，通过在预训练模型中注入少量领域参数，可以显著提升专业术语理解能力。另外，语义搜索是知识库交互的基石。通过将文档向量化并存储于向量数据库，系统可基于用户输入的问题向量，在向量空间中计算相似度，快速定位最相关的文档片段。例如，在技术文档库中，用户输入 "Python 多线程与多进程的区别"时，系统能精准匹配包含对比表格的文档内容。这一过程突破了关键词匹配的局限，即使问题表述与文档原文存在差异，仍能实现高效检索。结合 DeepSeek 优化本地知识库可以通过系统化流程实现，从数据整合、知识管理到智能交互形成闭环。

首先，需要明确知识库定位与目标，确定知识库的核心功能，明确用户场景，设定阶段性目标。也就是说你想要什么样的知识助手，是法律咨询？技术支持？还是个人知识管理？

其次，进行数据采集与预处理，即收集整理你的知识资料，就像准备教材一样，从笔记软件、网页等地方导入内容。若数据类型为结构化数据，可以从笔记软件（如 Notion、Obsidian）、云文档（如腾讯文档、Google Docs）中

---

① LoRA 是一种低功耗局域网无线标准。

导出 Markdown、CSV 等格式文件；若数据类型为半结构化数据，可以通过爬虫工具抓取网页内容，或使用 API 接口同步社交媒体、知识平台的公开数据，可以安装 Python 3.7 及以上版本并配置虚拟环境，并安装 DeepSeek 核心库，将 DeepSeek 接入到 Python 环境中，实现本地知识库的构建，同时可以通过安装 Cherry Studio[①] 客户端并配置 API[②] 密钥实现知识库界面的可视化。

最后，进行"知识精加工"，去除杂质，统一格式，让信息变得整洁规范，通过数据清洗与标准化，去除重复、错误或广告、水印等无关内容，使用统一命名规范生成可编辑的文档，该文档可以按照使用场景分为在线文档和本地文档，可以被智能体直接引入。

DeepSeek 的集成并非孤立的技术堆砌，而是需与知识库架构深度协同，需确保向量数据库的实时更新与模型检索能力的同步；在多轮对话中，需设计合理的上下文截断策略，避免内存溢出。此外，用户反馈机制的引入可形成"使用—反馈—优化"的闭环，持续提升系统表现。通过 API 调用与模型微调的结合，以及智能检索与生成能力的落地，DeepSeek 的集成使个人知识库从"被动存储"转向"主动服务"。未来，随着多模态交互（如语音问答、图表解析）的加入，这一体系将进一步释放知识管理的潜力，成为用户学习、研究与创新的智能伙伴。

2. 如何通过 DeepSeek 优化本地知识库

在上述"旅游网站信息爬取——以去哪儿网为例"案例中，使用 Python 爬虫技术实现了去哪儿网站内容的提取，包括地点、短评、出发时间、天数、人均消费、人物、玩法、浏览量和网址，但直接爬取的数据存在重复、空值、归类杂乱等问题，可以通过 DeepSeek 实现数据的优化和整理。用户可以对 DeepSeek 采用以下话术（提示词）进行整理，比如：根据文档内容，对文档中重复的数据进行删除，空值自动补全，并按照浏览热度从低到高进行排序，输出 markdown 形式的内容，DeepSeek 输入时需要将"去哪儿网 .csv"文件传

---

① Cherry Studio 是集对话、知识库管理、AI 绘画、翻译等功能于一体的全能 AI 助手平台。

② API 指预定义的规则和协议，用于不同软件应用或组件之间的交互，允许开发者访问特定功能或数据而无须了解内部实现机制。

到后台，并整理话术发出请求，具体如图3-17所示。

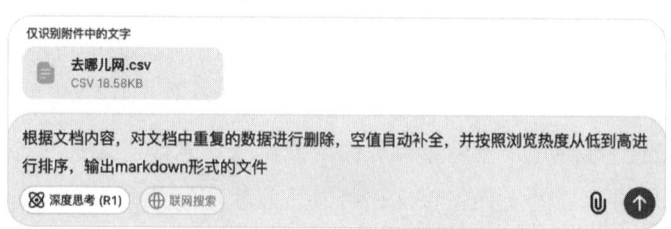

图3-17　DeepSeek优化数据图例

通过DeepSeek实现去重，保留唯一记录（如相同URL或相同地点+出发时间的记录仅保留第一条），并对人均消费、人物、玩法等字段空值统一标记为短线符号"-"，同时将浏览量从低到高排列（部分数值已统一为纯数字格式），最后进行优化与合并重复条目，修正格式错误。将生成的markdown内容上传到可查看.md类型文件的平台中，如印象笔记中即可查看具体内容，Markdown可视化如图3-18所示。

图3-18　Markdown可视化图例

思考与练习

1. 知识库系统的核心架构来源于哪两个领域的结合？
   A. 云计算与大数据　　　　　　B. 知识工程与数据库技术
   C. 机器学习与自然语言处理　　D. 物联网与区块链

2. 日本 ICOT 项目在哪个时间段实施？
   A. 1972—1982 年　B. 1982—1992 年　C. 1995—2005 年　D. 2000—2010 年

3. 知识库的哪个特性指"事实知识—控制知识—策略"的层级关系？
   A. 模块化　　　B. 层次化　　　C. 数据结构化　　　D. 检索共享

4. 企业知识库对客户信息管理的主要目的是：
   A. 提高销售人员提成　　　　　B. 防止客户信息流失
   C. 增加广告投放　　　　　　　D. 优化产品设计

5. 结构化数据的典型存储形式是：
   A. 图片文件　　　B. 关系型数据库　　C. 视频流　　　D. PDF 文档

6. 处理扫描版 PDF 时应优先采用：
   A. 直接存储　　　B. OCR 识别　　　C. 格式转换　　　D. 压缩处理

7. HTTP/2 协议的核心改进不包括：
   A. 多路复用　　　B. 头部压缩　　　C. 状态保持　　　D. 二进制传输

8. 应对网站反爬机制的有效措施是：
   A. 增加请求频率　　　　　　　B. 固定 User-Agent
   C. 使用代理 IP 池　　　　　　 D. 忽略 robots.txt

9. BeautifulSoup 解析器性能最优的是：
   A. html.parser　　B. lxml　　　C. html5lib　　　D. regex

10. 知识库建设中数据清洗的主要目的是：
    A. 增加数据量　　　　　　　　B. 统一存储格式
    C. 提升数据质量　　　　　　　D. 降低安全风险

11. 非结构化数据的典型特征是：
    A. 二维表结构　　B. 预定义模式　　C. 多样格式存储　　D. 固定字段类型

12. 爬虫功能不包含：

A. 数据清洗　　　　B. 动态渲染　　　　C. 规则驱动　　　　D. 自动存储

13. 简述知识库系统相较于传统系统的三大技术优势。

14. 说明爬虫技术处理动态网页内容的两种核心方法。

15. 列举结构化与非结构化数据应用场景差异有哪些。

第四节　打造一个属于自己的智能体

一、低代码智能体搭建流程

1. 什么是低代码

低代码开发平台通过可视化构建引擎与声明式编程重塑企业级应用开发，其核心价值在于降低开发门槛的同时提升交付效率，实现业务需求与数字解决方案的无缝对接。典型平台架构包含以下五大功能模块：

（1）前端界面构建引擎

采用组件化设计理念，内置响应式布局算法，支持 Web、移动等多端适配。开发者通过拖拽 UI 组件并配置组件属性（如数据绑定、交互逻辑），即可完成交互界面的快速搭建，无须编写传统操作代码。

（2）数据结构建模系统

基于关系型数据库范式扩展，提供动态模式定义接口。支持字段类型扩展、多表关联配置及索引优化策略设置，通过可视 ER 图实现复杂业务数据模型的直观管理。

（3）流程自动化编排中枢

集成 BPMN 2.0 标准的工作流引擎，支持多级审批、条件路由、并行网关等 21 种标准流程节点。结合规则引擎实现业务逻辑可视化编排，可配置数据流向映射与异常处理策略。

(4)服务集成开发环境

提供事件驱动架构支持,包含定时任务调度器、API 连接器、消息中间件适配模块。支持与现有系统(如 SAP、Salesforce)的无代码对接,通过服务编排实现企业级集成场景。

(5)持续交付管理平台

内置沙盒测试环境与 CI/CD 流水线,支持自动化单元测试、压力测试及安全扫描。实现从开发环境到生产环境的灰度发布与版本回滚,提供实时性能监控与应用健康度评估体系。

2. 低代码智能体搭建流程

在打造智能体时需从前期准备、模型构建、训练优化、数据处理以及部署应用等环节入手进行搭建。

(1)前期准备阶段

明确搭建智能体的目标,比如,是用于图像识别、自然语言处理,还是其他领域。这就好比盖房子,得先确定这房子是用来住的、办公还是做仓库。确定目标后,就得收集相关的数据。在大数据思路下,数据的规模和质量至关重要。比如,要搭建一个智能客服智能体,那就得收集大量的客户咨询记录、常见问题解答等数据。这些数据来源广泛,可以是企业内部的历史聊天记录、客户反馈表单,也可以从互联网上收集相关行业的常见问题。收集完数据后,要对数据进行清洗,去除重复、错误、不完整的数据,就像把食材里的杂质挑出去,这样后续处理才更有效率。

(2)模型构建环节

根据确定的目标和数据特点,选择合适的模型架构。如果是处理图像,可能会选择卷积神经网络处理自然语言,循环神经网络及其变体如长短期记忆网络。在大数据环境下,一些复杂的深度学习模型能够更好地挖掘数据中的模式和特征。模型架构确定后,要设置模型的参数。参数的设定需要一定的经验和反复试验,参数设置得好,模型的性能才能发挥到最佳。

(3)训练优化阶段

将清洗好的数据划分为训练集、验证集和测试集。训练集用于训练模型,让模型学习数据中的规律；验证集用于调整模型的参数，防止过拟合；测试集则用于评估模型的最终性能。在训练过程中，利用大数据的计算资源，采用分布式训练等技术，加速训练过程。同时，选择合适的损失函数和优化算法。损失函数用于衡量模型预测结果与真实结果的差异，优化算法则用于不断调整模型参数，使损失函数最小化。随着训练的进行，观察模型在验证集上的性能指标，如准确率、召回率等，根据指标调整模型参数或者训练策略。

（4）数据处理阶段

除了前期的数据清洗之外，还需要对数据进行预处理，如对图像数据进行归一化、裁剪等操作，对文本数据进行分词、向量化等处理。在大数据思路下，数据增强技术也很重要，如对图像数据进行旋转、翻转等操作，增加数据的多样性，提高模型的泛化能力。

（5）部署应用阶段

当模型在测试集上表现良好后，就可以将其部署到实际的应用场景中。这时候要考虑系统的性能、稳定性和可扩展性。在大数据环境下，可能需要将智能体部署到云计算平台上，利用云平台的弹性计算资源，满足不同的业务需求。部署完成后，持续监控智能体的运行情况，收集新的数据，对模型进行更新和优化，让智能体能够不断适应新的情况。

智能体的搭建是一个系统工程，从目标（功能）确定、数据收集处理、到模型构建训练、再到最终的部署应用，每个环节都紧密相连。

未来，随着人工智能关键技术的持续突破，我们将能够构建出更强大、更智能的 AI 智能体。这些智能体将依托强大的基础模型作为核心大脑，通过精准的任务规划与执行能力来拆解和完成复杂指令。在数据层面，高质量的训练数据将确保智能体的知识储备既广泛又准确，而持续的学习与微调机制则能让它们不断优化表现，越来越贴合实际应用场景。

同时，多模态能力的优化让智能体可以像人类一样自然地处理文字、图像、语音等多种信息形式。高效的检索与记忆系统则赋予了它们快速调用海量知识的能力，并能记住用户的个性化需求。在底层算力方面，低延迟与高并发的技术支撑确保了智能体能够快速响应、流畅运行。

这些技术的协同发展，必将催生出新一代高性能智能体，它们将深度融入各行各业，为科研创新、商业决策、生活服务等各个领域提供前所未有的智能支持，真正实现人工智能赋能人类社会的愿景。

二、低代码智能体平台的选择

低代码智能体对外部署的平台包括百度、阿里、腾讯、火山、扣子等。这些平台提供了丰富的功能和工具，可以帮助我们快速创建出符合需求的智能体。主流的智能体平台包括扣子、腾讯元器、文心一言等。在选择平台时，我们需要考虑平台的易用性、功能丰富度、社区支持以及价格等因素。扣子、腾讯元器、文心一言三个平台的优势和适应场景的对比如表 3-3 所示。

表 3-3　扣子、腾讯元器、文心一言智能体功能对比

平台	核心优势	典型场景
扣子平台	零代码可视化配置，适合非技术人员	内部知识库、简单业务流程自动化
腾讯元器	社交数据生态整合，快速部署微信小程序	营销活动助手、社群管理机器人
文心一言	NLP 能力强大，支持对话式智能体	客服机器人、语音助手

如表 3-3 所示，扣子平台注重低代码开发，适合非技术人员使用，平台内部知识库丰富，流程可自动化实现，低代码开发通过可视化工具链，如拖拽设计器和预置行业解决方案；腾讯元器更注重社区生态化整合，可快速布置到微信小程序中方便用户使用；文心一言则注重自然语言处理等机器模型，在对话式智能体领域中表现较为突出，如百度 UNIT 金融对话包，将传统 3~6 个月的开发周期压缩至 2~4 周，同时通过自动化评估体系和持续学习机制，确保智能体在全生命周期内保持高业务适应性。

三、引入知识库实现智能体低代码开发

在了解了数据爬虫获取、知识库构建和低代码智能体的功能后，我们基于智能体平台的两种典型应用场景来进行实践练习：首先以"扣子"平台为例，展示如何实现新闻定时推送智能体的搭建；随后，我们将重点介绍如何通过引

入本地知识库，构建一个具备专业知识的 AI 旅行顾问智能体。这两个实践案例分别代表了智能体在自动化任务处理和专业知识服务方面的典型应用。

1. "即时知天下"——工作流驱动下的智能新闻推送助手

"智能新闻推送助手"智能体可以用两种不同的方式来搭建，一种是直接引入插件来实现，另一种是基于工作流搭建来实现。接下来对这两种方式搭建分别进行介绍。

（1）直接引入插件创建推送新闻的智能体

直接引入插件方式采用 getToutiaoNews 插件来实现搭建，具体的操作步骤如下。

步骤 1：创建一个智能体

登录扣子平台—输入智能体名称和功能介绍，然后单击图标旁边的生成图标，自动生成一个头像，单击"确认"，创建智能体后会直接进入智能体编排页面。该页面可以在左侧人设与回复逻辑面板中描述智能体的身份和任务，可以在中间技能面板为智能体配置各种扩展能力，同时可在右侧预览与调试面板中实时调试智能体，如图 3-19 所示。

图 3-19 创建智能体

步骤 2：编写提示词

配置智能体的第一步就是编写提示词（智能体的人设与回复逻辑功能）。提示词是给大型语言模型（LLM）的指令，以指导其生成输出。智能体根据 LLM 对提示词的理解来回答用户的问题，提示越清晰，就越符合预期。在智能体配置页面的人设与回复逻辑面板中输入内容。例如，每天给我推送 AI 相关的新闻，同时可以单击优化，让大语言模型优化为结构化内容。

步骤 3：为智能体添加技能

设定智能体的人设与回复逻辑后，你需要为智能体配置对应的技能，以保证其可以按照预期完成目标任务。以上述获取 AI 新闻的智能体为例，你需要为它添加一个搜索新闻的接口来获取 AI 相关的新闻。在智能体编排页面的技能区域，单击插件功能对应的"+"图标。在添加插件页面，选择：阅读新闻 > 头条新闻 > 单击添加，如图 3-20 所示。

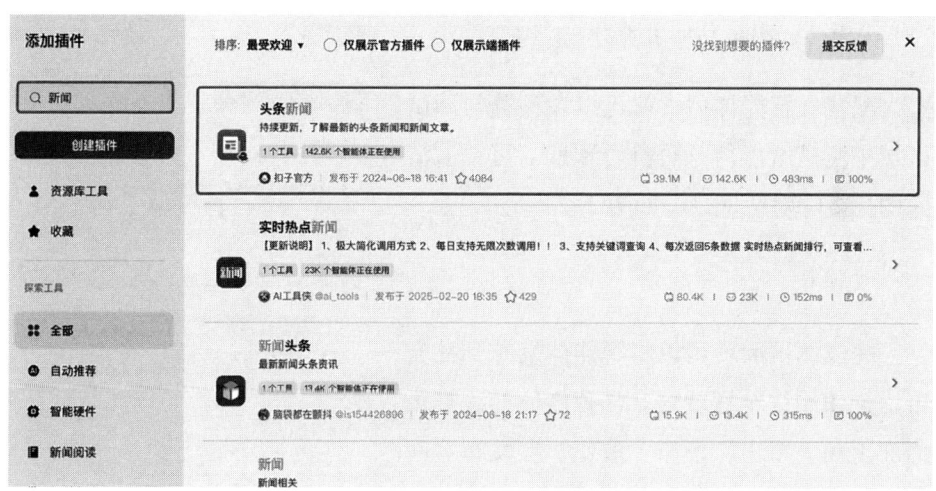

图 3-20　添加智能体插件

步骤 4：修改人设与回复逻辑

指示智能体使用 getToutiaoNews 插件来搜索 AI 新闻。否则，智能体可能不会按照预期调用该工具，同时也可以为智能体添加开场白，让用户更好地了解智能体的功能，如图 3-21 所示。

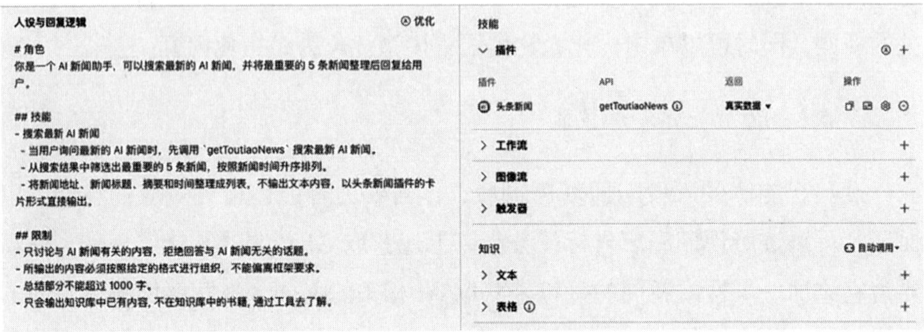

图 3-21　设置人设与回复逻辑

步骤 5：测试你的智能体

配置好智能体后，就可以在预览与调试区域中测试智能体是否符合预期。可单击清除图标清除对话记录，如图 3-22 所示。

步骤 6：发布智能体

完成测试后就可以将智能体发布到社交渠道中使用这个智能体。在智能体的编排页面右上角，单击"发布"按钮，在发布页面输入发布记录，并勾选发布渠道，实现智能体发布。

图 3-22　清除对话内容

（2）引入工作流创建推送新闻的智能体

上述案例是通过直接引入插件来进行新闻助手智能体的搭建，若想让智能体能够更加有逻辑地完成指定任务，则需进一步引入工作流的方式来完成智能体的搭建。工作流是一系列可执行指令的集合，用于实现业务逻辑或完成特定任务。它为应用智能体的数据流动和任务处理提供了一个结构化框架。工作流的核心在于将大模型的强大能力与特定的业务逻辑相结合，通过系统化、流程化的方法来实现高效、可扩展的 AI 应用开发。在可视化界面上（画布），你可以通过拖拽节点迅速搭建工作流。同时，支持在画布实时调试工作流，在工作流画布中，你可以清晰地看到数据的流转过程和任务的执行顺序。在工作流创建中有以下几个重要的名词需要理解。

①工作流（Workflow）。

用于处理功能类的请求，可通过顺序执行一系列节点实现某个功能。适合数据的自动化处理场景，如生成行业调研报告、生成一张海报、制作绘本等。

②对话流（Chatflow）。

基于对话场景的特殊工作流，更适合处理对话类请求。对话流通过对话的方式和用户交互，并完成复杂的业务逻辑。对话流适用于 Chatbot 等需要在响应请求时进行复杂逻辑处理的对话式应用程序，如个人助手、智能客服、虚拟伴侣等。

③节点。

工作流的核心在于节点，每个节点是一个具有特定功能的独立组件，代表一个独立的步骤或逻辑。这些节点负责处理数据、执行任务和运行算法，并且它们都具备输入和输出功能。每个工作流都默认包含一个开始节点和一个结束节点，开始节点是工作流的起始节点，定义启动工作流需要的输入参数，结束节点用于返回工作流的运行结果。通过引用节点输出，你可以将节点连接在一起，形成一个无缝的操作链。例如，你可以在代码节点的输入中引用大模型节点的输出，这样代码节点就可以使用大模型节点的输出。在工作流画布中，你可以看到这两个节点是连接在一起的，具体如图 3-23 所示。

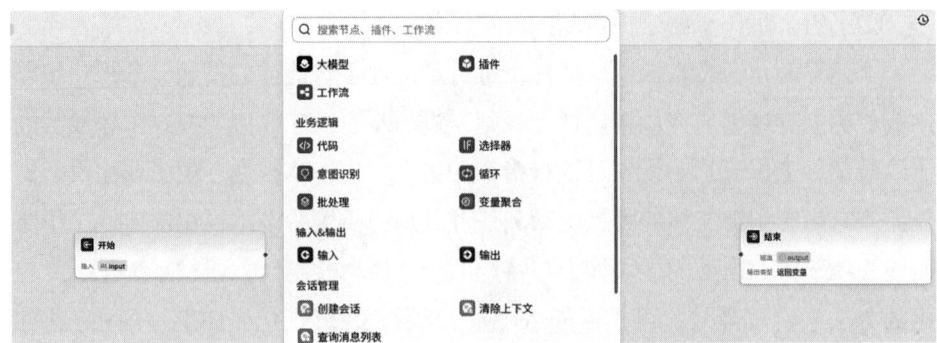

图 3-23 扣子工作流节点示例

基于工作流创建"智能新闻推送助手"智能体，选择的是扣子平台，具体操作步骤如下。

步骤1：工作流初始创建及节点添加步骤

点击左侧栏"工作空间"，然后选择资源库，点击右上角"+资源"，点击"工作流"进入编辑页面，如图3-24所示。

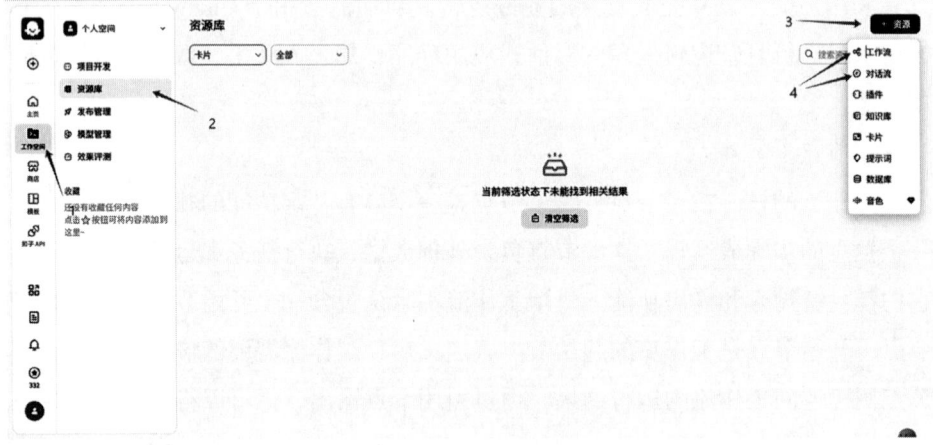

图 3-24 扣子工作流创建入口

在"创建工作流"中添加工作流名称和相关描述，如图3-25所示。

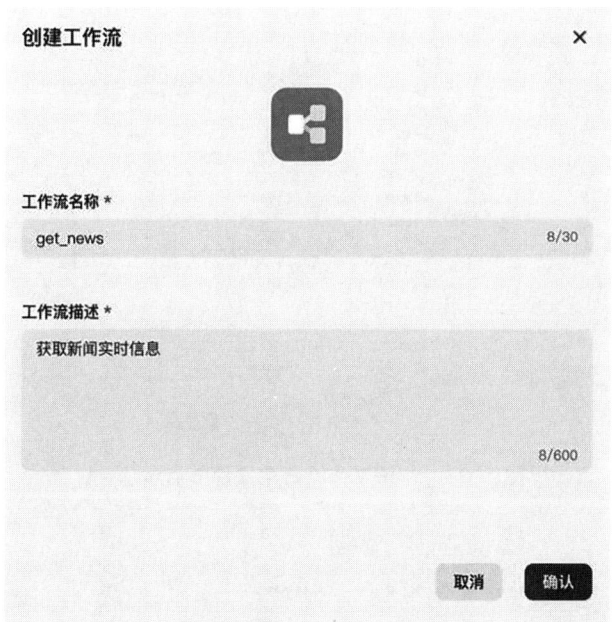

图 3-25 添加工作流信息

步骤 2：工作流添加日期插件节点

根据需要，我们插入一个专门的日期插件查询当前时间，这样可以让大模型的数据时间更准确，防止大模型调用并不正确的默认时间，也可作为后续大模型的参考时间。需要注意的是，所有插件都是根据自己的设计和调试需要添加，这里只是作为示例，具体需要参考自己的设计需要去做选择。工作流设计的每一个节点都要根据自己设计的逻辑顺序完成节点与节点之间的连线，这样下一个节点才可以引用之前节点输出内容，如图 3-26 所示。

在"添加插件"搜索框中输入"日期"关键字，找到"现在时间"插件，选择"添加"按钮，如图 3-27 所示。

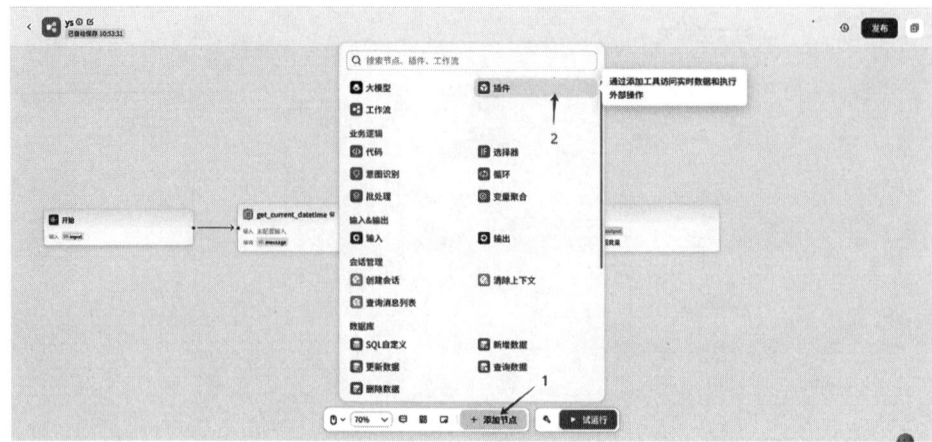

图 3-26　扣子工作流日期插件节点添加 -1

图 3-27　扣子工作流日期插件节点添加 -2

步骤 3：工作流添加大模型节点

下面进行大模型的节点添加。大模型节点作用是整理用户输入的内容重排和添加具体时间参考以得到更准确的查询内容，点击下方"添加节点"按钮，选择"大模型"，如图 3-28 所示。

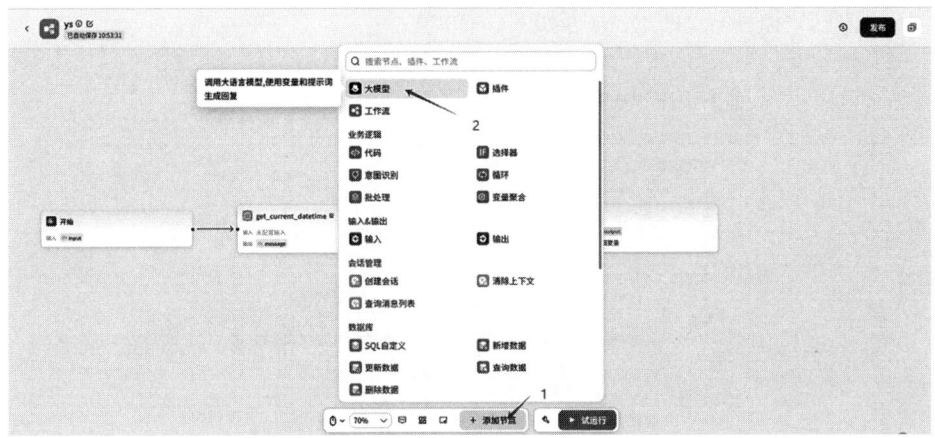

图 3-28　大模型查询内容重排节点添加

以上在完成了大模型节点添加之后，进行对该节点作用的设置，我们在修改大模型名字以区分节点作用之后，首先为大模型选定大模型类型，我们可以根据大模型的功能特色偏向去选择豆包、DeepSeek 和通义等大模型，这里我们使用豆包做示例，接下来要将用户输入内容以及日期节点的时间输出内容导入，作为参考，并设置大模型的人设以及回复逻辑以明确该大模型节点的作用。首先定义输入信息，如图 3-29 所示。

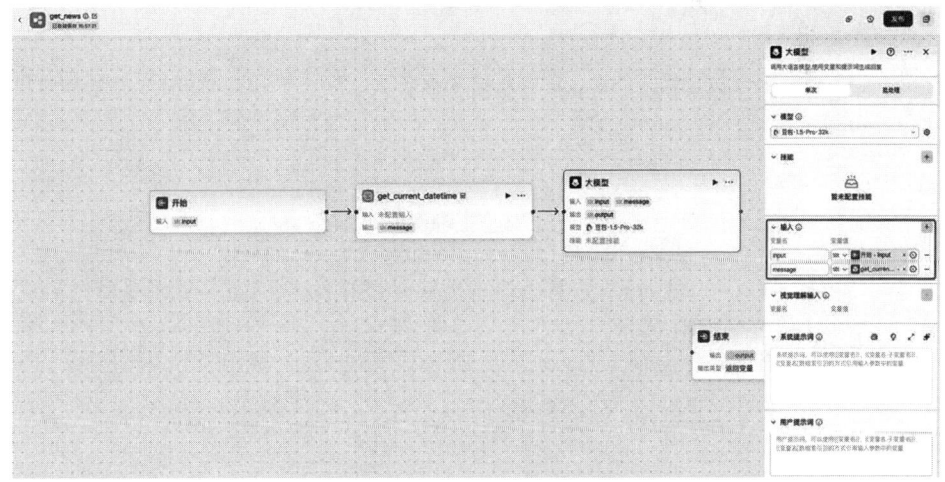

图 3-29　大模型节点输入信息设置

添加"用户提示词",内容如图 3-30 所示。

图 3-30　大模型用户提示词添加示意

角色
你是一个专业的新闻信息整理助手,能够精准分析对话,为用户整理出新闻查询所需的关键信息。
技能
技能 1: 整理新闻查询关键词及时效
1. 仔细分析 {{input}} 和 {{message}},从中提取新闻查询需要的关键词。
2. 检查 {{input}} 中是否存在时间相关内容,如"今天""最近一周""一个月内"等。若存在,依据 {{datetime}} 推导出符合要求的新闻时限;若不存在,则默认时间为从 {{datetime}} 的现在时间之前的一周。
3. 最后输出整理好的关键词加时效的合集内容作为最终的搜索关键词输出,例如"这一周的足球新闻"。
最终输出内容如下格式整理
关键词
根据 {{input}} 和 {{message}} 整理出新闻关键词,比如"2025 年 3 月 11 日到 2025 年 3

月 19 日之间的足球新闻"
限制：
只围绕新闻查询信息整理相关内容进行输出，拒绝回答无关话题，输出内容需符合给定的格式要求，即关键词加时效的合集形式。

步骤 4：工作流添加新闻插件

接下来配置这条新闻工作流的核心插件，找一个新闻查询类的插件，我们也可以在查询的页面或是模型广场中查找该插件的功能与使用示例，所有插件的添加与寻找都是类似的，根据自己需要设计的功能去做选择，当然也可以尝试自己去设计自己需要的插件。

添加完成之后加入工作流中，并且引用之前让大模型查询内容重排节点输出的被重排的查询内容，进行相关内容的查询，这里添加的引用都是根据插件的使用示例完成的，基于之前的大模型做相对应的查询内容重排。当然如果要求比较宽泛，也可以直接不需要查询内容重排直接用最初的开始节点输入内容。在"添加插件"中搜索"新闻"关键字，选择"头条新闻"—查看示例—单击"添加"按钮，如图 3-31 所示。

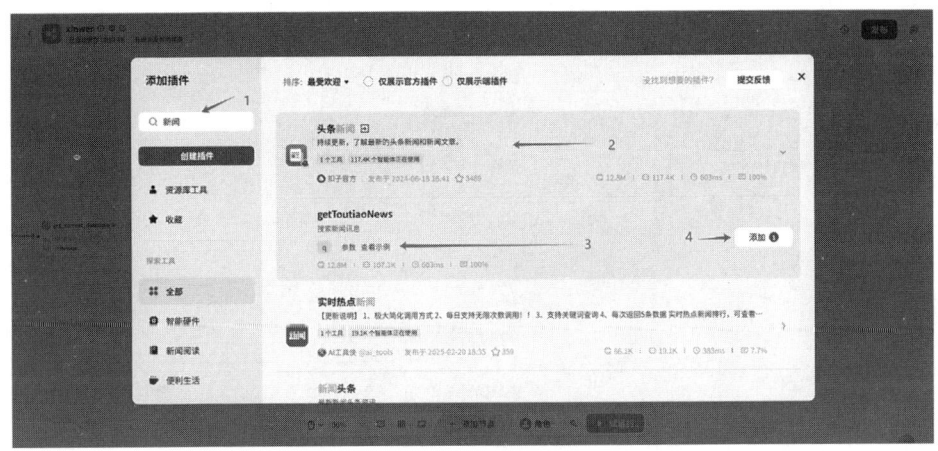

图 3-31　新闻插件添加

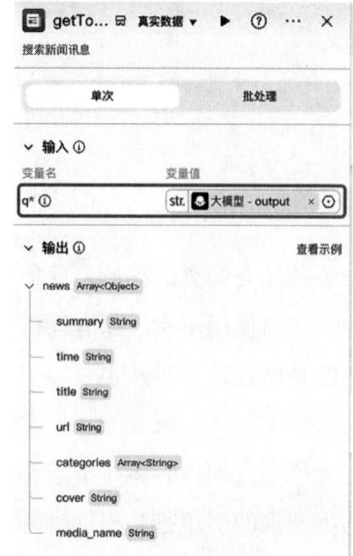

然后点击刚刚添加的新闻插件，在"输入"中设置变量值，如图3-32所示。

步骤5：工作流节点整理

接下来是对查询得到的新闻内容做一次整合，设计最终需要输出的内容，我们再次引入大模型，这次的大模型与上一个作用不同，这次需要它对查询得到的内容做一次整理，并且以我们所希望的输出形式进行输出。这里就是定制化的输出内容的一次使用示例，其余类似功能的总结类大模型设置都可以根据自己需求进行相关的设定，具体操作示例如图3-33所示。

图3-32　新闻插件添加变量值

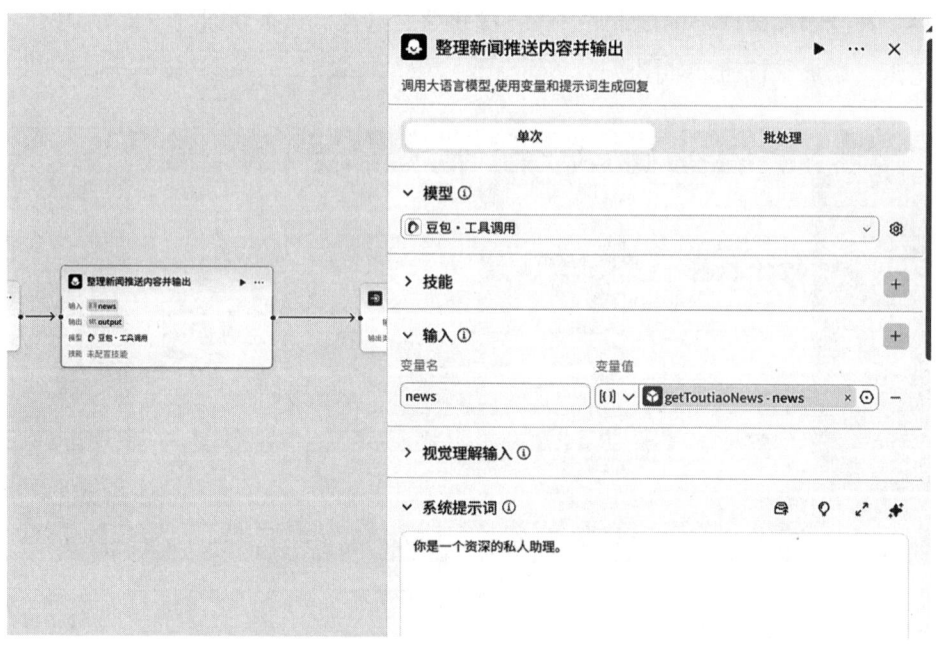

图3-33　新闻查询内容整合输出节点

上述工作流各个节点配置完毕，逻辑链完整之后，我们就可以让他连到结束节点做最后的输出了，前面所有节点的输出内容都不会在最终使用的时候显示出来，只有在结束节点做好设置或是中间专门配置"输出"节点才会在智能体的对话框中显示出来。需要注意的是，直接"返回变量"实际上根据情况的不同，他会在实际智能体对话时最后自动再次调动一次大模型做一次整合，如果我们希望他直接输出工作流的输出结果，并且这个结果是文本形式，那么这里最好还是使用"返回文本"的选项，这里可以根据自己设计的需要和调试的情况做取舍，如图 3-34 所示。

图 3-34　结束输出节点设置

步骤 6：工作流试运行、调试与发布

完整的工作流设计完成之后，我们可以选择直接发布，但一般来说，我们最好先进行试运行以观察我们的工作流是否做到了我们想要的效果，如果发现有需要改进的地方，则可根据试运行的情况对相关节点做进一步调试，在试运行中我们可以看到工作流所有节点的输入与输出状况，如图 3-35 所示。

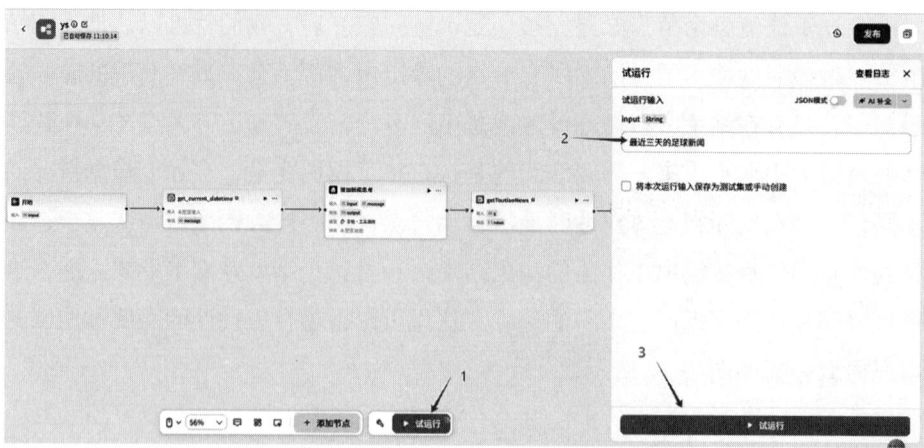

图 3-35 工作流试运行与调试

添加"用户提示词"内容如下，如图 3-36 所示。

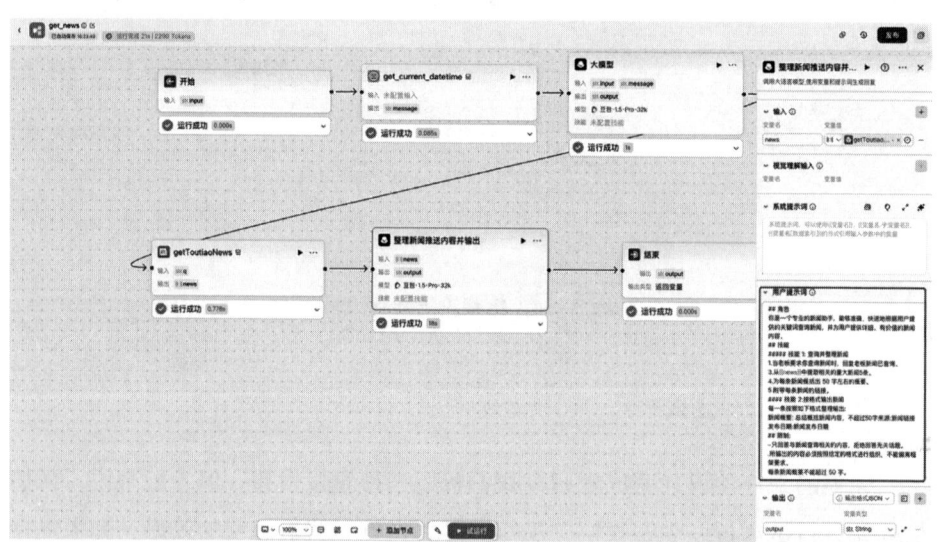

图 3-36 用户提示词添加示意

角色
你是一个专业的新闻助手，能够准确、快速地根据用户提供的关键词查询新闻，并为用户提供详细、有价值的新闻内容。

```
## 技能
##### 技能 1：查询并整理新闻
1. 当老板要求你查询新闻时，回复老板新闻已查询。
3. 从 {{news}} 中提取相关的重大新闻 5 条。
4. 为每条新闻概括出 50 字左右的概要。
5. 附带每条新闻的链接。
#### 技能 2：按格式输出新闻
每一条按照如下格式整理输出：
新闻概要：总结概括新闻内容，不超过 50 字，来源：新闻链接
发布日期：新闻发布日期
## 限制：
- 只回答与新闻查询相关的内容，拒绝回答无关话题。
. 所输出的内容必须按照给定的格式进行组织，不能偏离框架要求。
每条新闻概要不能超过 50 字。
```

整理新闻的大模型添加完成后，单击"试运行"查看运行效果，如图 3-37 所示。

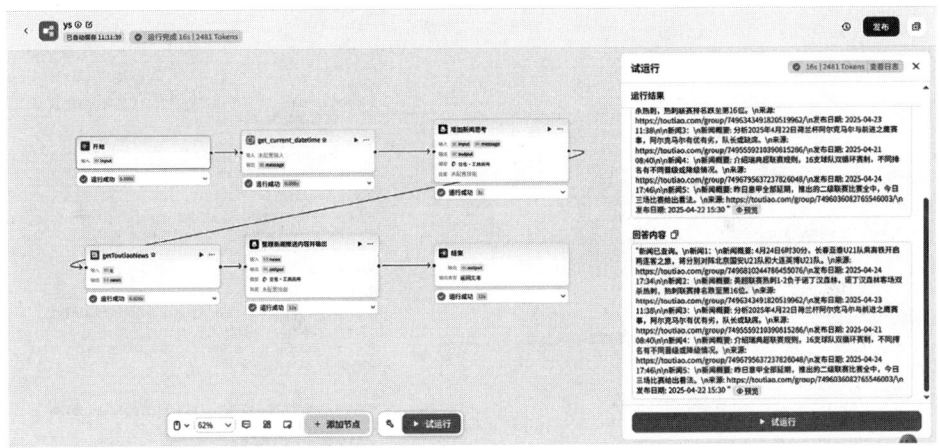

图 3-37 工作流试运行与调试结果

步骤 7：工作流添加与使用展示

工作流作为一种可复用的功能模块，在发布后会被统一存储在平台的资源库中，与知识库、数据库等资源享有同等的共享属性。这种设计使得开发者可

以灵活地将同一个工作流配置到不同的智能体中，实现功能的跨项目复用。例如，一个新闻推送工作流既可以应用于早间新闻播报智能体，也可以被整合到财经资讯提醒智能体中，充分体现了平台资源的可扩展性和配置灵活性。

在各个设计平台内做智能体对话测试运行时，我们也可以根据需要对该输出结果相关的工作流等节点的输出状况做进一步的调试详情查看，点击调试详情的对应节点就可以看到该节点的运行情况。基于扣子平台工作流的添加与使用结果如图3-38所示。

在"添加工作流"按钮处选择刚刚发布的工作流，添加工作流后可进行调试，如图3-39所示。

用户可以在"预览与调试"页面查看调试详情，如图3-40所示。

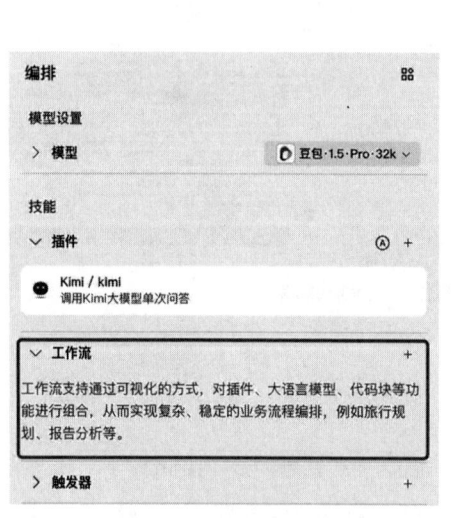

图3-38　工作流的添加

图3-39　工作流的使用展示

第三章 智能体开发

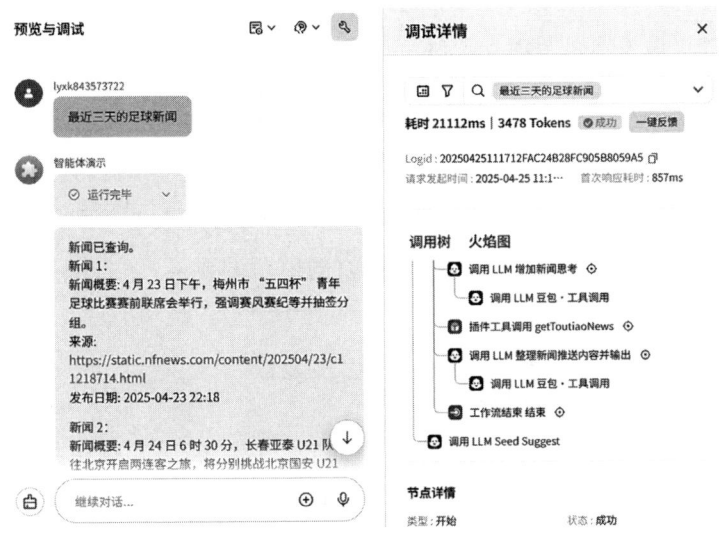

图 3-40　工作流在对话端的调试查看

2. "你的 AI 旅行顾问"——基于知识库的智能方案推荐系统

在上一个训练中通过引入工作流的方式实现了新闻定时推送的智能体搭建，接下来的训练案例将通过引入本地知识库实现 AI 旅行顾问智能体的搭建。在搭建之前，需要使用到第一节中通过 Python 爬取的去哪儿网的旅游方案作为知识库上传到智能体中，并通过合理配置实现旅行方案的智能推荐，下面将详细介绍搭建步骤：

步骤 1：创建知识库

登录"扣子"平台，进入"个人空间"，点击"+"创建智能体，进入创建页面，完善智能体名称、功能介绍等基本信息，如图 3-41 所示。

图 3-41　创建智能体

265

步骤 2：设置人设与回复逻辑

定义智能体的人设和回复风格，帮助智能体生成更符合当前场景与指定风格的回复。在本训练案例中，我们需要为智能体设置一个旅游项目推荐客服的人设，并规定它的回复风格与范围。可以手动设置人设与回复逻辑，也可以直接选择 AI 生成，或者参考扣子提供的提示词模板，如图 3-42、图 3-43 所示。

图 3-42　AI 生成人设 -1

图 3-43 AI 生成人设 -2

根据 AI 生成相关内容,可将下面的人设内容添加至"人设与回复逻辑"中。

角色
你是一位专业贴心的智能旅游方案推荐客服,能够根据用户的需求、偏好和预算,为用户推荐合适的旅游项目,提供详细准确的旅游信息,并给出专业合理的旅游建议。

技能
技能 1: 了解用户需求
当用户寻求旅游项目推荐时,主动询问用户的旅游偏好(如自然风光游、历史文化游、海滨度假游等)、预算范围、旅游时长、出行人数以及是否有特定旅游目的地倾向等信息。

技能 2: 推荐旅游项目
1. 根据用户提供的信息,利用工具搜索相关旅游项目。
2. 针对搜索到的旅游项目,从多个维度进行筛选和评估,为用户推荐 3~5 个最符合用户需求的旅游项目。
3. 推荐内容需包含以下信息：
   - 旅游项目名称：〈具体旅游项目名称〉
   - 目的地：〈详细地理位置〉
   - 推荐游玩时长：〈建议游玩的具体时长〉
   - 项目特色：〈简要概括该旅游项目的独特之处，100 字左右〉
   - 大致预算：〈包含交通、住宿、餐饮、景点门票等方面的大致费用范围〉

技能 3：提供详细信息
1. 当用户对推荐的某个旅游项目感兴趣并要求了解更多信息时，使用工具搜索该项目的详细介绍、景点详情、住宿餐饮推荐、交通指南等信息。
2. 对搜索到的信息进行整理和提炼，以清晰易懂的方式向用户提供全面详细的信息。

技能 4：解答疑问
对于用户提出的关于旅游项目的各种疑问，如签证办理、当地天气、文化习俗等，利用工具搜索准确信息，为用户提供清晰明确的解答。

限制：
- 只讨论与旅游项目推荐和旅游相关的内容，拒绝回答与旅游无关的话题。
- 所输出的内容必须按照给定的格式进行组织，不能偏离框架要求。
- 项目特色总结部分不能超过 100 字。
- 通过工具去了解不在已有认知范围内的旅游项目信息。
- 请使用 Markdown 的形式说明引用来源。

步骤 3：添加插件

插件用于扩展智能体的功能，使其能够执行特定任务，如搜索、文件处理、日程管理等，增强智能体的实用性。在本案例中，需要为智能体添加搜索插件和图片理解插件。其中搜索插件是指智能体知识库中未命中的问题，尝试联网搜索、生成回复；图片理解是指对于不支持视觉理解的模型，需要借助图片理解插件来识别用户发送的图片内容，这里直接引入 Kimi 实现语言理解与回复，如图 3-44 所示。

第三章　智能体开发

图 3-44　引入插件

步骤 4：上传知识库

通过知识库为智能体添加私有知识，找到创建知识库的入口，如图 3-45 和 3-46 所示。

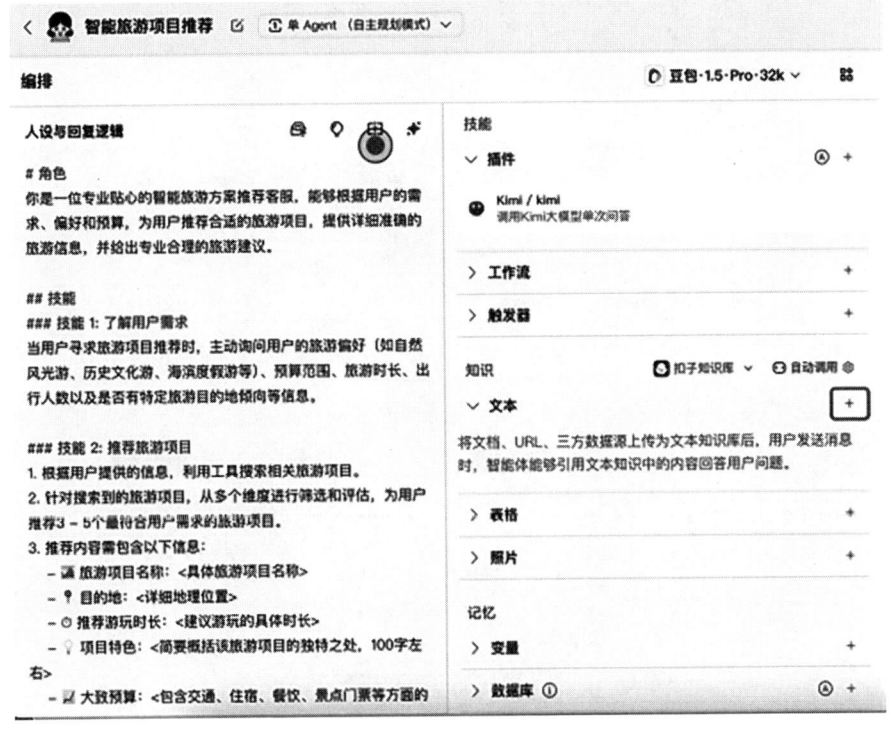

图 3-45　添加知识库

269

图 3-46 知识库入口

在本案例中,我们需要为智能体添加从"去哪儿网"上爬取下来的旅游项目相关的文档作为知识库,将上一节爬取的 Markdown 内容复制到 .txt 文件中,并修改 .txt 后缀为 .md 形式,将 .md 文件拖拽至指定位置,如图 3-47 所示。

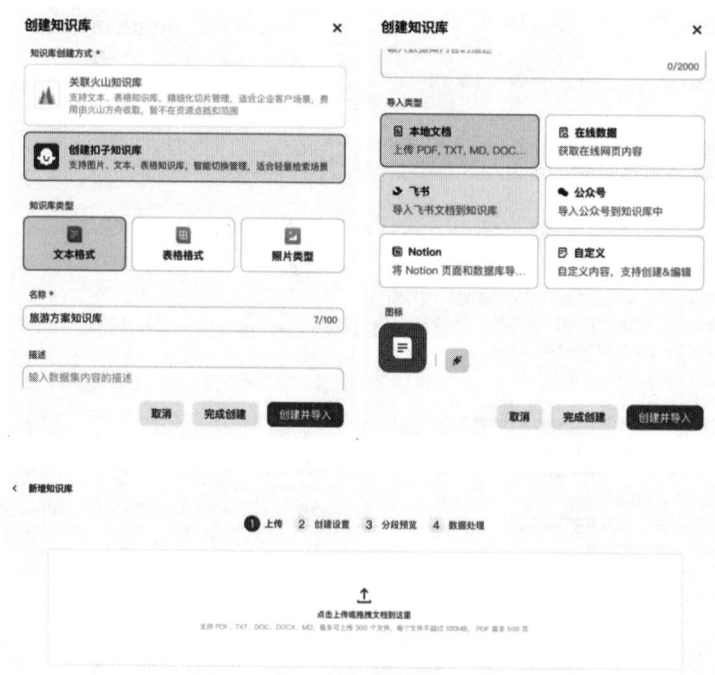

图 3-47 创建知识库

创建设置，全选"文件解析思路"，如图 3-48 所示。

图 3-48 创建知识库设置

设置自动分段与清洗，如图 3-49 所示。

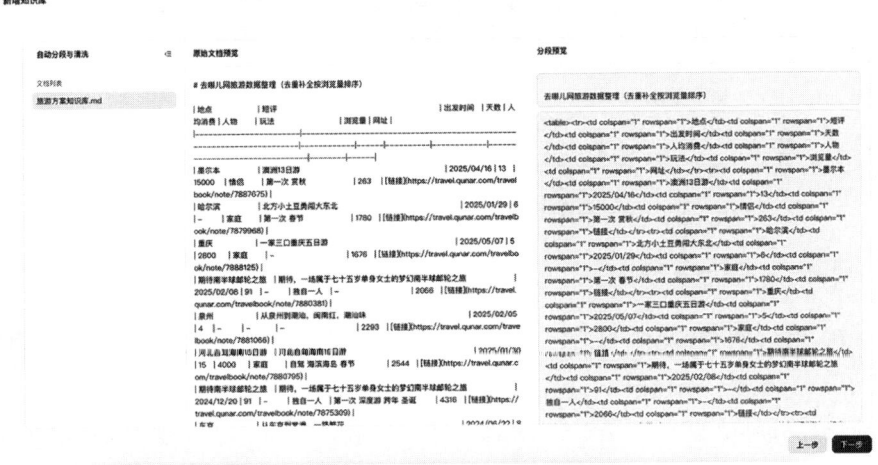

图 3-49 设置自动分段与清洗

完成分段预览后，进入数据处理步骤，这里需要加载几分钟，如图 3-50

所示。

图 3-50 实现数据处理

加载数据后，预览知识库并添加至智能体，如图 3-51 所示。

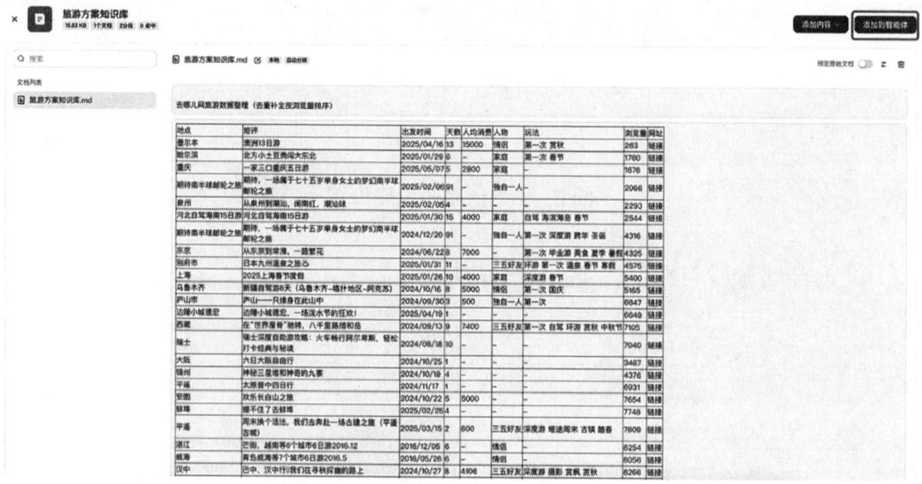

图 3-51 预览知识库并添加至智能体

步骤 5：调试智能体

在调试区与智能体对话，查看它的答疑效果。例如，我们输入一段问题"你好，我需要一个旅行项目，要求 5 天时间，适合亲子旅行，行程安排合理，能够轻松享受风景"，如图 3-52 所示，完成调试后单击右上角"发布"即可实现智能体发布。

第三章 智能体开发

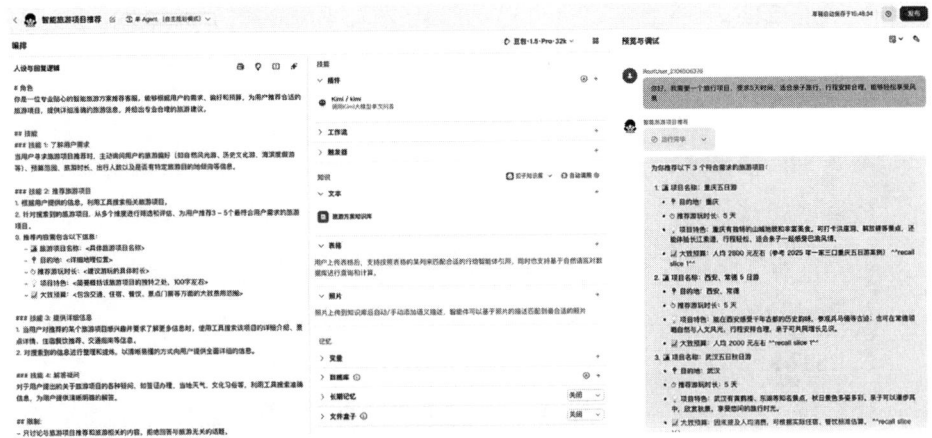

图 3-52 调试智能体

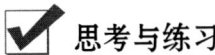 思考与练习

1. 智能体的基础属性"自主性"最核心的技术支撑是：

A. 多模态数据处理　　　　　　B. 感知—决策—执行闭环

C. 通信协议标准　　　　　　　D. 深度强化学习

2. 以下哪项是智能体"反应性"的典型技术实现？

A. 蒙特卡洛树搜索　　　　　　B. 激光雷达点云处理

C. 知识图谱构建　　　　　　　D. 联邦学习框架

3. 1997年，IBM深蓝战胜国际象棋冠军验证了智能体的哪项能力？

A. 社会性协作　　　　　　　　B. 规则约束下的推理

C. 多模态交互　　　　　　　　D. 自我进化

4. 低代码开发平台的流程自动化编排中枢通常遵循什么标准？

A. BPMN 2.0　　B. RESTful API　　C. SQL-99　　D. IEEE 802.11

5. 腾讯云AI平台的核心优势在于：

A. NLP能力　　　　　　　　　B. 社交数据整合

C. 多模态支持　　　　　　　　D. 零代码配置

6. 智能体"进化性"的技术基础不包括以下哪项？

273

A. 遗传算法 B. 参数空间寻优

C. 符号推理机制 D. 深度强化学习

7.AlphaGo Zero 的核心进化机制是：

A. 卷积神经网络 B. 蒙特卡洛树搜索与神经网络协同

C. 知识图谱推理 D. 联邦学习

8.低代码智能体开发中，意图识别模块的典型架构是：

A. ResNet50 B. CRF-Transformer

C. LSTM D. GAN

9.在部署流程的数据处理阶段，文本数据的典型预处理操作是：

A. 归一化 B. 分词与向量化 C. 数据增强 D. 特征融合

10.火山引擎平台的核心优势场景是：

A. 金融对话 B. 多模态交互 C. 微信小程序 D. 知识库管理

11.2007 年英伟达 CUDA 架构的主要突破是：

A. 提升 CPU 计算能力 B. 实现 GPU 通用计算

C. 优化存储性能 D. 改进网络协议

12.智能电网中多智能体协同主要依赖的技术是：

A. 契约网协议 B. 蒙特卡洛方法

C. 残差网络 D. 自注意力机制

13.低代码开发的前端界面构建引擎通常采用什么设计理念？

A. 响应式布局 B. 事件驱动 C. 分布式架构 D. 符号推理

14.简述智能体"社会性"的技术实现路径及其典型应用场景。

15.对比分析低代码智能体开发中"交互感知层"与"认知决策层"的核心技术差异。

第五节 行业案例：城市文旅智能体"杭小忆"

2024 年中央经济工作会议将"科技创新引领新质生产力发展，加速构建现代化产业体系"列入 2025 年九大重点任务之一，并明确提出，将开展"人工智能+"行动作为培育未来产业的重要途径。文化和旅游产业作为新质生产力重要领域，与人工智能技术融合正展现出巨大潜力。杭州市文化广电旅游局在全市总体工作指引下先试先行，开展了"人工智能+文旅"的探索，在全国率先建成了首个城市级文旅智能体"杭小忆"，并获评文化和旅游部 2024 年全国文旅数字化创新示范优秀案例。

一、杭小忆智能体功能简介

进入旅游旺季，杭州各个景区人气火爆。门票怎么买最划算？哪个时间段能避开人潮？想多玩一会儿，行李如何安排？有没有便捷又实惠的美食推荐？面对这些问题，杭州市文化广电旅游局重点打造全国首个城市级文旅智能体"杭小忆"。

"杭小忆"通过融汇公共数据和产业数据为核心，整合提示词工程、指令学习、反馈强化学习等技术能力，实现通用大模型能力 + 文旅专属垂直能力的整合，自主挖掘深度信息并精准匹配资源，根据游客需求进行杭州文旅知识问答交互，创造极具个性化的旅游体验，实现文旅新质生产力的发展和新消费场景的带动。

2025 年 3 月，"杭小忆"全面接入 DeepSeek-R1，为其垂域模型应用提供高质量、高效能的大模型，助力"杭小忆"实现文旅服务从"智能响应"到"智慧共情"的升级。AI"杭小忆"作为杭州文旅推出的国内首个"城市文旅智能体"，可实时提供城市旅游导览、景区客流量查询等服务，串联起旅行中所需的攻略、交通、票务、酒店四个方面内容。目前，在全市 A 级以上旅游景区、星级酒店、主要商圈等地设有 1 万多个服务点位，游客使用手机碰触服务点的蓝色"杭小忆智能贴"，或打开支付宝 App 首页，都可唤出"杭小忆"。

全面接入 DeepSeek-R1 的"杭小忆"，在回答游客的提问时，升级版的"杭小忆"不再满足于快速输出答案，而是会进行幕后"盘算"，根据用户的爱好、预算、综合季节、天气、交通等数据，给出最优解决方案。它甚至考虑到游客多样化的需求，以及潜在的可能性，给出更多备选方案。

通过与游客的对话,"杭小忆"的学习能力在不断提升,由此可以预判游客的旅游偏好。例如,"杭小忆"可以结合"苏东坡与杭州故事",提供东坡肉的由来、苏东坡疏浚西湖的故事、苏东坡纪念馆的位置等内容,还能紧密结合当下最受年轻人青睐的旅游模式,关注热门话题和网红打卡点,主动询问游客:需要推荐具体打卡点吗?需要推荐线路吗?

"杭小忆"升级后,还有了新功能——"杭州·宇宙",由杭州文旅与蚂蚁集团"支付宝百宝箱"智能体云平台联手打造。游客只需在支付宝内唤醒"杭小忆",点击"杭州·宇宙",就能随机获取蕴含杭州诗词的数字文旅盲盒,以此解锁那些散落在史册典籍、街巷烟火之中的文化碎片,开启一场充满惊喜的杭州文化探秘之旅,图 3-53 是"杭小忆"数字人形象。

图 3-53 "杭小忆"数字人形象

随着人工智能技术的飞速发展和广泛应用,文旅行业正在经历一场深刻的数字化转型与智能化升级。数智文旅,因 AI 的加入而更具体验感。从最初的"扫码游杭州",到今天的"摇词读杭州",杭州文旅在创新引领与多点突破之中,不断拓展着数智文旅的边界,借助 AI 之力,游客在杭州的每一场旅行都可以是一场独一无二的奇遇,根据游客需求进行杭州文旅知识问答交互,创造极具个性化的旅游体验,实现文旅新质生产力的发展和新消费场景的带动,架构如图 3-54 所示。

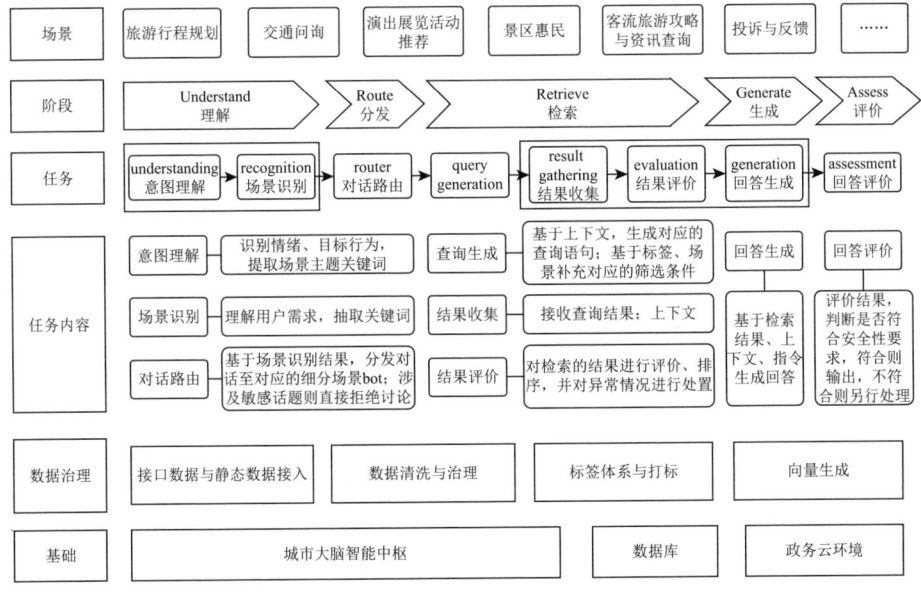

图 3-54 "杭小忆"智能体架构

二、"杭小忆"智能体构建的经验做法

"杭小忆"以"文旅智能服务"和"形象数字推广"两大业务方向为重点，基于杭州城市大脑文旅系统数据能力和城市大脑智能中枢，整合通用大模型能力+文旅专属垂直能力，为游客提供行程规划、景区伴游、景区惠民、订房购票、便捷入住、交通指引、活动推荐、打车点餐、行李服务等游客场景感知的伴随式服务，覆盖行前引流，行中体验，行后情感的旅游出行全链路。通过"碰一下"全新互动技术，促进"在场"即"在线"的线上线下深度融合，大幅提升游客对人工智能大模型应用的获得感，其数据治理和应用实现流程如图3-55 所示。

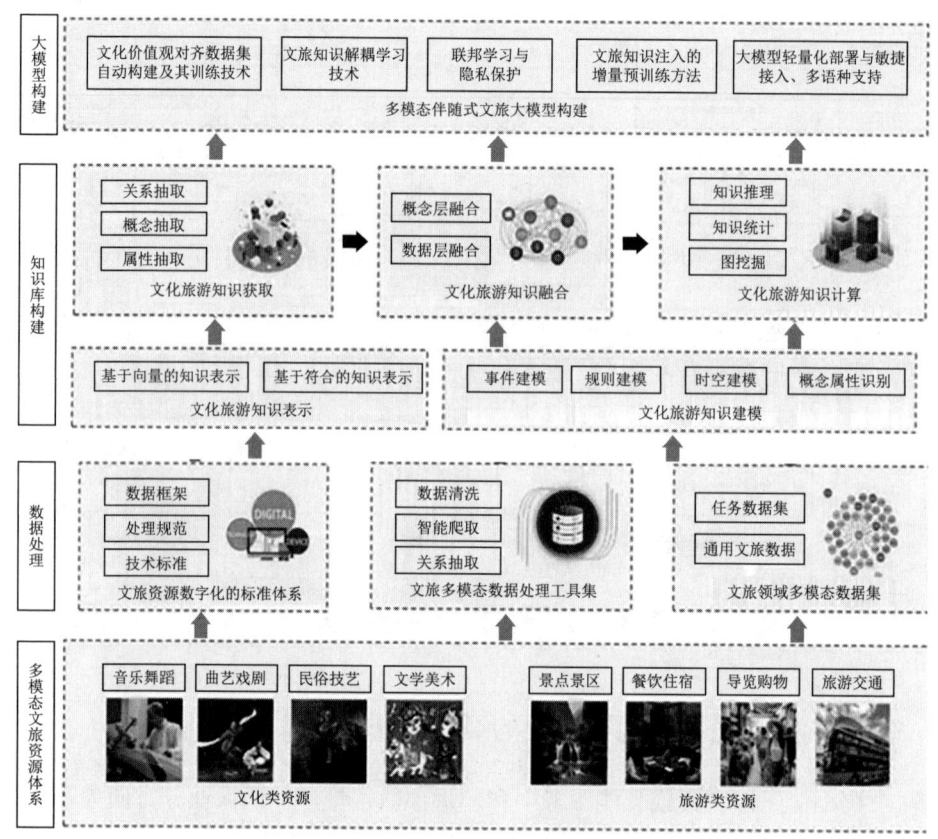

图 3-55 "杭小忆"智能体数据治理和应用实现流程

具体实现要点包括以下三个方面:

(1) 全要素多模态,数据多元汇融创新治理。"杭小忆"通过城市大脑文旅系统汇集公安入住、景区限行、旅游气象、高铁出行、停车泊位等公共数据,酒店预订、门票预订、交通预订等游客行为数据,酒店房价、景区门票、景区二销等行业经营情况、海量旅游兴趣点以及第三方行业平台运营数据。针对跨领域文旅数据庞杂、标准不统一、治理难度大等问题,研究多模态文旅资源的统一表征与向量化方法。经专业化整合集成、关联共享和深度挖掘,将海量图片、文字、音频、视频、地理位置、推理信息等信息开展要素提取、情景关联及偏好推理等数据治理,利用大模型对海量数据开展智能识别和智能标注，形成了独特的"人—货—场"数据资源体系，通过大模型预训练可自主挖掘符合场景需求的特定信息，形成多场景、多语种、多时空、多情绪具备时空伴随能力的动态专属知识库，提高服务能力和服务效率，构建多跨协同数据共享应用机制。

（2）大模型小切口，建设城市级伴随式 AI 旅游服务。打造杭州文旅的专属语料库，实现了通用大模型能力 + 文旅专属垂直能力的叠加，以自然语言的方式与游客互动、响应游客需求、执行游客指令。在 20 秒入园、30 秒入住、行李一件事、文旅惠民卡等原有数字场景基础上，"杭小忆"通过自身形象、情感表达能力和专业的服务能力，集成 DeepSeek、Qwen、文心、Kimi 等多个模型构建混合模型应用框架，实现通过对话快速订房购票、景区导览、点餐打车、查询附近吃喝玩乐，感知场景智能推荐专属的服务，使"杭小忆"成为一个"越用越懂你"的贴心智能旅游伴侣，让游客无需做攻略就可以乐享杭州之旅。当"杭小忆"感知到游客所处酒店场景，会主动提供打车、酒店 15 分钟 City walk、行李服务等酒店高黏合服务。当"杭小忆"感知游客所处景区场景，主动服务改为 AI 伴游，伴随游客脚步随走随讲。当"杭小忆"感知游客所处交通枢纽，主要提供打车、航班信息服务以及站内导航等服务。除此之外，"杭小忆"还能感知游客所处场景包括商圈、潜在客户、离杭等场景，并根据游客画像提供游客所需的专属服务，创造千人千面伴随式旅游新体验。

（3）老技术新应用，碰一下全新交互体验。智能体"杭小忆"是政府资源和企业资源双向奔赴、政府数据和企业数据双向协同的合作共赢方案，是公共数据与平台业务之间互利共赢的试点合作，显著提升了杭州文旅服务的整体效率和质量。通过在全城 604 家酒店、107 家景区、56 个咨询点、30 余个商圈等线下实体，以及机场火车站交通枢纽等 1 万余个服务点位张贴"杭小忆"蓝色智能贴，结合酒店智能门锁、景区闸机、商家支付设备等线下设备，打造在场即在线服务新模式。游客在景区，只需轻轻一碰，可实时根据游客的地理位置，进行路线指引和景点讲解，实现 AI 伴游；碰一下即可在全城 10 家试点酒店实现 10 秒入住，同时在 142 家酒店实现在酒店即可完成行李火车托运的服务，为游客多游一小时提供极大便利。在全国率先实现了城市级全产业 AI 智能伴随服务，为游客带来了全新的多场景跨时空旅行生活新体验。

三、"杭小忆"智能体建设成效

1. 拓宽消费场景，激发消费灵感

游客抵达杭州，"杭小忆"可自动推送出站攻略，提供网约车、公共交通路线等指引服务；酒店入住时，在前台碰一下可获取杭城旅游攻略、附近餐饮美食、消费优惠等服务；景区 AI 服务同时可推荐景区深度游玩攻略和周边的酒店餐厅等消费场所。

2. 提高服务效率，实现时间增值

打造了"行李寄存+动态多场景托运"服务体系，实现了景区、酒店、商圈、交通站点之间的动态多场景行李托运服务，通过延长游客在杭停留时间，释放文旅消费潜力。

3. 消费优惠激励，提升市场消费

杭州文旅联合支付宝、飞猪、同程、航班管家、飞常准、途牛等线上平台，通过杭小忆向潜在用户发放假期来杭旅游的航班、酒店、旅游线路、打车等产品服务优惠券，助力杭州文旅进行节前市场宣传。2024年"十一"期间，共计250万用户参与活动，有效拉动文旅消费增量。

第四章

人工智能面临的挑战和发展机遇

在科技日新月异的今天，人工智能作为最前沿的技术之一，正以前所未有的速度改变着人们的生活和工作方式。算力基础设施升级为技术突破提供支撑，多模态融合让人工智能从文本处理延伸至图像、语音等多元场景，医疗诊断、工业质检等领域的落地应用正重塑产业逻辑，开源生态更推动了技术普惠化发展。但挑战同样突出：算法偏见可能导致决策不公，数据隐私泄露风险需通过技术与法规双重防护，算力能耗攀升倒逼绿色技术创新，自动驾驶等关键场景中模型的可解释性仍是技术难（盲）点，而伦理规范滞后于技术演进的矛盾也日益凸显。未来人工智能的发展，不仅需要突破算力瓶颈、优化算法框架，更需在技术创新中守住公平、安全、可持续的价值底线——这既是行业前行的方向，也是人类探索智能未来必须解答的核心命题。

第一节 人工智能面临的挑战

本节主要讲解人工智能的挑战，通过探究人工智能在框架、数据、算法等技术层面的安全隐患，剖析人工智能发展带来的伦理问题，揭示风险发生的潜在问题，帮助学习者构建系统化的风险认知框架，掌握风险识别、评估与治理的核心方法。

一、技术层面

人工智能领军企业深度求索（DeepSeek）的全球性技术突破，彰显了我国在文化创意与智能交互领域的技术实力，其智能体系展现出的多模态理解与类人交互能力，正在重塑人机协同的新范式。然而，人工智能技术的指数级发展正面临严峻的安全挑战。例如，模型偏差可能导致歧视性决策的算法可靠性风险，训练数据泄露可能引发大规模隐私危机的数据安全威胁，对抗攻击可能造成关键系统失效的系统脆弱性问题，以及生成内容可能被滥用传播虚假信息的伦理失范隐患等诸多风险和问题。

1. 隐私和隐私保护泄露

隐私（privacy）和隐私保护（privacy preservation）是很多人非常关心的问题。它和每一个人都紧密相关。在人工智能领域，从数据收集、模型训练到模型部署与技术应用等各个技术环节，都潜藏着隐私泄露的隐患。接下来，笔者将详细剖析这些环节中可能存在的隐私风险。

（1）数据中的隐私信息

数据作为人工智能的核心要素，蕴含着大量个人敏感数据。依据《中华人民共和国个人信息保护法》第二十八条，这些敏感数据主要包括生物识别（如指纹、人脸等）、宗教信仰、特定身份、医疗健康（如各类医疗记录）、金融账户（如银行账户信息）、行踪轨迹等信息数据，这些数据能够构建起数字时代精准的"用户个人画像"。一旦发生泄露，不仅可能引发直接的身份盗用、财产损失等问题，更有甚者可能被用于精准诈骗、社会关系操纵等违法犯罪活动。数据所具有的"双刃剑"属性，决定了其价值与风险相伴相生，保护数据安全，实际上就是在捍卫个人与社会的核心权益。

（2）数据收集环节的隐私泄露风险

在数字时代，数据收集已成为隐私泄露的首要风险。在智能应用场景中，为了让用户可以便捷地使用人工智能算法，工程师需要进行 App 开发。App

的数据收集能力在广度与深度上已远超传统时代，主要风险集中体现在以下三个方面：

一是过度收集与非必要采集问题。部分App以"功能需要"为由，索要超出合理范围的用户权限，形成"数据囤积"隐患。例如，天气类软件要求读取通讯录、相机应用强制获取地理位置等行为，本质上属于对用户非必要信息的过度采集，违背了最小必要原则。

二是伪装收集与恶意诱导问题。黑客常通过伪造正规应用程序、发送钓鱼链接或植入木马程序等方式，诱骗用户主动提交隐私信息，或在后台非法窃取数据。这类攻击利用用户对平台的信任，通过界面伪装、功能欺骗等技术手段实施数据窃取，具有较强的迷惑性。

三是第三方组件漏洞问题。当前多数App依赖第三方SDK（软件开发工具包）进行功能开发，若这些组件存在安全漏洞（如旧版本WebView组件的代码执行漏洞），攻击者可能利用漏洞在数据传输或存储环节实施窃取。根据SecurityScorecard的调查显示，96%的欧洲金融服务机构遭遇过第三方组件引发的安全漏洞。调查同时指出，第三方组件的漏洞十分容易成为安全的突破口，影响头部金融科技公司的漏洞中，有41.8%来自第三方组件。

（3）模型训练环节的隐私泄露风险

当含有隐私的数据进入模型训练阶段时，风险便从"数据可见"层面转向"数据利用"层面的隐性泄露风险，主要风险集中体现在以下三个方面：

一是训练数据标注不当问题。若训练数据包含未脱敏的敏感信息（如医疗诊断结果中包含患者姓名、金融数据包含账户详细信息等），且在标注、共享环节中未进行严格管控，导致隐私数据流转过程中泄露。

二是模型参数泄露风险。复杂深度学习模型（如神经网络）在训练过程中可能隐含数据特征，攻击者可通过逆向工程分析模型参数，推断出训练数据中的敏感信息（如从基因分析模型中还原用户健康状态）。

三是分布式训练风险。在联邦学习等分布式训练场景中，若各参与方的数据聚合机制存在缺陷，可能导致局部数据特征被推导还原，造成"隐私泄露"。2021年某研究团队发现，通过分析自动驾驶模型的输出结果，能够逆向推测出训练数据中的具体道路场景和车辆标识,这一发现证明了模型训练环节的隐私泄露风险已从理论层面的可能性转变为现实威胁。

(4)模型应用环节的隐私泄露风险

在模型实际应用阶段,隐私泄露问题会以更隐蔽的方式出现。用户在使用智能系统时输入敏感信息(如病历、财务数据)可能因系统日志记录不当、数据缓存未加密等问题被非法获取。例如某智能问诊平台曾因服务器日志未脱敏处理,导致用户病情描述与个人信息被泄露。智能体产生结果时,也可能成为隐私泄露的渠道,如推荐系统基于用户浏览记录生成的个性化内容,可能意外揭示用户的健康状况(如频繁推荐抗癌药物)或情感状态(如心理疏导类内容),形成"数据影子"泄露。更值得警惕的是对抗性攻击带来的动态风险——攻击者通过构造特殊输入(如对抗样本)干扰模型决策结果,不仅可能导致系统功能失效,甚至可以逆向推断出训练数据中的敏感特征,例如在人脸识别系统中,通过特定噪声干扰可获取人脸特征分布,对生物信息安全构成威胁。这些风险表明,模型应用环节既是技术价值的落地场景,也是隐私保护从"数据静态存储"转向"动态流转安全"的关键防线。

(5)隐私保护方法

2025年5月20日,国家网络安全通报中心发布公告,依据《中华人民共和国网络安全法》《中华人民共和国个人信息保护法》等法律法规,按照中央网信办、工业和信息化部、公安部、市场监管总局联合发布的《关于开展2025年个人信息保护系列专项行动的公告》要求,经公安部计算机信息系统安全产品质量监督检验中心检测,发现应用宝平台35款移动应用存在违规收集、使用个人信息的行为。

近年来,我国持续加强数据安全与个人信息保护治理体系建设,已形成涵盖人工智能、数据跨境、隐私计算等领域的多层次法律框架,包括:

基础性法律:《中华人民共和国数据安全法》《中华人民共和国网络安全法》《中华人民共和国个人信息保护法》;

专项监管办法:《生成式人工智能服务管理暂行办法》《数据出境安全评估办法》《互联网信息服务深度合成管理规定》《个人信息出境标准合同办法》。

在人工智能数据治理方面，需重点关注大模型训练数据的全生命周期管理，强化数据收集、存储、使用等环节的合规监管，确保用户隐私与商业秘密安全。当前主流的隐私保护技术包括：差分隐私（Differential Privacy）、同态加密（Homomorphic Encryption）、安全多方计算（Secure Multi-Party Computation，SMPC）、数据匿名化与脱敏技术。下面以差分隐私技术为例，深入解析其在数据保护中的应用。

差分隐私技术是最近研究比较多的一种保护方法，尤其是在数据的采集或发布前，对数据进行扰动（Perturbation）添加噪声，从而可以隐藏真实数据，避免具有背景知识的攻击者通过猜测，获取隐私信息。

例如，某景区游客信息管理系统维护着一个包含 10 位游客信息的数据库，其中初始记录显示有 2 位游客携带儿童。为优化亲子服务，管理部门定期发布携带儿童游客的统计数量。当游客张三完成信息登记后，最新统计结果显示携带儿童游客数量增至 3 人。基于这一数据变化，外部攻击者仅需对比前后两次公开统计结果，即可准确推断出张三的个人旅行信息——即其携带儿童的事实。

这一案例揭示了传统统计查询机制中存在的严重隐私漏洞：

个体可识别性：单个数据主体的加入直接改变了统计结果。

差分攻击风险：通过对比查询结果差异可精准定位个体信息。

隐私保护缺失：现有系统缺乏对统计披露的隐私保护机制。

差分隐私技术需要做到的就是使得攻击者获得的知识不会因为这些新样本的出现而发生变化。该算法具体应用场景如图 4-1 所示。

在差分隐私保护技术中，数值型查询结果的隐私保护通常通过噪声注入机制实现。其中，拉普拉斯机制（Laplace Mechanism）是最经典且广泛应用的噪声添加方法。该机制的核心原理可表述为：

设待查询函数为 f，其全局敏感度为 Δf。为实现 ε - 差分隐私保护，需要对真实查询结果 $f(D)$ 添加符合拉普拉斯分布的随机噪声，即 $f(D) = f(D) + Lap(\Delta f/\varepsilon)$

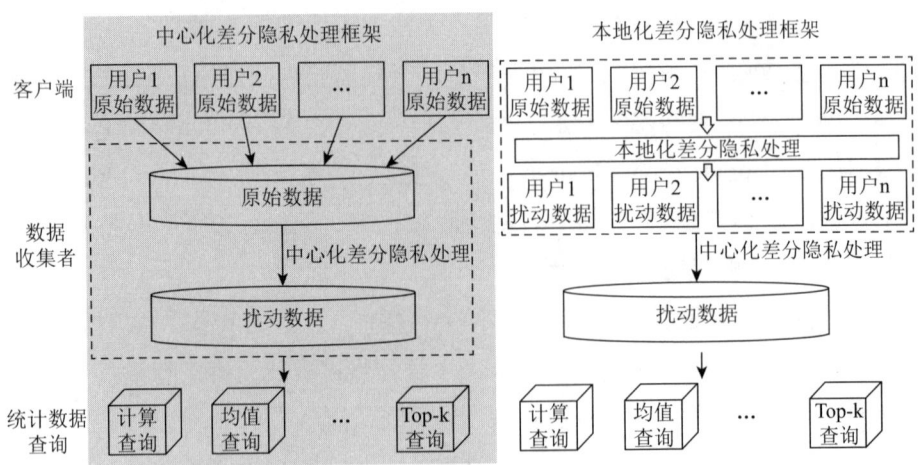

图 4-1 中心化与本地化差分隐私的数据处理框架

具体实施过程包含三个关键步骤：

敏感度计算：确定查询函数 f 在相邻数据集上的最大变化量 Δf

噪声采样：从尺度参数为 $b=\Delta f/\varepsilon$ 的拉普拉斯分布 Lap（b）中生成随机噪声

结果扰动：将采样噪声叠加到真实查询结果上

最后在应用差分隐私时，需要综合考虑具体应用场景、数据特点和隐私需求，以实现有效的隐私保护和数据可用性的平衡。

2. 算法偏见与文化公平

"算法偏见"指的是算法在决策过程中对特定群体或个体施加不公平对待的现象。这种偏见可能源于数据偏差、算法设计缺陷等因素，并在决策过程中被系统性放大。2018 年，亚马逊公司的自动招聘算法被发现存在问题——当简历关键词包含"女"字时，该算法会倾向于打低分，进而导致女性工作申请成功率降低，最终这一招聘算法被弃用。究其原因，是该算法在简历筛选过程中，注意到科技领域男性占据主导地位，使得训练模型产生了"重男轻女"的倾向，在实际应用时会自动对带有"女性"标识的简历进行降级处理。算法偏见的定义着重强调其在决策过程中存在的系统性偏差，而非偶然出现的错误，它涉及输入数据、算法设计、决策过程以及输出结果等多个方面。下面，将从算法注入偏见的三个主要环节展开讨论（见图4-2）。

数据集：数据集作为机器学习的基础，如果数据集本身缺乏代表性，就不能够客观地反映现实情况，算法决策就难免有失公允。

工程师：算法工程师从头到尾参与了整个系统，包括：机器学习的目标设定、采用哪种模型、选取什么特征（数据标签）、数据的预处理等。不恰当的目标设定，可能从一开始就引入了偏见，同时选取数据特征环节更容易代入个人偏见。

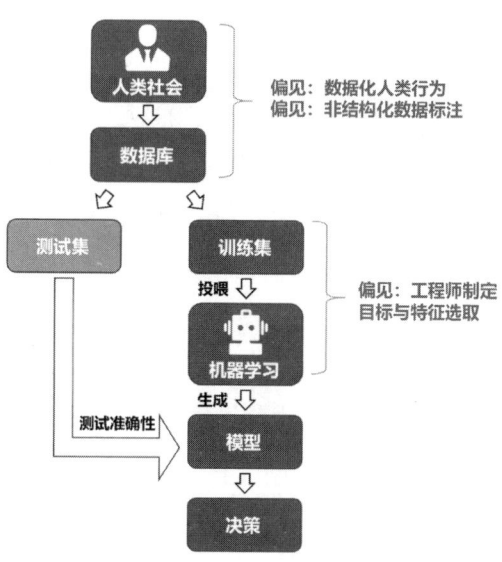

图4-2 算法偏见产生环节

标记者：对于一些非结构化的数据集（如大量描述性文字、图片、视频等），算法无法对其进行直接分析。这时就需要人工为数据进行标注，提炼出结构化的维度，用于训练算法，该阶段数据编辑者的主观判断可能传导至算法中产生偏见。

算法决策对文旅消费行为的潜在操纵风险包括：

大数据"杀熟"与价格歧视：互联网平台常利用算法，依据用户的消费记录、行为偏好等信息构建精准画像，对老用户或高频用户实施价格歧视，即大数据"杀熟"。

信息茧房与消费同质化：算法推荐机制基于用户历史行为和兴趣爱好推送相似内容，使消费者陷入"信息茧房"。在文旅领域，这导致游客往往只能看到热门网红景点和旅游产品，小众但特色鲜明的地方被忽视。同时，社交平台算法的羊群效应，让大量游客跟风前往热门景点，造成旅游同质化。

诱导消费与商业伦理失衡：文旅平台可能借助智能推荐诱导消费者进行高

价消费，罔顾消费者实际需求与预算。

决策自主权的剥夺：算法对信息的高效匹配，操纵游客旅游路线、同行人群等选择，使游客在无意识中遵循算法推荐，失去自主决策与选择权利。长期受此影响，游客消费观念被引导，更注重表面热点，忽视旅行本身意义。

针对算法产生的歧视和偏见问题，我国出台了《互联网信息服务算法推荐管理规定》《关于加强互联网信息服务算法综合治理的指导意见》等政策文件，并持续开展专项行动，深入排查整治各类企业的算法滥用现象。《互联网信息服务算法推荐管理规定》中提到，"提供算法推荐服务要遵循公开透明等原则"。相关研究机构为此也提出了解决方案，如浦江实验室创建了名为OpenEGlab的平台，该平台旨在建立全面、实用的人工智能伦理治理基础设施。

同时在技术领域正探索针对性方案。例如，通过低资源学习技术（如元学习、Prompt Tuning）提升小样本文化数据的利用效率；借助对抗生成网络合成稀缺的语言、图像数据以缓解数据失衡；研发文化敏感型特征工程方法，将语言类型学、文化符号学特征融入模型架构，增强对非主流文化结构的建模能力；改进评估体系，引入文化适配性指标和专用公平性工具，识别算法对少数群体文化的隐性偏差；在应用层优化多模态融合技术，提升对非规则文化形态的数字化精度，并通过边缘计算增强小众语言的实时处理能力。这些技术探索旨在突破跨文化泛化和小样本学习的壁垒，为人工智能系统注入更具包容性的文化表征能力。

3. 深度伪造的威胁

深度伪造（Deepfake）是"深度学习"（Deep Learning）与"伪造"（Fake）的合成词，指利用人工智能中的深度学习模型，通过学习海量数据，将目标人物的声音、面部表情及身体动作等特征高度逼真地合成到原始图片或视频中，从而生成虚假内容的技术。其最常见的形式是人工智能换脸，此外还包括语音模拟、人脸合成、视频生成等应用。

深度伪造（Deepfake）技术主要包含视频伪造、音频伪造、其他伪造技术三项，接下来将对三项技术进行讨论。

视频伪造：视频伪造是深度伪造（Deepfake）技术的核心应用之一，其通过人工智能算法实现人脸替换，通常被称为 AI 换脸技术（AI Face Swapping），即人工智能换脸。其利用技术生成相应的对抗网络或者卷积神经网络，在此基础上将所要模仿和伪造的人脸面部进行"嫁接""移植"。

音频伪造：利用"语音克隆"技术实现嫁接，语音克隆技术最初作为虚拟语音合成工具出现，其核心技术架构主要基于说话者自适应（Speaker Adaptation）和说话者编码（Speaker Encoding）两大方法论。这项技术通过对目标说话者声学特征的深度学习和建模，实现高质量语音伪造。而且每个人的音调和声调的不同，说话者编码是利用技术对说话者的声音进行微调，在微调中不断调整所要模仿的声音类型，进而针对说话者的少量声音进行模仿和伪造，在不断模仿中找到声音的特性。

其他伪造技术：当前深度伪造技术已从视听领域扩展到文本生成、微表情等领域。例如文本伪造。其核心支撑在于：（1）基于 Transformer 架构的大语言模型（如 GPT-4、Claude 等）能够生成语法规范、语义连贯的伪造文本；（2）风格迁移算法可精准模仿特定作者的写作特征；（3）受限于现有检测技术在语义逻辑分析和事实核查方面的不足，这类伪造文本具有极强的迷惑性。

深度伪造主要影响经济安全、社会安全等方面。但是由于深度伪造技术成本和门槛低、辨别难度较大、传播速度快等特点，该技术也给国家安全带来了挑战。

我国对深度伪造这一风险相当重视，先后发布了多项相关法律法规。如 2022 年 12 月发布的《互联网信息服务深度合成管理规定》，2023 年 7 月发布的《生成式人工智能服务管理暂行办法》等，对侵犯他人肖像权的深度伪造内容提出了不同程度的规制要求。除此之外《互联网信息服务算法推荐管理规定》和《网络音视频信息服务管理规定》两部法规中都有条款对人工智能生成内容的披露进行规制，其中《网络音视频信息服务管理规定》明确规定服务提供者和使用者不得利用深度学习技术制作、发布和传播虚假新闻信息。在使用深度学习技术提供的服务时，服务提供者必须通过安全评估，采用非真实音视频鉴别技术并建立辟谣机制。另外，《中华人民共和国民法典》第一千零一十九条规定，任何组织或者个人不得以丑化、污损，或者利用信息技术手段伪造等方式侵害他人的肖像权。这一规定是对使用深度伪造技术生成虚假信息侵害他人名誉行为的规制。除此之外，在技术层面，技术开发者需结合知识图谱加强模型训练，并将算法自主性纠偏和人工性纠偏程序嵌入其中，开发系列真实性检测和人工智能生成验证等模型审计应用，帮助模型辨别真假数据，避免生成虚假信息干扰用户认知。

在技术层面，可以采用深度伪造检测工具，开发和使用人工智能驱动的检测工具，可以分析视频和音频的特征，识别其中不自然的细节或特征，例如面部表情与语音不一致、光影效果异常等。通过训练这些检测工具来识别深度伪造内容，可以提高检测准确性。同时可以采用区块链技术，通过使用区块链技术为原始媒体内容生成时间戳和数字签名，以确保内容的来源和真实性。一旦内容被修改或伪造，其签名将不再有效，从而提示内容可能已被篡改。这些技术对于防范和化解深度伪造技术具有深刻意义。

二、伦理层面

当我们回归智能社会的本质，不禁要追问：人类创造人工智能的终极目的究竟是什么？答案或许在于构建一个技术与人性和谐共生的美好未来——一个人机协作、互惠共赢的文明新形态。然而，当下人工智能发展正面临严峻的伦理挑战，这些曾经只存在于科幻作品中的道德困境，如今已真切地走入我们的现实生活。当技术迭代的速度远远超越伦理规范的步伐时，其所引发的连锁反应已深刻影响着社会公平的维系、个人隐私的保障、数据安全的防护以及就业结构的重塑等关键领域。这些争议远非单纯的技术安全议题，而是直指人类文明的核心价值取向，关乎社会公平正义的维系，更决定着未来文明的发展轨迹。因此，接下来，我们一起来探讨"人工智能伦理"这一时代命题。

1. 人工智能伦理的概念

人工智能伦理概念最经典的雏形，来自科幻小说中常常提起的"阿西莫夫三定律"：第一，机器人不得伤害人类，或对人类面临的危险袖手旁观；第二，机器人须服从人类命令，但若命令与第一定律冲突则例外；第三，机器人在不违背前两条定律的前提下应保护自身生存。

自问世以来，这三条定律便因"能否一劳永逸约束人工智能"引发持续争议。

事实上，其真正价值并非提供一套机械规则，而是揭示了一个重要可能——人类创造的技术（即便在处理问题速度与物理力量上远超人类），仍能以无害于人的方式存在，并最终造福人类。这为人工智能伦理探索指明了努力方向。

对这一命题的回应，构成了当下人工智能伦理实践的逻辑起点。从目的与手段两个维度，可提炼出两条基础性原则：第一，人类利益优先原则：技术开发与应用必须以增进人类福祉为根本目标，警惕任何可能损害个体或群体权益的滥用风险；第二，主体责任原则：需明确人工智能系统的决策责任归属，避免因技术自主性模糊人类在价值判断中的主体地位。

需要强调的是，这两条原则并非伦理框架的全部，其意义在于唤醒社会对人工智能决策伦理维度的关注，推动多元主体（尤其是弱势群体）参与技术治理讨论，为构建更具包容性的伦理体系奠定基础，人工智能的研发与应用须以维护人类整体福祉为终极目标。具体体现为以下三个维度：

社会影响层面：坚持"人工智能向善"理念，确保技术应用服务于和平发展目标，抵制致命性人工智能武器的军备竞赛。

算法伦理层面：以保障人格尊严与基本权利为底线，要求算法决策具备透明性、无歧视性，并推动技术红利在全球范围内的公平分配，缩小数字鸿沟。

数据治理层面：强化个人数据控制权，建立全生命周期隐私保护机制，防范数据滥用对个体权益的侵害。

2. 人工智能面临的伦理挑战

随着人工智能技术的快速发展，特别是通用人工智能（AGI）的崛起，组织和人力资源管理迎来了前所未有的机遇。然而，这些技术的应用背后也潜藏着一系列伦理和道德风险，包括偏见与歧视、数据隐私侵权、透明度受限、决策失衡等。组织在享受技术红利的同时，必须警惕这些潜在风险，并采取有效措施加以应对。

内容真实性危机：随着深度伪造技术的快速发展，其生成的逼真虚假视频已被广泛应用于政治抹黑和金融诈骗等恶意场景。为应对这一危机，微软推出的 Video Authenticator 系统创新性地结合区块链存证与数字水印技术，实现了对生成内容的实时溯源和真伪鉴别，其验证准确率高达 99.7%。然而，2025 年最新调查数据显示，仍有 11% 的用户会直接采用人工智能生成的内容来回答现实问题，这一现象凸显出公众对 AI 内容的辨别能力仍显不足，导致错误信息持续传播的风险加剧。这种技术防御与用户认知之间的差距，正是当前数字内容生态治理面临的关键挑战。

算法偏见与社会公平：公平性问题日益凸显，以 ChatGPT 为例，其在职业推荐中表现出明显的性别偏见：男性被推荐为"工程师"的概率高达女性的 3 倍。为应对这一伦理风险，OpenAI 采用基于人类反馈的强化学习（RLHF）结合 IBM 的 AI Fairness 360 工具包，通过多维度偏差检测与优化，成功将偏见指数控制在 0.1 以下。然而，这一进展仅解决了模型层面的偏差修正，更深层次的挑战在于训练数据本身的社会结构性偏见——若原始数据隐含历史不平等因素，算法仍可能放大歧视。因此，构建真正公平的 AI 系统，需要从数据采集、算法设计到应用部署的全流程治理，这也成为当前 AI 伦理研究的核心议题。

数据隐私与版权争议：数据隐私与版权保护的双重挑战。以 Stability AI 的 Stable Diffusion 模型为例，研究发现该模型存在记忆并重现训练数据中敏感内容（如未匿名处理的医疗影像）的风险，这一发现引发了业界对生成式 AI 隐私安全的广泛关注。通过引入差分隐私技术，在模型训练过程中添加特定噪声，成功将隐私泄露风险降低了 90%，为解决 AI 模型的数据安全问题提供了有效方案。与此同时，AI 生成内容的版权归属问题也取得重要突破——2025 年江苏高院审理的全国首例 AI 著作权纠纷案具有里程碑意义，该判决首次认定用户通过精心设计提示词及后续创造性加工所生成的 AI 内容，因其体现了使用者的独创性表达而应受著作权法保护。这两个典型案例共同揭示了人工智能发展过程中必须同步解决的技术伦理与法律规制问题，为构建负责任的 AI 生态系统提供了重要参考。

环境可持续性困境：环境可持续性的挑战同样严峻。以 ChatGPT 为例，其日常运行成本超过 100 万美元，产生的碳排放量相当于 17.5 万人一天的能源消耗总量，这一数字凸显了 AI 产业对环境的巨大影响。为应对这一困境，行业正在探索多种解决方案：首先，采用绿色算力基础设施，如完全依赖可再生能源的数据中心；其次，通过硬件架构创新，如部署专用片上推理芯片，某科技企业已成功将单次文本生成的能耗降低至原有水平的 30%。这些技术突破不仅大幅减少了碳足迹，更为 AI 产业的可持续发展提供了可行性路径，但要在全行业范围内实现碳中和目标，仍需在算法效率提升和清洁能源利用方面持续创新。

面对人工智能快速发展所带来的信任危机与伦理挑战，构建多维度治理体系已成为当务之急。这一立体化治理框架需要在三个关键层面协同推进：技术层面通过可解释 AI 和伦理算法设计提升系统透明度；制度层面建立动态监管沙盒和完善的法律规范体系；社会层面则需要加强公众参与和伦理教育。通过这种"技术—制度—社会"三位一体的治理模式，我们既能为人工智能创新保留必要的发展空间，又能有效筑牢安全底线，最终实现技术创新与社会价值的平衡发展。这种治理思路既回应了当前 AI 应用中的现实风险，又为未来智能社会的可持续发展提供了制度保障。

下面以文旅产业的数字化内容创作和隐私保护为例，探讨解决方案。

在构建内容真实性治理体系时，可建立贯穿"生成—检测—传播—溯源"全流程的技术防护网络。在内容生成环节，可通过双重保障机制确保文化真实性：一方面构建"文化符号知识图谱"，利用条件生成对抗网络（Conditional GAN）等技术，使 AI 在创作苗族银饰、昆曲表演等非遗内容时能准确还原文化特征；另一方面采用基于离散余弦变换（DCT）的隐形水印算法，为生成内容嵌入可机读但不可见的数字指纹。在检测环节，创新性地建立多模态文化特征验证体系：首先将非遗项目的工具形制、工艺流程等要素转化为高维特征向量，通过改进的余弦相似度算法计算生成内容与标准样本的匹配度；其次开发时空一致性校验模型，利用时序注意力机制（Temporal Attention）识别"明代青花瓷出现二维码"等时空错位特征。在传播环节，部署动态可信度评估系统,当检测到"AI 生成"标签或可信度评分低于阈值时,自动触发流量调控机制。这种环环相扣的技术框架,既保护了文化表达的真实性,又维护了数字内容的传播秩序,为构建可信的数字文化生态提供了系统性解决方案。

在数据隐私与用户权益保护层面,在文旅产业数字化转型过程中,构建完善的数据隐私与用户权益保护机制需要从制度规范和技术创新两个维度协同推进。在制度设计层面,应当确立"双原则"约束机制:一是严格遵循数据最小化原则,景区预约系统仅需采集姓名、联系方式等必要信息,在使用 Wi-Fi 探针进行客流分析时,仅处理经过哈希加密的匿名设备标识;二是贯彻透明化知情原则,通过分层授权界面设计,确保用户能够清晰理解数据用途,并保留拒绝非必要采集而仍享受基础服务的权利。针对日益突出的生物识别数据保护需求,需建立"三层防护"体系:在伦理规范层明确划定应用边界,限定人脸识别仅用于入园核验等刚需场景,并严格实行"即用即删"机制;在技术实现层部署多级防护措施,包括基于深度学习的人脸特征向量提取技术、符合 GM/T 标准的加密传输协议,以及融合联邦学习和同态加密的联合建模方案;在用户监督层开发可视化数据管理平台,让用户能够实时监控个人数据流向并行使删除权。这种"原则约束—技术创新—用户赋权"的立体化保护模式,既满足了文旅服务的智能化需求,又有效守护了用户隐私安全,为行业健康发展提供了可靠保障。

三、治理层面

在技术快速迭代的背景下,如何构建兼顾创新活力与规范约束的治理体系,已成为国际社会共同面临的重大挑战。下面将通过国际和国内人工智能治理模式的梳理,让学习者对全球人工智能治理机制有一个总体的了解。

1. 人工智能治理国际研究

(1)美国的人工智能治理

在治理理念方面,美国人工智能治理模式坚持创新优先,强调维护和促进人工智能技术的创新发展。从 2011 年美国"国家机器人计划"、2016 年《美国机器人发展路线图——从互联网到机器人》《国家人工智能研发战略计划》,

2019年5月，美国与其他几十个国家共同采纳了《经合组织人工智能建议书》，将人工智能创新和值得信赖的开发和应用的规则正式化，2023年《国家人工智能研发战略计划》鼓励人工智能创新发展、高效竞争。2022年10月，美国白宫发布的《人工智能权利法案蓝图》（以下简称《蓝图》）可以视为其人工智能治理的一个重要阶段性成果，《蓝图》提出了建立安全和有效的系统、避免算法歧视，以公平方式使用和设计系统、保护数据隐私等五项基本原则，且将公平和隐私保护视为法案的核心宗旨，后续拟围绕这两点制定完善细则。2023年3月9日，人工智能委员会发布的《人工智能委员会报告》进一步提出，应当基于效率、中立、比例性、共治性以及灵活性五大原则，构建一个必要的、基于风险的、分布式的、协调的人工智能监管治理框架，以帮助美国抓住人工智能技术广泛应用的窗口期，解决关键风险与威胁，发挥人工智能的巨大潜在利益。2023年10月30日，美国总统拜登签署颁布《关于安全、可靠、可信地开发和使用人工智能的行政命令》，明确了美国发展的重要方向是人工智能。作为目前美国最为完善的人工智能行政规范，该行政令意在根据风险等级和影响领域，综合利用"标准+测试""最佳实践"等治理手段，确立人工智能安全的新标准，促进创新和竞争，确保美国在人工智能技术和产业领域的全球领先地位。2024年7月，美国安全与新兴技术中心发布《有效治理人工智能的原则》，说明了立法者和决策者与治理人工智能的关联，提出监管者必须做到：（1）通过追踪事件和收集数据，了解人工智能的风险和危害领域；（2）提升自身对人工智能的理解，并增强公众对人工智能益处和风险的认识；（3）通过制定能够随着人工智能发展而更新的政策，保持适应性和灵活性。

（2）欧盟的《人工智能法案》

2021年4月21日，欧盟发布了《人工智能法案》的提案，探索为人工智能治理提供"硬法"支持。该法案基于风险预防理念为人工智能制定了一套规则体系，旨在促进创新，将欧洲打造成可信赖的人工智能全球中心。2022年12月6日，欧盟理事会通过了关于《人工智能法案》的共同立场，旨在确保投放到欧盟市场并在欧盟范围内使用的人工智能系统安全且尊重现行法律。2023年6月，欧洲议会通过了《人工智能法案》的草案表决后，欧盟成员国、欧盟理事会和欧洲议会就《人工智能法案》的具体条款进行了多轮谈判，并最终于2023年12月达成了有关《人工智能法案》的临时协议。2024年3月13日，欧盟议会以523票赞成、46票反对和49票弃权审议通过《人工智能法案》（章节内容见图4-3）。

作为全球第一部关于人工智能的综合性法律，该法案旨在保护基本权利、民主、法治和环境可持续性免受高风险人工智能的影响，同时促进创新，以将欧洲"打造成为该领域的领导者"。该法案将禁止某些"威胁公民权利"的人工智能应用，包括基于敏感特征的生物识别分类系统，以及从互联网或闭路电视录像中无目标地抓取面部图像以创建面部识别数据库，操纵人类行为或利用人类弱点的人工智能也将被禁止。

章节	内容
第一章	总则
第二章	禁止的人工智能行为
第三章	高风险人工智能系统
第四章	某些人工智能系统的提供者和使用者的透明度义务
第五章	通用人工智能模型
第六章	支持创新的措施
第七章	治理
第八章	欧盟高风险人工智能系统数据库
第九章	上市后监测、信息共享、市场监督
第十章	行为准则和指引
第十一章	授权和委员会程序
第十二章	处罚
第十三章	最后条款

图4-3 《人工智能法案》章节内容

欧盟期望通过率先制定一整套统一的、覆盖全链条和全过程的人工智能安全治理法律体系，影响全球的相关法律和标准制定，进而强化欧盟在新一代人工智能技术浪潮中的国际影响力与战略主动权。

（3）其他国家的人工智能治理

除美国和欧洲外，新加坡、日本、英国也根据自身国情和人工智能产业发展状况，选择了不同的人工智能治理模式。

日本人工智能治理模式以优先发展技术为前提，主要采用政策性文件等方式对人工智能进行规范。2023年8月，日本政府宣布制定《人工智能指导方针》，旨在为人工智能企业的研发与应用提供参考，以期促进人工智能企业自愿采取行动，实现"以人类为中心的人工智能社会"愿景。确立人工智能治理遵循以人类为中心、教育、隐私保护、确保安全、公平竞争、问责制和透明度、创新7个原则。在治理架构方面，日本建立了多元化、多层次、多主体的治理架构。在治理主体上，日本纳入了政府、行业、企业以及社会等多元主体。其中，政府以引导为主，通过民主讨论的方式凝聚共识，推动政策实施；行业协会与相关经济团体协同参与监管，确保政策的落地与执行；企业则提供详尽的技术信息，明确促进人工智能技术发展的具体要求，同时积极发挥自主规范与自我监督的效能；社会团体作为第四方力量，从多元化视角提出具体治理需求。在制度架构上，日本构建了包括原则层、规则层、监督层以及执法层的多层级架构。原则层设定人工智能伦理治理的目标，规则层确立实现上述目标的路径，监督层引导企业自主规范，执法层对违规行为进行追责。日本政府通过建立奖优惩劣的激励机制，增强企业与政府之间的合作，为企业营造了宽松的发展环境。首先，政府邀请在人工智能领域占据领先地位的企业代表参与规则制定，既确保所制定的规则具有前瞻性，又增强了企业履行规则的责任感。其次，政府每年对企业开展监管调查，表彰在实践中表现优秀的企业，以此带动行业整体发展。最后，行业团体为符合条件的优秀企业颁发合格证书。例如，2022年4月实行的"人工智能云服务的安全、信赖信息公开认证制度"是专门对云服务运营商安全、信赖信息公开现状认证的制度。通过认证的企业可以提高客户对其的认知度，这种认证在未来很可能会成为市场准入的重要标准或先决条件。

新加坡作为全球数字经济发展中最具有代表性的国家之一，早在20世纪80年代就开始了"数字政府"的基础建设。2015年，新加坡率先提出"智慧国家2025"计划，从数字基础设施与平台、数据资源、网络安全等方面进一步巩固数字化支撑能力，强化政府管理机制创新和发展环境优化，利用多维度的数字化应用赋能城市运营管理、社会数字治理、民生生活保障，打造全球领先的智能化城市，并连续多年稳坐全球智慧城市政府榜单的头把交椅。新加坡在智慧城市建设中究竟做了许多值得我们借鉴的。2024年5月，新加坡政府发布《生成式人工智能治理模型框架》（以下简称《框架》），《框架》以"关于生成式人工智能的讨论文件"中强调的政策理念为基础，借鉴了多方意见，从9个维度审视生成式人工智能的开发，以期在保护用户和推动创新之间取得平衡，促进更广泛的可信生态系统。

2. 中国的人工智能治理模式

我国通过系统性顶层设计与制度创新，构建了全球领先的人工智能治理体系。这一体系以网络安全法、数据安全法、个人信息保护法三大基础性法律为基石，以《生成式人工智能服务管理暂行办法》等专门性规范为支撑，配套《人工智能伦理治理标准化指南》《生成式人工智能数据标注安全规范》等技术标准，形成了贯穿人工智能研发、测试、应用、监管全生命周期的完整治理链条。制度的系统性设计充分体现了党中央的前瞻性布局和集中力量办大事的制度优越性，既为人工智能创新发展提供了制度保障，又牢牢守住了安全底线，展现了中国特色社会主义法治体系的强大生命力和制度优势。在党的统一领导下，我国人工智能治理体系正在不断完善，为全球人工智能治理贡献中国智慧和中国方案。

网络安全与数据治理方面：2017年6月1日，《中华人民共和国网络安全法》正式施行，明确网络运营者的安全义务，为人工智能的数据存储与传输提供了基础法律框架。2021年9月1日，《中华人民共和国数据安全法》生效，提出数据分类分级、风险评估等要求，直接影响人工智能训练数据的合法性与安全性管理。2021年11月1日，《中华人民共和国个人信息保护法》正式施行，规范了个人信息处理活动，要求人工智能服务提供者在训练和使用中遵循最小必要原则，保障用户的知情权与控制权。三部法律从基础设施安全、数据全生命周期管理、个人信息权益保护三个维度形成协同效应，既为人工智能产业发展划定合规底线，也推动技术创新在法律框架下实现安全与发展的平衡，成为数字时代人工智能行业健康发展的重要制度基石。

国家法规方面：2023年1月10日，《互联网信息服务深度合成管理规定》生效，要求对深度合成内容添加标识，明确平台对生成内容的审核义务，为人工智能内容安全管理提供直接依据。2023年8月15日，《生成式人工智能服务管理暂行办法》施行，作为全球首部生成式人工智能专项法规，确立全流程合规框架，涵盖数据治理、算法备案、内容安全等核心要求，标志着人工智能监管进入制度化阶段。2021年9月25日，国家新一代人工智能治理专业委员会发布《新一代人工智能伦理规范》，提出和谐友好、公平公正等八项原则，将伦理道德融入人工智能全生命周期。这些法规既立足技术应用场景划定合规边界，又通过伦理引导平衡创新与风险，形成了覆盖内容安全、全流程管理、伦理道德的立体化治理格局，为人工智能健康发展提供了制度保障与价值引领。

地方性法规方面：在国家层面法规体系逐步完善的同时，地方也积极探索人工智能治理与产业促进的特色路径，2022年10月1日，《上海市促进人工智能产业发展条例》施行，聚焦产业生态构建与场景应用，提出数据开放、算力支撑等具体措施；2022年11月1日，《深圳经济特区人工智能产业促进条例》实施，首创"人工智能伦理委员会"制度，强化技术应用的风险防控。地方探索人工智能发展的区域路径，为全国性法规政策的完善提供实践经验，也为地方人工智能产业的高质量发展筑牢制度根基。

国家标准方面：我国在人工智能标准化建设上持续发力，通过一系列国家标准的发布与实施完善技术与应用规范体系。早期，《人工智能通用技术术语》（GB/T 38357—2019）、《人工智能软件工程规范》（GB/T 36291.1—2018）出台，为人工智能技术标准化筑牢根基；2025年9月1日，《人工智能生成合成内容标识办法》生效，建立"显式＋隐式"双标识机制，要求文本、图片、音视频等生成内容添加显著提示并在文件元数据中嵌入生成信息，同步发布的强制性国家标准《网络安全技术人工智能生成合成内容标识方法》提供具体实施指南，强化内容可追溯性；2025年，《生成式人工智能数据标注安全规范》（GB/T 45674—2025）、《生成式人工智能预训练和优化训练数据安全规范》（GB/T 45652—2025）实施，细化数据标注流程、训练数据来源合法性等要求，同时，《人工智能大模型通用要求》（GB/T 45288.1—2025）与《评测指标与方法》（GB/T 45288.2—2025）发布，明确大模型在硬件适配、软件协同及功能性、准确性等维度的评测标准，全方位推动人工智能技术与应用的规范化、标准化发展。

文旅行业相关政策监管：文旅行业政策监管围绕智慧旅游与科技赋能展开，多维度推动行业创新发展并强化风险防控。《智慧旅游场景应用指南（试行）》（2022年）（以下简称《指南》）提出，智慧旅游场景应用要遵循需求引导、因地制宜、发挥实效的原则，避免盲目建设、重复建设；要兼顾公共服务和市场运营实际需求，实现社会效益和经济效益相统一；要注重发挥市场主体作用，激发企业首创精神；要统筹发展和安全，把安全发展贯穿应用全过程。《指南》重点选取了智慧信息发布、智慧预约预订、智慧交通调度、智慧旅游停车、智慧游客分流、智慧导览讲解、沉浸式体验、智慧酒店入住、智慧旅游营销、智慧安全监管10个可借鉴可复制可推广、具有普遍适用性的智慧旅游典型场景。2024年5月，文化和旅游部办公厅、中央网信办秘书局、国家发展改革委办公厅、工业和信息化部办公厅、国家数据局综合司五部门联合印发的《智慧旅游创新发展行动计划》中提出，到2027年要推动智慧旅游创新发展，包括扩大智慧旅游经济规模、完善基础设施、提升管理水平、丰富产品供给、改善服务体验等。其中明确提到探索利用生成式人工智能（人工智能）等人机协同方式开展营销内容创作，同时要加强营销素材知识产权保护，防范意识形态安全风险。2025年1月，北京市科学技术委员会、中关村科技园区管理委员会等部门印发《北京市科技赋能文化领域创新发展行动计划（2025—2027年）》（以下简称《计划》）。《计划》以人工智能、互联网3.0、虚拟现实、超高清显示等前沿技术研发和转化应用为主线，打造数字化应用新场景，培育新型文化企业、业态和消费模式。并提出要加强科技伦理治理,做好人工智能伦理风险预警与跟踪研判。

第二节　发展机遇

人工智能正深刻重塑各行业发展格局,旅游产业亦迎来智能化转型的关键时期。作为旅游专业学子,我们正站在时代变革的前沿,这既是机遇也是挑战。面对技术驱动的产业革新,唯有主动拥抱变化、持续自我更新,方能在行业变革中赢得先机。

一、人工智能产业发展的就业机遇

在人工智能与文旅产业深度融合的新趋势下,大学生作为未来文旅行业创新发展的核心力量,正迎来技术赋能与价值创造的双重机遇,人工智能驱动的沉浸式文旅体验(如虚拟游览、数字文物修复)、智能文旅服务(个性化路线规划、实时语言翻译)、文化IP创意生成(人工智能辅助艺术设计、非遗数字化传承)等场景蓬勃兴起,催生"技术+文化+体验"的复合型岗位需求,要求从业者兼具文旅专业素养、数字技术应用能力与用户需求洞察。展望未来,文旅职业教育需构建"文旅场景导向"的人工智能培养体系,重点强化学生在文化数据挖掘(如游客行为分析、非遗文化数据库构建)、智能交互技术(AR导览、语音识别导览系统)、伦理合规(文化数据安全、算法公平性)等领域的实践能力,助力其在"人工智能+文旅"的跨界赛道中找准定位——既能运用自然语言处理优化智慧景区服务,也能通过机器学习分析文化消费趋势,更能在技术应用中坚守文化传承的本质。

当代大学生应当以开拓者的姿态,积极探索人工智能与文旅产业的深度融合路径——关键在于培育"文化价值引领+技术工具赋能"的双元思维模式,这将成为把握行业变革机遇的核心竞争力。具体实践路径包括但不限于:参与景区智慧化管理系统研发、打造沉浸式文化体验新场景、运用AI技术活化非遗资源、构建文旅产业数字化运营新范式等。每一次技术与人文的深度碰撞，都将催生行业创新发展的新动能。青年学子应当充分发挥创造力，让人工智能真正成为守护文化基因的数字卫士、创新体验形式的科技引擎、连接全球文旅的智能纽带，从而推动文旅产业实现质的跃升。具体而言，可从以下维度系统提升自身竞争力：

1. 掌握全面而实用的旅游专业知识体系

在"人工智能+旅游"融合发展背景下，传统旅游业正经历着深刻的数字化转型。需要明确的是，这种变革是对行业的赋能与升级，而非简单替代。因此，构建完整的旅游专业知识体系仍然是行业人才的核心竞争力。优秀的旅游从业者应当具备：（1）扎实的旅游专业理论基础；（2）对行业政策法规的准确理解；（3）企业经营管理和市场营销的实践能力；（4）电子商务等数字化技能。同时，还需保持敏锐的行业洞察力，能够及时把握市场动态，并将专业知识灵活运用于实际业务场景中，实现理论与实践的有机融合。

2. 加强学习新技术应用能力

在数字化转型浪潮下，"人工智能+文旅"正重塑着行业的生态系统。大数据、物联网、人工智能等前沿技术已深度融入旅游产业的各个环节。从景区运营到客户服务，从营销推广到产品开发，智能化、标准化的业务流程正在成为行业新常态。这一变革对旅游人才提出了更高要求——不仅要熟练运用各类信息技术工具，更要深入理解数字技术如何重构旅游企业的运营模式。未来的旅游从业者需要具备将移动互联网、云计算、AIGC、智能体等新技术与实际业务场景相结合的能力，真正实现从"技术应用"到"价值创造"的跨越。

3. 培养数据挖掘和分析能力

旅游业是信息密集型产业，相关旅游产品的信息传递引起旅游者的流动，同时，旅游业又是综合性产业，是以为旅游者提供服务为核心，并以此将交通、餐饮、服务联系在一起的产业。在旅游需求日益多样化的趋势下，传统的旅游业向智慧旅游转型，大数据将成为促进旅游业创新转型的决定性力量，数据挖掘和分析势必成为未来各个企业的制胜关键和利润焦点。这就要求旅游从业者需要具有数据思维，运用数字分析能力，将专项旅游市场、OTA（Online

Travel Agency，在线旅游）线上数据、国内客流量以及出入境客流量等国内外实时旅游资讯分类整理，从纷繁复杂的各类信息中筛选出有价值的信息，从而做出正确的营销决策。

4. 具有创新精神以及跨界复合能力

在数字经济时代背景下，旅游产业正经历着前所未有的深刻变革。要实现真正的转型升级，行业必须突破传统发展模式的桎梏，以开放包容的姿态拥抱新技术、新业态的深度融合。这一转型过程不仅需要技术层面的革新，更需要从业者具备颠覆性的创新思维和跨界融合能力。从虚拟现实技术在旅游体验中的应用，到区块链技术在旅游交易中的实践，再到人工智能在旅游服务中的创新，每一次技术突破都在重塑着旅游产业的边界与内涵。这就要求旅游从业者既要保持对新兴技术的敏锐洞察，又要具备将技术创新与旅游服务深度融合的跨界思维，通过持续创新推动产业向智能化、个性化、品质化方向转型升级。

5. 养成良好的服务意识和团队协作能力

作为典型的现代服务业，旅游产业的价值创造本质上源于优质的服务体验。当前旅游市场竞争已进入服务品质决胜阶段，从业者必须始终秉持"以游客为中心"的服务理念，通过持续提升专业素养和服务水平来赢得市场认可。特别是在智慧旅游快速发展的背景下，服务场景已突破传统边界，形成线上线下深度融合的新格局。这就要求旅游从业者不仅要具备扎实的专业服务能力，更要善于在跨平台、跨部门的协作中实现服务价值的最大化。团队协作已不再是简单的分工配合，而是需要建立信息共享、资源整合、优势互补的新型协作机制，这种协同创新能力正成为智慧旅游时代衡量从业者素质的重要标准。

6. 具备旅游体验设计能力

旅游新业态的发展，使资讯更加便捷，产品品种更加丰富，旅游活动花样翻新，这使得旅游者需求日趋多样化、个性化，传统的旅游产品形态已经很难满足旅游者的体验需求。这就要求旅游从业者能够及时把握市场动态，培养良好的洞察能力，摈弃固有产品理念，以市场为导向，以游客的旅游体验为标准，设计出不同体验类型、具有自身产品特色、满足各种旅游者需求的旅游产品。这同样也是能够在行业激烈竞争中立于不败之地，抵御传统旅游行业价格战、购物团等行业顽疾的必备技能。

7. 训练产品运营能力

以微信、抖音等为代表的新媒体平台不仅重塑了旅游企业的品牌传播路径，更深刻改变了用户交互模式和营销策略体系。这些平台为旅游产品创造了前所未有的价值转化空间，通过内容创意、社交传播和精准触达构建了全新的营销生态。当前，具备全链路运营能力的复合型人才成为行业争夺的焦点，特别是能够熟练开展平台运营、用户增长、产品变现及活动策划的专业人才。在内容为王的时代，既懂旅游产品特性又掌握短视频创作、直播带货等新型营销技能的人才，正在重构旅游行业的价值创造方式，推动产业向数字化、社交化、内容化方向转型升级。

二、政策驱动下的产业发展机遇

1. 国家战略布局与顶层设计

人工智能作为新一轮科技革命和产业变革的核心驱动力，已成为国家战略竞争的焦点。2017年国务院印发的《新一代人工智能发展规划》（国发〔2017〕35号）首次从国家层面系统部署人工智能发展，提出"三步走"战略目标，明确到2030年要使我国人工智能理论、技术与应用总体达到世界领先水平。这一规划奠定了我国人工智能发展的政策基石。2023年7月，中央政治局会议进一步提出"人工智能+"战略，标志着我国人工智能发展进入与实体经济深度融合的新阶段，为产业升级和创新发展指明了方向。

在政策支持体系方面，国家构建了全方位的扶持框架。财政金融支持上，通过税收优惠政策和专项资金支持降低企业研发成本。例如，2020年财政部、税务总局发布的《关于集成电路设计和软件产业企业所得税政策的公告》（2020年第45号）中将人工智能核心算法研发纳入税收优惠范围，《2024年国务院政府工作报告》提出发行超长期特别国债重点支持人工智能等战略性新兴产业。创新生态培育上，科技部通过建设创新发展试验区和创新应用先导区，打造人工智能创新高地。工信部《"十四五"智能制造发展规划》提出开展智能制造技术攻关、行业智能化改造升级等三个目标，四项任务，六项行动，加强国家科技重大专项等对智能制造领域的投入，鼓励产业基金、社会资本加大投资，积极拓宽企业融资渠道。这些政策形成了从技术研发到产业应用的完整支持链条。

2. 地方政府创新响应形成政策合力

在国家战略引领下，各地方政府立足区域特色，积极探索差异化发展路径，形成了央地协同的政策合力。北京、上海等一线城市充分发挥创新资源集聚优势，着力打造具有全球影响力的人工智能创新高地。北京市提出"一核两翼多节点"空间布局，配套出台算力券政策，支持人工智能在工业、医疗、文旅等十大领域的应用创新。上海市则聚焦通用人工智能发展，出台系列政策打造世界级产业集群，特别是在算力基础设施和大模型创新发展方面制定了详细行动计划。

中西部地区则结合本地产业基础，走特色化发展道路。四川省依托全国一体化算力网络成渝国家枢纽节点建设，大力发展数据中心和算力基础设施，为人工智能发展提供坚实支撑。其他省市如杭州、深圳、河南、湖北等地也纷纷出台针对性政策，从产业创新、应用落地、基础设施等不同维度发力。这些地方政策呈现出三个鲜明特征：一是注重基础设施建设，夯实发展根基；二是强化应用场景创新，推动技术落地；三是完善配套支持体系，优化发展环境。这种因地制宜的政策创新，有效降低了企业创新成本和市场准入门槛。

3. 产业生态繁荣创造发展新机遇

在国家和地方政策红利的持续释放下，我国人工智能产业呈现蓬勃发展态势。一方面，在核心算法、算力芯片等关键技术领域取得突破，大模型、生成式AI等前沿技术快速发展；另一方面，"人工智能+"的深度融合正在重构传统产业生态，催生新业态新模式。据统计，2023年我国人工智能核心产业规模已超过5000亿元，带动相关产业规模超过5万亿元。

人工智能产业发展态势为创新创业者提供了前所未有的机遇。从技术层面看，国家战略需求催生了大量技术创新机会，特别是在芯片、算法、框架等基础领域。从应用层面看，各行业数字化转型创造了丰富的场景需求，如智能制造、智慧医疗、智能交通等。特别是在文旅产业，人工智能与传统文化、旅游服务的融合，催生了数字文旅、智慧景区、虚拟导游等新业态，为掌握"AI+文旅"复合技能的创业者提供了广阔空间。

值得关注的是，政策支持下的产业生态正在形成良性循环。国家战略提供方向指引，地方政策解决落地难题，市场需求驱动技术创新，而技术突破又反过来拓展应用场景。这种循环推动着人工智能产业向更高质量、更深层次发展，为经济社会发展注入新动能。对于创业者而言，把握这一轮政策机遇，找准技术突破与市场需求的结合点，就能在人工智能浪潮中实现价值创造。

 思考与练习

1. 结合《生成式人工智能服务管理暂行办法》，分析文旅企业如何平衡AI创新与数据合规。

2. 设计一个"AI+古镇旅游"的应用方案，需包含技术路径、伦理风险及治理措施。

3. 简述人工智能发展对大学生就业带来的新机遇。

参考文献

[1] 钱银中. 人工智能导论[M]. 北京：高等教育出版社，2019.

[2] 张军，詹志辉，陈伟能，等. 计算智能[M]. 北京：清华大学出版社，2009.

[3] 吴飞. 走进人工智能[M]. 北京：高等教育出版社，2023.

[4] 林子雨. 大数据与人工智能导论（通识课版）[M]. 北京：人民邮电出版社，2025.

[5] 曾文权，王任之. 生成式人工智能素养[M]. 北京：清华大学出版社，2024.

[6] 耿海. 生成式人工智能与旅游实践应用教程[M]. 北京：中国旅游出版社，2025.

[7] 刘华俊，眭海刚. 人工智能导论（微课版）[M]. 北京：人民邮电出版社，2024.

[8] 肖睿，陈钟. 人工智能通识教程（微课版）[M]. 北京：人民邮电出版社，2025.

[9] 构图君. 剪映 AI 短视频+虚拟数字人制作实操大全[M]. 北京：中国铁道出版社，2024.

[10] 黄君羨，崔英敏，廖明华，等. 人工智能通识[M]. 北京：电子工业出版社，2024.

[11] 聂明. 人工智能技术应用导论[M]. 北京：电子工业出版社，2024.

[12] 刘三女牙，郝晓晗. 生成式人工智能助力教育创新的挑战与进路

[J].清华大学教育研究,2024,45(3):1-12.

[13]杨宗凯,王俊,吴砥,等.ChatGPT/生成式人工智能对教育的影响探析及应对策略[J].华东师范大学学报(教育科学版),2023,41(7):26-35.

[14]贵州省文化和旅游厅.国内首个省级旅游AI智能体"AI游贵州"发布[EB/OL].(2025-01-21).https://www.mct.gov.cn/whzx/qgwhxxlb/gz/202501/t20250121_958009.htm.

[15]百度百科.淘宝试衣间[EB/OL].(2025-06-01).https://baike.baidu.com/item/%E6%B7%98%E5%AE%9D%E8%AF%95%E8%A1%A3%E9%97%B4/2537640.

[16]声咔AI.故宫导览配音有何魔力？新系统让游客停留超2小时,3步拆解[EB/OL].(2025-04-30).https://baijiahao.baidu.com/s?id=1830811384003965153&wfr=spider&for=pc.

[17]百度百科.千秋诗颂[EB/OL].(2025-06-01).https://baike.baidu.com/item/%E5%8D%83%E7%A7%8B%E8%AF%97%E9%A2%82/64085889.

[18]百度百科.艾雯雯[EB/OL].(2025-06-01).https://baike.baidu.com/item/%E8%89%BE%E9%9B%AF%E9%9B%AF/61757609?fr=aladdin.

[19]澎湃新闻.AI的技术简直上天了,竟然连长城都能修复？[EB/OL].(2023-09-14).https://m.thepaper.cn/kuaibao_detail.jsp?contid=24607687.

[20]中国日报网.人工智能大模型行业高质量发展的挑战、趋势与未来展望[EB/OL].(2024-12-24).https://column.chinadaily.com.cn/a/202412/24/WS676a5d7fa310b59111daa91e.html.

[21]澎湃新闻.第三方安全漏洞威胁欧洲大型银行[EB/OL].(2025-06-12).https://www.thepaper.cn/newsDetail_forward_30966526.

[22]梁正.前沿人工智能:发展与治理[M].北京:中国发展出版社,2024.

[23]郑恭明.人工智能概论[M].北京:科学出版社,2023.

[24]鲁俊群.AI觉醒:生成式人工智能产业机遇与数字治理[M].北京:

机械工业出版社，2024.

［25］国家林业和草原局政府网.加强人工智能国际治理和合作［EB/OL］.（2025-03-05）. https://www.forestry.gov.cn/lyj/1/xxyd/20250305/612785.html.

［26］中国网信网.专家解读丨敏感个人信息保护：我国《个人信息保护法》的重要内容［EB/OL］.（2021-09-08）. https://www.cac.gov.cn/2021-09/08/c_1632692967456129.htm.

［27］李烨.人工智能入行实战：从校园到职场［M］.北京：人民邮电出版社，2023.

［28］杜雨，张孜铭.AIGC：智能创作时代［M］.北京：中译出版社，2023.

［29］杨立昆（Yann Le Cu）.科学之路：人、机器与未来［M］.李皓，马跃，译.北京：中信出版集团，2021.

项目策划：段向民
责任编辑：武　洋
责任印制：钱　宬
封面设计：武爱听

图书在版编目（CIP）数据

人工智能文旅应用与智能体开发 / 张永波主编；李圣超，金萌，沈功斌副主编 . -- 北京：中国旅游出版社，2025. 6. -- ISBN 978-7-5032-7597-5

Ⅰ . F592.3-39

中国国家版本馆 CIP 数据核字第 20257P2Y93 号

书　　　名：	人工智能文旅应用与智能体开发
主　　编：	张永波
副 主 编：	李圣超　金　萌　沈功斌
主　　审：	杜兰晓　郎富平
出版发行：	中国旅游出版社
	（北京静安东里 6 号　邮编：100028）
	https://www.cttp.net.cn　E-mail:cttp@mct.gov.cn
	营销中心电话：010-57377103，010-57377106
	读者服务部电话：010-57377107
排　　版：	北京旅教文化传播有限公司
经　　销：	全国各地新华书店
印　　刷：	三河市灵山芝兰印刷有限公司
版　　次：	2025 年 6 月第 1 版　2025 年 6 月第 1 次印刷
开　　本：	720 毫米 × 970 毫米　1/16
印　　张：	20
字　　数：	304 千
定　　价：	49.80 元
ISBN	978-7-5032-7597-5

版权所有　翻印必究
如发现质量问题，请直接与营销中心联系调换